主编简介

张高杰 男，1972年出生，文学博士，厦门大学中国史专业博士后。现为解放军外国语学院副教授，硕士生导师。承担中国博士后基金项目1项，重点参与国家社科基金项目1项。出版专著2部，参与编撰著作多部。在《齐鲁学刊》、《兰州大学学报》、《中国出版》、《求索》、《兰州学刊》、《解放军外国语学院学报》、《名作欣赏》等学术期刊上发表论文30多篇。

薛亚康 男，1954年出生。现为解放军外国语学院副教授，硕士生导师。主要从事唐宋文史方面的研究。主编、合编著作多种，在《解放军外国语学院学报》、《名作欣赏》等重要刊物上发表论文20多篇。

万象学术文库

张高杰　薛亚康◎主编

中华经典作家新论

A New Viewpoint of Classic Chinese Writers

中国书籍出版社
China Book Press

图书在版编目（CIP）数据

中华经典作家新论/张高杰，薛亚康主编．—北京：
中国书籍出版社，2015. 3
ISBN 978 - 7 - 5068 - 4737 - 7

Ⅰ．①中…　Ⅱ．①张…②薛…　Ⅲ．①作家—人物研究—中国—古代　Ⅳ．①K825. 6

中国版本图书馆 CIP 数据核字（2015）第 021297 号

中华经典作家新论

张高杰　薛亚康　主编

责任编辑　张翠萍　毕　磊
责任印制　孙马飞　马　芝
封面设计　中联华文
出版发行　中国书籍出版社
地　　址　北京市丰台区三路居路 97 号（邮编：100073）
电　　话　（010）52257143（总编室）　（010）52257153（发行部）
电子邮箱　chinabp@ vip. sina. com
经　　销　全国新华书店
印　　刷　北京彩虹伟业印刷有限公司
开　　本　710 毫米×1000 毫米　1/16
字　　数　278 千字
印　　张　16. 5
版　　次　2015 年 4 月第 1 版　2015 年 4 月第 1 次印刷
书　　号　ISBN 978 - 7 - 5068 - 4737 - 7
定　　价　68. 00 元

版权所有　翻印必究

编委会

主编：张高杰　薛亚康

编委：张　艳　李广玉　王　雷　马　瑞　冀卫霞　冯　静　韩　妍　李　南　黄　韬

前　言

常谓文学即是人学，然则以此类推，则文化也是“人”化、化“人”。而中国漫长的古代文学史：屈原之高洁，李白之仙，杜甫之圣，东坡、稼轩之刚柔并济，雪芹之超迈高蹈……这一切都糅合而出一种知天达性的力量，让国人如沐春风，如霑化雨。

作家即古代所谓“士”这个阶层，他们所成就的不仅仅是某个特定时代的思想文化，更重要的是为后世的文人知识分子确立了精神和人生双重的坐标高度，具有超越历史的感召力。在中国这样一个不以宗教和哲学见长的国度里，文人知识分子所树立的人文坐标是如此的具备真理性质，足以成为一个民族所应坚守的价值取向。

近年来学界常有将历代作家的代表作汇合成集之举，主要展示作家创作的基本面貌和实绩，本书则别出心裁地选取具有代表性的作家进行整体观照和述评，这样做不仅可以总览古代文学创作的卓越成就，也可窥见古代知识分子的精神风貌。

汉唐盛世、魏晋变局、晚清危难……漫长的时光里，也许迎上最好的时代，也许遭逢最坏的时代，而文学家却总是能在最恰当的时间里成就最不朽的文学。文学家也许是文弱书生，抑或是谦谦君子，更有可能是深闺弱质，却各自以捷才与人格的美丽，在文学的舞台上唱出了自己的声音。唯斯人也，而有斯文。这些独具灵性的作家往往不仅有口碑性的创造，更有着充满尊严和智慧的人生，具备洒落的情怀和风神。他们是代表时代精神高度和传统文化特质的典型人物，他们的人生范式带来了文化生态的多元，也展现出古典中国人们心灵空间的深度与宽度、精神世界的自由程度，彰显了一个文明古国所应有的悠久传统和宏大气象。

历史创造出辉煌过去，历史也将创造美好未来。只有正视传统，才有可能实现文化自觉而重建中国之道。我们思考、编撰本书的出发点，不仅是用现代意识和现代情怀去触摸历史的沧桑和永恒，更着力于对民族精神和民族灵魂的弘扬与重铸。

本书在体例上也独具特色。我们不予以文学以高下之分，说到底，不同的文学其价值是等同的，并无高低贵贱之分，一切只是不同的人对不同的人生观或艺术观的选择而已。本书采取按年代排列的方式，根据作家的实际情况和特色灵活选取作家身上最具特质的方面。述评内容大致涵盖背景知识、文化阐释、现实意义等。注重援引古今中外的见解与评价，使之在对照中得到融会贯通，实现思想的连类生发，以达到文化观照的目的。本书在文字上力求雅俗共赏，以便照顾到不同学科、不同专业的读者的需要，更好地实现思想的共鸣。本书在对传统进行诠释时，既做到理性客观，又吸收鲜活的当代气息，力争在传统与现代之间找寻最和谐的思路。

本书的编者曾选编《中华典范语言类编》一书，旨在通过对典范语言进行品评，培养人们的语言能力，增进人们的审美情趣和人文情怀。如果说那是透过只言片语开掘汉语语言中蕴藏着的哲理思辨之举，那么本书在对个体生命历程的观照之下所归结出的对社会、历史、人生的深刻体悟，则可以全面地折射出中华民族崇高精神理念的各个侧面。这对于培养国人人文素质、重建精神救赎无疑有着良好的效果。

我们才疏学浅，其中浅陋谬误之处恐在所难免，深望学术界的朋友和读者给以批评指正，使我们有所改进和提高。

张高杰　薛亚康

2014年12月

目　录
CONTENTS

屈原:质本洁来还洁去

五千年的积淀,厚重的是典籍,耀眼的是那些杰出的生命。太史公的《屈原列传》里记载了一个“虽与日月争光可也”的屈原,千古流芳。

几千年过去了,屈子的情怀如不灭之灯,照耀着一个民族前行之路。无论朝代更替、江山易主,龙舟照样划着,粽子依旧吃着,中国人甚至不必通过作品便记住了屈原。然而如果不去阅读屈原的作品,就不能很好地潜移其美德。那可昭日月的爱国情怀、“举世皆浊我独清”的高洁、“虽九死其犹未悔”信念和对故土故国、民生疾苦的挂怀……还有端午节,我们不能让其流为民众娱乐和商家营销的借口,而要发扬其原来所承载的文化意义,这才是对一个为民生艰难而掩涕太息的政治家、一个于漫漫长路中上下求索的文学家最深的记忆。

记住屈原:生如夏花之绚烂,死如秋叶之静美。

逸响伟辞耀后世,千载之下有余情

从屈原开始,中国才有了以文学著称于世的作家。也因为年代久远,关于屈原的传世之作究竟为25篇还是23篇尚有争议。然而大体说来,《离骚》、《九章》、《九歌》最具代表性。

《离骚》是一首长篇抒情诗。一般认为,其主旨是爱国和忠君,此外,作品还为我们塑造了一个坚贞高洁的抒情主人公的光辉形象。这一形象里有着作者自传的性质,他的遭遇和痛苦、理想和热情,鲜明的个性和人格的光辉,铺排淋漓,可说是屈原以自己的整个生命所熔铸而成的宏伟诗篇。

《九章》内容与风格与《离骚》相近,主要是叙述身世和遭遇,较之《离骚》具有更多的纪实性，艺术表现较为直接、奔放。

《九歌》和《九章》简直是两个世界，同样是文采，则别是一种柔情似水佳期如梦般的缠绵。

综合这些作品来看，屈原的思想是复杂的：他的“美政”理想包括“举贤授能”、“恤民”，这与儒家主张的“德政”、“仁政”、“礼治”、“爱人”是相同的，但屈原在他的作品中从来不提及儒家的两位圣贤：周公和孔子。屈原作品里的愤激和抗争意识也与儒家的“中庸之道”大相径庭；屈原接受法家变法图强的主张，曾为楚怀王草拟《宪令》。但他的“法”稍显空洞，对于“术”与“势”的认识更是无从体现；屈原上天入地的追寻和寻找灵氛、巫阳之举乍看之下似乎源于道家或阴阳家，然而道家主张远离尘世，超凡脱俗或是“无为而治”，阴阳家宣扬阴阳和鬼怪之说，屈原却始终注目现实，理想远大，积极进取。可见他只是吸收了儒、法、道和阴阳家的部分思想，但并不属于哪家哪派。

屈原是个有独立见解的人，正像他在《橘颂》中写的那样，“深固难徙”、“独立不迁”。他的独立见解来自于他鲜明的个性特征。屈原在《橘颂》中高度概括了他理想中最完美的人格美，即“精色内白”，是外在的仪表与纯正的心灵的统一体。

屈原希望“兼美”的内容似乎有很多很多，大约包含爱国、爱人、真理、正义、好学、刚正等，既包括诸多美好的品质，亦有着深刻的现实意义和丰富的社会内容。当然，如此美好的境界，自是“路漫漫其修远”，要“上下而求索”，而诗人也早有宏愿：虽九死其犹未悔……

从艺术境界来看，屈原作品的风貌和《诗经》明显不同，色泽艳丽，情思馥郁，表现出长江流域文学的特色。

屈原在形式也有巨大的创造性，如：从语言上看，突破了《诗经》以四字句为主的格局，每句五、六、七、八、九字不等，也有三字、十字句的，句法参差错落，灵活多变；句中句尾多用虚字，用来协调音节，造成起伏回宕、一唱三叹的韵致；从体制上看，屈原以前的诗歌，多是短篇，屈原将之发展为鸿篇巨制。仅《离骚》一篇就有2400多字；在表现手法上，屈原把赋、比、兴巧妙地糅合成一体，大量运用“香草美人”的比兴手法。

特定的意象代表了诗人独特的理想，如同陶潜之于田园，李白之于美酒……屈原笔下的花草、美人，俨然已是艺术化了的理想境界。在这一境界里作者也安放了最深切的缠绵悱恻、怨慕神伤。事实上，历史中从未有记载过关于屈原的爱情传说和情感纠葛，然则作者是如何得情感之三昧的？梁启超先生的《屈原研究》

一文对此曾经有过体会:“他是一位有洁癖的人,为情而死。他是极诚专虑的爱恋一个人,定要和他结婚;但他却悬著一种理想的条件,必要在这条件之下,才肯委身相事。……结果拿自己生命去殉那种单相思的爱情!”他恋慕的“香草美人”是谁?梁启超认为是“是那时候的社会”,是国家也是人民,也是楚王;香草美人既代表美好的事物也代表光辉的理想,也喻指高尚的人品。香草美人的意象因为屈原的创造力,又联结了屈原的生平遭遇、人格精神和情感经历,其内涵也更加充实,赢得了后世文人的认同,并由此形成了一个源远流长的香草美人的文学传统。

屈原对后世的影响极大,“《国风》好色而不淫,《小雅》怨诽而不乱,若《离骚》者可谓兼之矣。……推此志也,虽与日月争光可也”,其后的汉赋、唐诗、宋词、元曲无不是孵育于《楚辞》,“其影响于后来之文章,乃甚或在‘三百篇’以上”(《汉文学史纲要》)。

屈原之后并非再无才子,其弟子宋玉文采风流即不输乃师,从创作形式上看亦达楚辞体的高峰。但宋玉的作品虽然精致玲珑,内蕴、气势上还是比不得屈原。歌德说:“在艺术和诗里,人格确实就是一切。”(《歌德谈话录》)信焉!

屈原历来被认为是我国最伟大的诗人之一。然而这种赞美对于屈原来说其实是有失偏颇的,大约屈子本人也不会认同。屈原不是专业诗人,政治才是他的理想。屈原是有着经国之才的,他“博闻强识,明于治乱,娴于辞令。入则与王图议国事,以出号令;出则接遇宾客,应对诸侯。王甚任之”。可见屈原于内政、外交莫不娴熟。当是时,就时局而言,“横则秦帝,纵则楚王”,可以想见,屈原的责任心和进取心是何等的深重、何等的热切。然而,政治从来都不是童话般美好。出身贵族的屈原深受楚怀王的宠信,位为左徒,朝廷一切政策、文告,皆出于其手。光辉照耀之下,阴影却也在逼近,同僚“心害其能”,于是各种明毁暗伤;屈原提倡“美政”,任用贤明,又招来腐朽无能的旧贵族的忌恨,所谓众口铄金,三人成虎,怀王渐渐疏远了屈原。

有人据此认为屈原并非是一个成熟的政治家,因为老练的政治家会懂得审时度势,机谋周旋。如管仲和郭子仪,在政治的旋涡内几度沉浮,最终以个人的智慧影响了历史的进程;同样的,戚继光亦曾向首辅张居正行贿并笼络宫中权宦,从而得以执掌军事大权,从而驱逐倭寇,巩固海防,成为一代名将和民族英雄。西方马基雅弗利甚至有名言:“不择手段,达到最高道德。”他们的言行似乎都在说明成功的政治家是应该重手段及收益的,倒是不必斤斤计较操守方面的细节问题。细细想来,以屈原的贵族出身及政坛经历来看,对于这些认识应该不会没有思考和结论,然而屈原却以其实际行动告诉世人:“非不能也,是不为也。”

在屈原的内心深处除了政治之外还有更多的内容,比如纯洁的诗意、刚烈的性情。只是曾经一度让我很困惑的是,屈原为何又不肯效法范蠡与张良,于政治上,涉足谨慎;于内心,仍保留个人情怀,在功成之后选择身退岂不更合天之道?

选择奠基在价值观上。屈原的理想纯洁得近乎透明,以至于不能接受片刻的妥协与稍微地折中。天意从来高难问,个人所能够做的就是呕尽自己的所有,从这个意义来讲,屈原之自杀正如林妹妹之泪尽,是无怨的承担,是无悔的奉献。质本洁来还洁去,强于污淖陷沟渠,这是基于个体意志所作出的必然选择。

因此我们最终以“诗人”来定义屈原,而不用“政治家”的名衔,却是实事求是之举。也正是因为如此,一个不是专业诗人的人,才写出光耀万古的伟大诗篇。除了非凡的诗才,他还有着强烈的爱和真挚的情,也才能够超越历史和时空,千载之下犹有余情。屈原的诗里,有自己对祖国的热爱和担忧,对人民的同情和怜悯,对君王的忠诚和劝谏,对小人的指责和愤恨,更有着美好理想不得实现的忧郁和控诉,字字看来是血泪,真情实感喷涌而出。这种精神和情操,用在政坛上,就是诸葛那样的政治家而不是政治掮客;倾注在诗歌上,那沧浪之水也无法扑灭的深情注定能激起世世代代的回响!

烈士爱国也如家,虽死犹生忠魂舞

春秋初期,楚武王熊通的儿子被封在“屈”这个地方,叫作“屈瑕”,他的后代就从了屈氏。屈原虽以屈为姓,然战国时代的昭、屈、景却是楚国王族的三大姓。屈原曾任三闾大夫,据说就是掌管王族三姓的事务。可见屈原之与楚王的关系是不同一般的,是地地道道的本家,当时叫作“公族”或“公室”。可以说,屈原想要有所作为既是为国家也是为了自家。

然而楚国政坛却并非是一个可以有所作为的舞台。春秋时期就有“楚材晋用”的典故,即楚国优秀的人才不能在楚国发挥作用,只好到外国去了。屈原所处的怀王、襄王朝其政治上的封闭无能更是突出。

战国时期是一个巨变的时代,成功的政治家则懂得如何应对社会的蜕变,如商鞅因秦孝公宠臣景监求见孝公、张仪先赴秦国以连横为说,未成则东赴燕国以合纵为说,就商鞅、张仪等人的行为看似朝三暮四,然就典籍所载来看,他们也并非没有理想、是非观念,对于"王道"、"霸道"等也有认识。只是他们选择了让理想向现实让步,因此他们根据市场的现实需求来调整自己的认识。以屈原的才能,亦可到其他国家择明主而事,但是为了楚国,他选择了留下并无望地期待着。从这一角度来看,屈原的选择和孔子倒是类似。他们选择了忠于自己心中的"道"。孔子与屈原的"道"不尽相同,但二人之不"阿世俗苟合而已"却是一样的坚定。万念俱灰的绝望情况下,屈原先是和孔子一样选择立言不朽,最后竟索性自沉明志。

其实"国破山河在",作为一个"诗人"和"政治家"的屈原大可不必去死,当然身为王室一员,他显然比其他人更不能承受国破家亡的事实。事实上,屈原似乎是早萌死志,在《离骚》中就有许多诗句说明他的心理准备,如:"伏清白以死直兮,固前圣之所厚"、"虽不周于今之人兮,愿依彭咸之遗则"、"既莫足与为美政兮,吾将从彭咸之所居。"那时的他仅仅是遭遇了人生的最初的打击而已,因此,屈原的致死之因绝非一端。然而在其理念里,爱国爱家已是一体,国家兴亡与理想和信念也早就融为一体,而当这一切最终幻灭时,屈原践行了自己最初的矢愿,而仅凭"相始终"这一点也丝毫不妨碍我们把他作为伟大的爱国志士来纪念。

哈姆雷特说,死去还是活着,这是一个问题。对于这一问题,屈原有着坚定的选择。求生原是人的本能,然而诚如孟子所言,二者不可兼得之时,总是要有所取舍。屈原正是这样的人。人生自古谁无死?屈原是主动地迎接死亡的,如果不能按照自己的意愿和信仰活下去,那么至少保留自己选择死亡的权利,这是否也是一种尊严。

屈原之死不同于项羽那"生当作人杰,死亦为鬼雄"的方式,屈原之死,是属于"诗人"的行为方式。屈原是在他的理想破灭后,怀抱理想而去的。正如司马迁选择以生践志一样,屈原那惊世一跳具有了永恒的文化意义。所以梁启超才说:彼之自杀,实其个性最猛烈最纯洁之全部表现。非有奇特之个性不能产生此文字,亦唯以最后一死能使其人格与文学永不死也。

的确,屈子的自杀使得人们更加自觉地思考那些本想回避的命题,如:信仰的危机、绝望的意义、理想的可能性、个体之于国家等等。

思考是一种尖锐的痛楚。屈原有一首很奇怪的诗:《天问》。胡适说它"文理不通,见解卑陋,全无文学价值"。的确,就艺术而言它并无新颖之处,就内容而言也很是令人奇怪,《天问》中共有 170 多个"为什么",提出了一系列涉及宇宙、自然、神话、历史、社会的问题。"遂古之初,谁传导之?上下未形,何考由之?冥昭瞢暗,谁能极之?”这既是探究自然宇宙的根源,也是在追问人生的何去何从。只是疑惑,并无结果。胡适所谓“不通”,其实正可见出屈原之“思无所依”的憔悴。虽说这些思考看来凌乱得令人发笑,但不思考,万物与刍狗何异?有了思考,就开始有了尊严,开始伟大。

屈原不仅在思考,也有行动。他用玉碎的方式殉了自己的理想。古人所谓的“视死如归”,这归,便是回归自然吧。人是承自然之精、气、神而生,死也是将浩然之气归于造化。这也是追求理想者的最好结局。

屈原的自杀在中国哲学史和美学史上有着极其重要的意义。“屈原虽死,犹不死也”。(洪兴祖《离骚后叙补注》)五千年历史,无数人来过、走过,终至无迹可寻。如屈原这样历经千年依然熠熠生辉的有几人?

发愤舒情幽怨生,屈原不屈浩气存

屈原早已被历史定位:一个具有清廉、忠信等各种美德的贤人;一个铸就伟辞光耀万代的诗人。

然而除了高度的赞扬之外,也有无数的批评:早在汉代,如扬雄与班固等人就指斥屈原的“怨君”,批评屈原其人“露才扬己”。然而正如司马迁所说:“信而见疑,忠而被谤,能无怨乎?屈平之作《离骚》,盖自怨生也”,屈原的“怨君”也是有其合理性的;至于扬雄,他对于人性自身的弱点与功利趋避等特点的认识不能说不对,然而这更多的是在为自己依附王莽作辩护吧?

也有人批评屈原的思想“本质上是反动的”,理由是秦国代表了当时的进步势力,屈原力主抗秦,反对由秦国统一中国,阻碍了历史的前进。郭沫若先生为其辩护道:“屈原怀抱着德政思想,想以德政来让楚国统一中国,而反对秦国的力征经营”,其实郭老并不需要如此抬举,明眼人自有是非心,在古典的中国,“知其不可为而为之”本身就是最受尊崇的精神之一,力挽狂澜于既倒的何止屈原,诸葛当年若拱手献出西蜀给曹魏,又何来“千古一相”的美誉。

当然,作合理的辩护的同时却也要秉持公心。要承认屈原纵使伟大,却也是人。正如太阳也有着黑子,璞玉也有着瑕疵一般,屈原不是毫无缺点的完人。然而优缺点看在不同的人眼中自有选择的偏好。

从楚辞里可以看出,屈原是有部分自恋的倾向,他佩戴香草、服食花瓣,一派卓然不群的风姿,高傲得令周围的人侧目,然而这一性情的缺陷从文学的视角来看其实也不乏浪漫,也许正是因此他的作品才会如此瑰丽。

刘大杰在其《中国文学发展史》评价道:“他是一个多疑善感的殉情者,缺少道家的旷达,墨家的刻苦,和孔孟的行为哲学的奋斗精神”,诚哉斯言!然而想到他毕竟出身贵族,不比来自社会底层的文人那般有韧性也就是意料之中了。儒生不得志时往往退守田园,然而屈原却不具备隐士那旷达的心态,因为他不甘心;庄子从自然万物中找到了生的意义和乐趣,而屈原却拒绝接受劝解。也许正是因此,屈原才没有成为冷静的哲人,而是成长为浪漫的诗人。

屈原有些偏激,也似乎不够稳重,有时又显得脆弱,他的脾气应该不会太好,他的“发愤以抒情”几乎是连篇累牍的“怨”,一篇离骚宏文,其实也是通篇的牢骚。李白不得志尚能很好地自我排遣,屈原却似乎很不适应。然而由此可见他是一个多么坚定地忠于自己的内心感受的人。从历史的角度来看,这样个性、意志极强的人虽说不见容于群众,却也不乏历史的知音。鲁迅不也是吗?让别人怨恨去,他也一个不饶恕。——这也是真性情之一种吧。

这样的他,天地虽大,却没有立足之地。他的矛盾、焦虑、冲突,决绝地将自己逼上一个不归的路途上了。刘熙载在其《艺概》中就指出:“有路可走,卒归于无路可走。屈子是也。”

屈原本身是一部大书,每个读者都可以按自己的理解与逻辑来认识屈原,如同一千个读者的一千个哈姆雷特一样。屈原的生平与经历就现存史料来看本身就有太多的盲点与疑点,研究者们从自己的理解出发努力自圆其说,也并无不妥。事实上,也正是因为不同的读者眼中有着不同的屈原,因此屈原的内涵也因为这些附着的评价而越来越丰富,其影响也越来越深巨。

我们再也不需要造神,一部《三国演义》将诸葛亮抬至半人半神的高度,然而用力过猛,却是状诸葛之多智反似妖。其实一句“鞠躬尽瘁,死而后已”已经足可让诸葛流芳千古,又何必过分地夸张以致适得其反。鉴于此,我们自也无须将屈原打扮得太过花枝招展。

然而,毕竟屈原已是经过历代文化人和屈原的崇敬者不断诠释过的文化符号,也正因此,21 世纪的我们,更应该以世界眼光、现代眼光和发展眼光来重新评价屈原。

屈原在先秦似乎并无太大名望与影响,以致在先秦典籍中根本就没有他的名字。如果没有精彩绝伦的楚辞,极有可能被淹没在历史的长河之中。而随着人生阅历的增加，再来审视屈原其人时，反而觉得，屈原之思想与事功似乎都不重要，越来越鲜明的却是他的痛苦、不幸与委屈。

屈原的失败昭示出的是人类永恒的境遇，个人面对历史、面对社会、面对理想，求而不得的悲哀。儒家六经强调的是对所谓秩序的认同，并没给个体以及个性留太多空间，所谓的"怨而不怒，乐而不淫，哀而不伤"，赞美的是哑忍而不去关怀痛苦。而屈原不屈，他完全突破了儒家明哲保身、温柔敦厚等处世原则，为中国文化增添了一股刚烈之气。

屈原是失败的更是孤独的，楚王"悔遁而有他"（《离骚》）"可思而不可恃"（《惜诵》）、敌人的攻讦、群众的沉默、亲姐的苦劝，他的委屈只有鼓荡的汨罗江水与之唱和。

面对失败和孤独，多少人胆怯了，"荷戟独彷徨"；也有人彻悟了，选择了全身而退。如庄子就很有非暴力不合作的潇洒。唯独屈子，不肯挥挥手作别这些困扰，而是以其天真和热情持续地在其作品中释放自身的光与热。在失败面前不隐忍、不迂回，他呼喊、指责、抗争，即使所得只有打击与沉默。他的抗争是如此的坚定，其伟大与可贵也正在这里。他的独立人格和决不让步，"成为穿过午夜那无边黑暗的幽光"（林贤治语），陪伴着国人度过茫茫雪夜。

司马迁：天意从来高难问

“士可杀不可辱”，对司马迁而言宫刑是比死更残酷的惩罚。他的《报任安书》，字字都是血泪。有“肠一日而九回，居则忽忽若有所亡，出则不知所如往。每念斯耻，汗未尝不发背沾衣也”的狂惑；有“重为乡党所戮笑，以污辱先人，亦何面目复上父母之丘墓乎”的痛苦；有“祸莫憯于欲利，悲莫痛于伤心，行莫丑于辱先，诟莫大于宫刑”的凄惶；有“身残处秽，动而见尤，欲益反损，是以独抑郁而谁与语”的孤独。有人指出司马迁的《史记》里写尽了形形色色的人，唯独不写太监列传，可见内心的隐痛。

“一个男人不成熟的标志在于他甘愿为某件事业悲壮地献身，一个男人成熟的标志在于他甘愿为某件事业卑贱地活着。”或者也正因为此，《史记》才具备了极度的震撼力，迸发出耀眼的光辉。

读万卷书行万里路，身残志坚著《史记》

司马迁，字子长，西汉夏阳（今陕西韩城，一说山西河津）人。其父司马谈为太史令，从小受到良好教育。年既长，又师从于大儒孔安国、董仲舒门下。家学渊源又遇名师，司马迁的文化素养自不待言。

司马迁在读万卷书后开始行万里路。读万卷书、行万里路的说法最早出自杜甫，然讽刺的是唐宋之后的士人渐趋萎靡，躲进书斋成一统，反而唐之前的文人历来有游学的传统，其中尤以孔子和唐三藏的漫游最具文化象征意义。

当然古代的行万里路不同于今日之背包客，有四通八达的现代交通工具作支撑。纵然其时帝国一统很大程度上保障了行程的安全和完整，但风餐露宿恐怕难免。在这个大背景下,真正的世界向他展开了。

司马迁自言:"二十而南游江淮,上会稽,探禹穴,窥九嶷,浮于沅、湘;北涉汶、泗,讲业齐鲁之都,观孔子之遗风,乡射邹、峄,厄困鄱、薛、彭城,过梁、楚以归。于是迁仕为郎中,奉使西征巴、蜀以南,南略邛、笮、昆明,还报命。"

因为给自己确立了一个宏大使命,则司马迁的游览也就不仅只是观风景,发幽情。他要多方考察,辨别真伪。据说司马迁在韩信故乡听到传言"韩信虽为布衣时,其志与众异。其母死,贫无以葬,然乃行营高敞地,令其旁可置万冢"。"余视其墓冢,良然。"(《史记·淮阴侯列传赞》)王安石曾有言"事不目见耳闻而臆断其有无,可乎?"此类质疑,在司马迁则真能理直气壮。

旅行固然对后来的写作有很大助益,但我想这一路上所磨炼出的坚韧不拔的意志对于他后半生的遭遇也不是没有帮助的。

汉武帝元封元年(前110年)司马谈去世,三年之后,司马迁承袭父职,任太史令,同时也继承父亲遗志,开始了《史记》的写作。

对于史官而言,仅仅读书行路还不够,还得有自己的思考,不然将无法驾驭厚重的历史事实。而思考本身就是一件痛苦的事。历史学家的思考首先应是从事实出发,而忠于事实本身就难免不同程度地偏离专制的皇权意志。而在中国,成为"异端"不但是痛苦且还是危险的。更何况,更大的灾难于不久后降临。

提起司马迁,不能不提汉武帝。作为皇帝的他,雄才大略却又刻薄寡恩。他的是非功过与本文无关,但与司马迁的一生至切相关。

武帝天汉二年(前99年),李陵率偏师随贰师将军李广利北征匈奴。——李广利,汉武帝宠妃的哥哥。李陵遭遇匈奴主力,独与匈奴主力奋战,矢尽粮绝而援军不至,致全军覆没而降。司马迁稍稍表示了对李陵的同情,就被汉武帝以"沮贰师"的罪名被下狱受宫刑。

司马迁的笔下有着无数个生死场。有选择从容就死,杀身成仁者,也有如陈胜那"等死,死国可乎"的想法,有管仲那"不羞小节而耻功名不显于天下"的自白。轮到司马迁,他选择了后者,理由就是《史记》。

司马迁在《报任安书》里喊出了"人固有一死,或重于泰山,或轻于鸿毛"的生死宣言。这一观念的提出其实也是孔子那"三不朽"理念的进一步诠释。所谓"君子疾没世而名不称焉"。毕竟从现实意义上来说,人的生命不仅仅属于自己。而对于司马迁而言,他的生命还属于历任史官的家族。

《资治通鉴》里载司徒王允处决蔡邕时言道:"昔武帝不杀司马迁,使作谤书,流于后世。方今国祚中衰,神器不固,不可令佞臣执笔在幼主左右。既无益圣德,复使吾党受其讪议。”(《后汉书》)——王允倒是明白文人的那支笔的分量,只是这份理解颇具黑色幽默。

司马迁的死亡时间和死因都是谜。班固为司马迁写传时没有记录他的死;东汉卫宏《汉旧仪注》则说他“有怨言,下狱死”,不知是否有所依据。司马迁自己早就说过:“仆诚以著此书,藏之名山,传之其人,通邑大都,则仆偿前辱之责,虽万被戮,岂有悔哉!”则《史记》一旦写成,则不必以死为憾。据推测,司马迁和汉武帝刘彻的谢幕相差不远,然则史学兼文学巨著的《史记》则具备了永恒的生命。

司马迁的死,也就比泰山还重。

究天人之际,通古今之变,成一家之言

司马迁对史学的贡献是多方面的,首先体现在技术层面上。

《史记》首创纪传体。全书包括十二本纪、十表、八书、三十世家和七十列传。“本纪”记帝王事。“表”记载历代世系、列国关系与官职更迭。“书”记载典章制度;也讲天文水利、经济文化等,类似后来的科学专史。“世家”写各时期的王子诸侯。“列传”最丰富,写谋士、将相、侠客、刺客、巫师、商贾、文人、佞幸等。不难发现,《史记》的记述中心是人。与先秦的编年体、国别体等以事件为中心的史著表现出截然不同的风貌。作为史传,《史记》当然也离不开事件,但却是以人为中心,以事为背景。

编年容易写成是一本流水账,国别也不过是换一种角度的编年。而列传体则写出了人与事、个人与群体之间的互动,既可以很好地还原历史真实形态,同时也体现出对人是历史的主体的肯定。因此“自此例一定,历代作史者遂不能出其范围,信史家之极则也”。(赵翼《廿二史札记》)

如何在既定的框架内容纳更多的信息,是考验史学家功力的地方。司马迁创立“互见法”完美地解决了这一问题。所谓“互见法”,即在一个人物的传记中着重表现他的主要特征,而其他方面的性格特征则放到别人的传记中显示。如《高祖本纪》主要写刘邦的发迹史以及他的雄才大略,而在《项羽本纪》、《留侯列传》等篇章里则表现他性格中不甚光彩的一面。单篇来看,突出的是人物形象中最具光芒的部分;合全书而观,又能见出人物形象的复杂性和人性嬗变的轨迹。刘邦,

在作者全面客观的关照下,呈现了一个无赖在人事的锤炼中,在张良、韩信、萧何等精英的环绕下,是怎样渐渐褪去流氓形象,走向成为雄才大略的开国之主的全过程。

除互见法外,《史记》还遵循着以类相从的原则。即把某些相同类型的人物放在一起,如《游侠列传》、《佞幸列传》、《滑稽列传》、《循吏列传》、《酷吏列传》、《货殖列传》等,即以《廉颇蔺相如列传》为例,本文通过叙述“将相和”的一幕,中间又插入赵国名将赵奢、李牧的传记。既是合乎逻辑的归纳,又串起了赵国兴亡的历程,具有高度的历史真实性。

《史记》的叙事没有仅仅停留于对表面现象的陈述,而是追根溯源,揭示出隐藏在深层的起决定作用的因素。如《鸿门宴》里讲述的是刘邦、项羽双方一次面对面交锋的情况,然而文字背后又似有无数隐情暗藏,如项羽范增实际的关系如何?刘邦守关的目的到底是什么?在引导人们去思考这些可能性的同时,作者对刘胜项败的总结也就显得格外自然、合理。

司马迁自言其理想是“究天人之际,通古今之变,成一家之言”。所谓“究天人之际”,即是“去追求人类社会与自然存在的和谐统一,去探求‘天’的客观趋势与‘人’的主观能动性之间的关系”。① “通古今之变”则是要“从不断发展的通史过程中,探求历史的偶然性和必然性的关系问题,寻找历史变化的必然性因素”。②

可见司马迁不仅是为修史而修史,而且对于发明历史真相、总结历史规律是有着主观的努力的。我们甚至可以从字里行间看出作者思索的轨迹和痛苦的体验:如果说“天道无亲,常与善人”,为何像伯夷、叔齐这样的人却终于饿死;项羽是英雄,然而当上皇帝的,却不是项羽而是刘邦;卫青压制李广,然而作为三军统帅调度指挥而言却又是无从指责的,那么该怪谁?要是李广生在刘邦的时代就好了。——司马迁的沉思最终归结于一声叹息。

史记的每篇文章的末尾都有“太史公曰”,那是属于司马迁的“一家之言”。阐述司马迁自己的结论,立场鲜明。所谓读史明智,也正是因为历史里除了生活的教训外,还有着史学家自身的智慧境界的体现。

而所谓“一家之言”其实也有着不欲强加自己的意志与观点于他人的自觉在里面。熟悉历史的人会体会得出历史进程中充满了无数的必然、偶然,在时间的

① 黄留珠:《司马迁的大历史史观》,《人文杂志》1997 年第 3 期。

② 王成军:《司马迁史学思想新探》,《人文杂志》1996 年第 2 期。

长河、无常的命运面前,个体是如此的脆弱和渺小。即使是司马迁,也不能不咨嗟叹息,坐起彷徨。

正因为有了全面的思考和深刻的体味,才能做到不随于流俗。司马迁的思想很大程度上超越了前代传统史家的框框:

首先,《史记》一改成王败寇的史观。将落败英雄项羽的事迹写入帝王本纪,将农民起义军领袖陈胜吴广的事迹写入世家,与诸侯国国君和孔子列于同等。这无疑是惊世骇俗的。盖司马迁衡量人物的标准既有现实的标准,也有人性的标准。

其次,改变了正史"是帝王将相的家谱"的格局,热情地为小人物树碑立传,他的笔下有着各种行业里的人物,或令人亲切,或令人景仰,使人叹息或招人憎恨,然而却又都是活泼泼的生命。司马迁写游侠尤其出色:"荆轲既至燕,爱燕之狗屠及善击筑者高渐离。荆轲嗜酒,日与狗屠及高渐离饮于燕市,酒酣以往,高渐离击筑,荆轲和而歌于市中,相乐也,已而相泣,旁若无人者……荆轲虽游于酒人乎,然其为人深沉好书。"他们既是侠客,又是名士;既深入市井,又"深沉好书",要怎样的灵魂才能承载这样多重的气质,也正因此才有了后来那以卵击石、宁为玉碎的唯美主义行为吧?——斯人已没,而灵魂在司马迁的文字里得以不朽。

司马迁建立了一整套属于自我的价值体系和是非标准。他的《货殖列传》,一扫中国重农轻商的传统,体现了通达的历史观。他的《伯夷叔齐列传》又是对传统的儒家道德观和天命观的质疑和批判。他的写作既不为尊者讳,又能"不虚美,不隐恶",可谓是"良史"的卓越代表。连对他颇不以为然的班固,也称赞《史记》的"实录"。而其"实录"精神在某些受正统思想影响太深的学者们看来简直就是"谤书"、"秽史"。

司马迁的"实录"不仅表现为客观的立场,全面、辩证的态度,还表现为审慎求实的精神。知之为知之,不知为不知,对于无从确证的对象,宁愿存疑也不肯下结论。如《刺客列传》曰:"世言荆轲,其称太子丹之命,天雨粟、马生角也,太过。又言荆轲伤秦王,皆非也。始公孙季功董生与夏无且游,具知其事,为余道之如是。"

《史记》对于早期历史的诸种传说材料更为审慎,中国古史中有三皇五帝之说,但《史记》自《五帝本纪》起篇,盖因三皇的说法究竟太过缥缈。即使如此,有了司马迁,华夏文明就此上溯了3000年。

司马迁的功绩怎么说也不过分。我们今日引以为豪的5000年文明,没有司马迁是不可想象的。

史家之绝唱，无韵之《离骚》

鲁迅对《史记》的评价最为精辟："史家之绝唱，无韵之《离骚》。"

《离骚》者，是屈原的心灵的歌唱。而《史记》，就其史书的性质而言，严格说来要求的是客观，是杜绝个人的情感抒发的。即便是不可避免，也要保持冷静立场。然而司马迁却在《史记》里倾注了大量的情感。如《伯夷列传》叙述传主的生平事迹极简，通篇都是作者的感慨和追问。情感浓烈直可追步《离骚》。而《游侠列传》更是开篇即为"韩子曰：儒以文乱法，侠以武犯禁"的错误评价而鸣不平，以热情如火的文字赞扬"今游侠，其行虽不轨于正义，然其言必信，其行必果，已诺必诚，不爱其躯，赴士之厄困，既已存亡死生矣，而不矜其能，羞伐其德。盖亦有足多者焉"。

事实上司马迁的某些倾向性也不见得多么服众。比如他对项羽的态度。作者所赞美的勇敢、坦荡、直率等优点放在具体的历史事件下来看，同时也可解读为是匹夫之勇、短见、狭隘、残忍。然而，到底这样的文字体现的是"真"，是司马迁的真实情感。刘勰《文心雕龙·知音篇》说："觇文则见其心。"好的文章是与作者或主人公心与心的交流。有交流也就有了在司马迁的基础上再出发的兴趣。

有学者指出："《史记》的若干精彩片断如蔺相如完璧归赵，毛遂自荐、李广在被俘中机智地逃脱等，假使在历史上是真正发生过的事实，也没有必要在历史著作中占有篇幅。但是司马迁却把它们以及同性质的许多故事，插曲、细枝末节以至言谈笑貌都有声有色地摹写下来了，而且成为他的得意之作。从整个作品来看，《史记》首先是历史著作；但是从某些局部的片断来说，却首先是文学作品。作为历史著作，这些片断应该加以删削。作为文学作品，却是不可多得的佳作。"① 司马迁据一些传闻片段渲染成章，也许不尽符合史实，却能收到很好的审美效果。如钱钟书在《管锥编》里引周亮工说："垓下是何等时？虞姬死而子弟散，匹马逃亡，身迷大泽，亦何暇更作歌诗？即有作，亦谁闻之，而谁记之欤？吾谓此数语者，无论事之有无，应是太史公'笔补造化'，代为传神。"

《史记》写人物堪称经典。钱钟书对《项羽本纪》中的人物描述艺术赞不绝

① 徐朔方：《史汉比较》，江苏古籍出版社 1984 年版，第 16 页。

口:"'言语呕呕'与'喑恶叱咤','恭敬慈爱'与'僄悍滑贼','爱人礼士'与'妒贤嫉能','妇人之仁'与'屠坑残灭','分食推饮'与'玩印不予',皆若相反相违;而既具在羽一人之身,有似两手分书、一喉异曲,则又莫不同条共贯,科以心学性理,犁然有当。《史记》写人物性格,无复综如此者。"(《钱钟书论学文选》第三卷)

据说名著的意义就在于一千个读者就有一千个哈姆雷特,则这句话同样适用于司马迁。同样是写一只老鼠,司马迁笔下的李斯看到了富贵幻梦,而张汤开始了他的酷吏生涯。作者写两人同样的悲惨结局,对李斯是谴责和叹惋,对张汤则是有责备有理解。每一篇传记都可以独立出来作精彩短篇来看。

不独写人,连场面把握和细节点睛,他都做得很到位。写"鸿门宴"一场既是小说又像戏剧,气氛紧张激烈,人物各有符合自我角色的本色表演:樊哙、项伯、范曾、张良……

《史记》写2000多年间事,却只有50万字,文字凝练自不待言。当然,早期汉语的书写方式(竹简刻字)在某种程度上决定了它的风格必然是简洁的。

然而司马迁在遣词造句上所下功夫自也非同一般。《史记》里词语活用的例子比比皆是。文字以散为主,散中有骈。虽然古雅,现代人读起来却也并不难懂。句式或长到几十字,或短到一二字,能长能短,屈伸自如,状物刻态又能极尽其妙。文章叙述上次序井然,又有回环、倒错、插入等,于条理中又能呈现情致。对于这点,早在汉代,学者们就已有所认识。班固说:"自刘向、扬雄,博览群书,皆称迁有良史之材,服其善序事理,辨而不华,质而不俚。"(《汉书·司马迁传》)《史记》历来被视为古文的典范。后世1000年多年汉语散文的发展,无不受其影响与滋润。

说来有意思,那个时代文学最高成就的桂冠是属于"汉赋"的,尤以司马相如为典型。然而隔着悠悠岁月再来看,那缺乏真情的华丽文字,美则美矣,毫无灵魂。反而司马迁的《史记》被赞为是史学与文学的高峰。

所谓道德文章,无论是人品抑或文品,司马迁都足以垂范后世。他的"或重于泰山,或轻于鸿毛"的生死观,那"究天人之际,通古今之变,成一家之言"的文化使命感,那"高山仰止,景行行止。虽不能至,然心向往之"的精神追求,鼓舞了后世多少处在困厄处境中的文人士大夫!而《史记》里高扬的人文旗帜和高超的艺术造诣又为后代文学的发展提供了丰富的营养和强大的动力。

意大利哲学家克罗齐说:所有的历史都是当代史。司马迁的文字历经岁月,面向未来,仍将有着无穷无尽的生发。

曹操:东临碣石有遗篇

中国历史上有许多具有争议性的人物,但没有哪一个人如曹操一样引起人们长久不衰的争论和追怀,可以说,曹操,在我国是家喻户晓妇孺皆知的。中国戏曲中的两个典型白脸形象,其一是曹操,其二是严嵩,时至今日,提到“白脸”、“白脸奸臣”之类,两三岁的小娃娃都能先说出曹操。曹操,在漫长的历史长河中,一直是一个争议颇多的人物。史书中的曹操,长久以来被冠以“奸臣”、“贼相”等字眼,对人们认识曹操起了很大的导向作用,这也是历史遗留问题,即使是现在,我们也无法还原一个真实的曹操,因为历史本就是一笔糊涂账,并将永远是糊涂账,这本无可厚非。

曹操在文学上的成就也不容小觑,他“昼携壮士破坚阵,夜接词人赋华屋”,和儿子曹丕、曹植一起倡导“外定武功,内兴文学”,如刘勰在《文心雕龙·时序》中所说:“魏武以相王之尊,雅爱诗章;文帝以副君之重,妙善辞赋;陈思以公子之豪,下笔琳琅”,在“三曹”的影响下,邺下文人集团逐渐形成,开创了建安文学的新局面,同时也给文学史留下了“建安风骨”这样的新名词。他在生前只留下为数不多的20几首诗,却带给我们一个豪迈、大气、慷慨、洒脱、英雄气四溢的曹操。日本学者吉川幸次郎曾在其《中国诗史》中说:“如果没有曹操,陶渊明、李白、杜甫的文学也许就不能产生。即使产生了,恐怕也是另一种形式。”①在文学上给予曹操极大的肯定。

---

① 吉川幸次郎著,章培恒、骆玉明等译:《中国诗史》,复旦大学出版社,2012年1月,第93页。

豪杰同时起,谁人敢赠鞭

曹操出身不好,祖上是宦官,至少说起来不好听,在袁绍看来是“赘阉遗丑”,比之袁“四世三公”的显赫家底,曹操确实只有自卑的份。但俗话说得好,英雄不问出处。曹操从小就显示出的机智警敏、随机权衡应变的能力,是成就大业者必备的要素。但促使成功的因素是极其复杂的,要自身过硬的素质、要合适的机遇,又受到一些看似微不足道的、但却关乎总局的非常偶然的因素的制约,乱世尤其如此。曹阿瞒年轻时任性好侠,不修品行,没有人认为这样一个不学无术之人会有什么成就,再加之汉末流行人物品藻,曹操又没有如嵇康般“岩岩若孤松之独立、傀俄若玉山之将崩”的伟丈夫之相,在当时是不被看好的。但桥玄一句“今天下将乱,安生民者其在君乎”、许劭一句“子治世之能臣,乱世之奸雄也”给了曹操莫大的鼓舞,当今心理学上有“皮格马利翁效应”之说:“赞美、信任和期待具有一种能量,它能改变人的行为,当一个人获得另一个人的信任、赞美时,他便感觉获得了社会支持,从而增强了自我价值,变得自信、自尊,获得一种积极向上的动力,并尽力达到对方的期待,以避免对方失望,从而维持这种社会支持的连续性。”照此,可以想见这二人的话在曹操日后的人生路途上起了多么大的作用。

曹操 20 岁时被举为孝廉,入京都洛阳为郎,算是进入官场,迈开了政治生涯的第一步。不久,又被任命为洛阳北部尉。因洛阳是东汉都城,是皇亲贵势聚居之地,历来这样的地方都很难治理,因为各种盘根错节、复杂微妙的利益关系是很容易“牵一发而动全身”的,治理这样的地方,要么睁只眼闭只眼做糊涂账明哲保身,要么雷厉风行大刀阔斧地改革一把,前提是不怕丢乌纱掉脑袋。曹操一到职,就申明禁令、严肃法纪:“造五色大棒十余根,悬于衙门左右,有犯禁者,皆棒杀之”,于是“京师敛迹,无敢犯者”,(《曹瞒传》)此举足可见曹操的胆略和气魄。

汉献帝初平元年(公元 190 年),曹操 35 岁,正是大有作为的时候,因董卓在京祸乱,袁术等人共推渤海太守袁绍为盟主,意在“兴兵讨群凶”,但关东诸军名为讨董卓,实际各自心怀鬼胎,意在伺机发展自己的势力。又加上害怕董卓西凉军的精锐战力,联军无人敢向关西推进,曹操看清了所谓的讨董联军不过是群乌合之众,不足以成大业,遂独自引军西进。后曹操与鲍信合军进攻黄巾。操“设奇伏,昼夜会战”,击败黄巾军,战功显赫。更为重要的是,得黄巾降卒 30 余万,人口百余万，曹操收其精锐组成军队，号“青州兵”，这可以说是为日后的宏图大业加上了一个重要的筹码。

建安元年（公元196年）八月，曹操迎汉献帝回许昌，“挟天子以令诸侯”，曹操的事业如虎添翼，虽说天子威严不再，已经名存实亡，但，在四周虎视眈眈的情况下，“挟之”比“杀之”不知要高明多少倍，况且有天子在手心里拿捏着，一些杀伐、调遣的理由可以由此变得冠冕堂皇和顺理成章。其实历史上的事有时候就是这样，尽管大家都心知肚明是条遮羞布，但有总比没有要好得多，聪明奸诈如曹操，当然是深明这个道理的。

经过建安五年（公元200年）官渡之战破袁绍、继而远征乌桓，曹操陆续扫清了“卧榻之侧”的“酣睡者”，基本上已经奠定了坐镇北方的基础，三足鼎立之一“足”已实具规模，这应该是曹操最为志得意满的时刻。

建安十三年（公元208年）六月，曹操自任汉朝丞相。经过相当长时间的群雄逐鹿，那次与刘备煮酒时论的“冢中枯骨”、“守户之犬”之类碌碌小人已经被他一一翦除，曹操面前对他真正有威胁的敌人只剩下两个——孙权和刘备，于是他立即将兵锋转向南方。

赤壁之战是曹操人生的一大败笔，从此他再也没有能力南下，英雄逐渐走到了末路。开战前，他筵请文武百官，著名的《短歌行》就是作于这时，这年曹操54岁，在历史上的那个年代，一个54岁年纪的人无论如何已不再被看作是壮年了，而曹操却仍然戎马倥偬。因此，他在宴会上的那番讲话，其实正在表明他自忖真正是位盖世英雄，以及对胜利充满信心的自得感。但同时，他也感到些许疲倦和不容否定的一丝不安，从这里看，曹操更像是一个理智的虚荣者。

其后，经过平定凉州、建立魏国、相争汉中、击退关羽等一系列事件，壮士终于走到了暮年，这期间里曹操有时候会不由自主地陷入自我怀疑和否定，当孙权遣使入贡向他称臣，并劝其取代汉朝自称大魏皇帝时，曹操说：“是儿欲踞吾著炉火上耶！”“苟天命在孤，孤为周文王矣。”从这点看，多多少少有一点“人之将死其言也善”的意味，莫非，他已预感到时日不多？久经战乱的心也确实累了，想歇歇了。

曹操66岁病逝在洛阳。同年十月，儿子曹丕代汉自立为帝，国号魏，应了那句“老子打天下，儿子坐江山”的老话。此时，另一个世界里的曹操，是看到子承父志后的欣慰？是为幼年魏国前程的忧患？还是彻底解脱之后的淡然？

烈士暮年,壮心不已

曹操的一生,是积极进取的一生,是激情豪迈的一生。说起曹操,章义和教授用这样的三句话来概括:"曹操是中国历史上的一个英雄,但有时表现得像个枭雄,民间的形象则是个奸雄。"易中天在品三国时说曹操:"聪明透顶、愚不可及,狡猾奸诈、坦率真诚,豁达大度、疑神疑鬼,宽宏大量、心胸狭窄。大家风范、小人嘴脸,英雄气派、儿女情怀,阎王脾气、菩萨心肠。体现出大气,将各种脸溶于一身。"总之,他精彩、厚重、传奇,无论你说他奸雄也好、枭雄也好,英雄也罢,无可回避,他确实是一个大手笔、大作为的巨人。

长久以来,曹操被认为是一个坏人,至少是不太好,这当然与前世因为各种原因贬低曹操的评论者们的导向作用不无关系,直到今天人们还在为他争论以及翻案等等,辩论不休。正如夏传才在《曹操集注》中所说:"任何历史人物,都是在他的时代舞台上演出各种有声有色、威武雄壮的戏剧,评价历史人物,必须回到他所处的时代与环境之中。"①

当是时,天下大乱,烽烟四起,汉献帝俨然傀儡,形同虚设,他甚至连东周末期的周天子都不如,好歹周天子虽然手中无征讨杀伐的权利,事实上还享受着诸侯王哪怕是形式上的尊敬和不菲的贡纳。而汉献帝呢,完全被董卓、曹操之辈玩弄于股掌之中,妻子性命尚且保不住,哪里还有半点皇帝的尊严!群龙无首、虎视眈眈,胸怀大志者,哪个不蠢蠢欲动,想要在乱世中披荆斩棘、显身立命?且不说曹操,就是董卓、刘焉、袁术、刘璋之流,不可否认,也是怀了"大志"的,只是他们气数不够,玩火自焚,早曹操而去。既是如此,何必曹操非要受到历朝历代那么多张嘴的菲薄?回过头来说,董卓擅行废立,刘焉自造龙袍,淮南袁术称帝刻玺、袁绍欲私立新帝,当此时,曹操却一直保持了对皇帝即使是傀儡皇帝的尊敬。也许人们会说这点尊敬只能说明曹操比之前几位更为奸诈,更擅长于放长线钓大鱼罢了,尤其是手中已握权力者和觊觎权力者更会这样认为,正如翦伯赞先生所言:"对于曹操是不会有一个封建皇帝会喜欢的,因为只要提起曹操,皇帝们就会感到自己

① 夏传才:《曹操集注》,中州古籍出版社 1986 年 5 月第 1 版,第 3 页。

的皇冠有滚到地下的危险。”①曹操俨然成了弑君的代言人和“以下犯上”的代名词。

曹操戎马一生，四处征讨中，伤害过无辜良民，但也救过万姓于水火之中，总之，他的目的是扭转乾坤，重整山河，一寸山河一寸血，而政治也从来都是要流血的，这其中的功过是非和个中原因，恐怕不是后来人能够说明白、讲彻底的。他纵然造成了一定程度上的生灵涂炭，但在更大程度上，他带来的是休养生息和清平政治的信号，并且后来的事实（虽然短暂）也证明了这一点。无论他使用了哪种手段，都不应该抹去他“大政治家”的光彩，看后世，纵英明勇武如唐太宗也好，诛锄异己杀气腾腾如宋太祖也好，哪个双手不是染满了鲜血？何况，曹操半辈子的征讨，已经颇有成就，他完全可以像袁术一样割据一方，自立为帝，但他不，他“烈士暮年，壮心不已”，他并没有因为自己年龄的衰老而等不及似的赶紧大捞一把享受一把过把瘾就死。这正是曹操高于其他人的地方，所以说，因为曹操看得更远，所以他走得更远。

纵然时时以“烈士暮年，壮心不已”自勉自励，然而年寿有时而尽，荣乐止乎其身，忘了是谁说过，人生从来都不是公平的，但只有在死这一件事上，任何人都是平等的，不管你生前何等的壮志酬筹、荣华显赫，最后都逃不脱没入黄土的归宿。随着曹、刘、孙的相继驾鹤西去，一个时代结束了。在曹操的身后，司马氏迅速地夺走了大权，曹操的孙辈们，在司马氏的淫威下，再也没有能力力挽狂澜于既倒。所以，争权夺利的斗争看似激烈，在历史的长河中，也不过是沧海一粟。上一刻还是高高在上的皇帝，这一刻已是地上的枯骨，无人哀悼。新的皇帝登基，开始又一轮的争斗；旧的皇帝没入黄土，化为历史的烟尘。先皇已死，新皇万岁！

周公吐哺，天下归心

汉魏交替之际是中国历史上最黑暗、最动荡的时代，生活于这一时期的曹操内心有着深重的忧患与悲痛。首先，他对长久生活在军阀混战铁蹄之下“白骨露于野，千里无鸡鸣。生民百遗一，念之断人肠”的人民感到忧虑；其次，对其他割据者打着“匡扶汉室”的口号而“军合力不齐”的所谓“义士”们的行为感到愤慨；再

① 翦伯赞：《中国史纲要》，人民文学出版社1995年5月第1版，第66页。

次，群雄并起的时代，即使是英雄的曹操也不能每次都运筹帷幄之中，决胜于千里之外，所以很多时候曹操也会“心意怀豫，不知当复何从”，也会“心惆怅我东海”。英雄也有迷茫、无助的时候，但英雄之所以区别于常人，就在于英雄能从迷茫、无助中奋起继而披荆斩棘，既然看不清楚路，那干脆自己开辟一条好了！千百年后鲁迅在那篇著名的演讲《魏晋风度及文章与药及酒之关系》里明确表示：“其实，曹操是一个很有本事的人，至少是一个英雄，我虽不是曹操一党，但无论如何，总是非常佩服他。”这多像《红高粱》里的余占鳌，他丑陋、粗鲁、残忍，手上沾着血腥，但你又忍不住爱他。的确，曹操也是这样一个人，他“宁教我负天下人，休叫天下人负我”中毫不掩饰地凶残、梦中杀人的狡诈和多疑、爱才又不惜才的嫉妒等等，种种不是，让人不得不一边咬牙切齿地恨着他的同时，又被他败走华容道时不忘嘲笑周瑜和诸葛亮的豁达和顽强、“设使国家无有孤，不知当几人称帝，几人称王”的冲天豪情和霸气所折服，正如毛纶、毛宗岗父子在评点《三国》时所说：“历稽载籍，奸雄接踵，而智足以揽人才而欺天下者莫如曹操……是古今来奸雄中第一奇人。”也正如曹操那次煮酒时说：“夫英雄者，胸怀大志，腹有良谋，有包藏宇宙之机，吞吐天地之志者也。”

曹操从29岁受命破黄巾逐渐走上称霸之路，到66岁病逝洛阳，中间的这30多年，都是在四处转战、杀伐和征讨中度过，他以齐桓公晋文公“九合诸侯，一匡天下”的霸业自勉，有过官渡之战、北征乌丸的硕硕战果，也有过“我心何怫郁？思欲一东归”的忧伤无奈，但随着时光的流逝，英雄也垂垂老矣，面对着未完成的事业，曹操心中的忧虑无人能懂，他在《步出夏门行·龟虽寿》中写道：

神龟虽寿，犹有竟时。
螣蛇乘雾，终为土灰。
老骥伏枥，志在千里；
烈士暮年，壮心不已。
盈缩之期，不但在天；
养怡之福，可得永年。
幸甚至哉，歌以咏志。

神龟纵然能活3000年，可终究难免一死，腾蛇能够乘云驾雾，本领算是大了，但等到云消雾散了还是个灰飞烟灭的下场！肉身凡人哪个最后不是没入黄土？但曹操并没有因此悲观下去，他自比一匹上了年纪的千里马，虽然形老体衰，但胸中仍然激荡着驰骋千里的豪情，人老心不老。再说了，人在衰老这件事情上也不是完全无能为力，只要善于颐养身心，一定程度上还是可以延年益寿的。就这样，刚刚飘忽而过的一丝忧伤又被作者大手一挥如浮云般地掩过了。在曹操身后，东晋大将军王敦，对这首诗颇有共鸣：刘义庆《世说新语·豪爽》有记载："王处仲(王敦)每酒后辄咏曹操'老骥伏枥，志在千里。烈士暮年，壮心不已'。以如意击打唾壶为节，壶口尽缺。"王敦在辅佐司马睿建立东晋政权上功不可没，但他存有反心，最后兵败覆亡。假使曹操知道王敦，该不会嘲笑他吧？

纵然能时时自励自勉，曹操有时候仍旧会陷入"年寿不永"的困惑，尽管他明确说自己并不相信神仙之事，但既有的成就和未能实现的心愿，还是会使他不由自主地想起神仙之事，其实，古来雄才大略之主亦不免于神仙长生之术的蛊惑，如秦始皇也一再海上求仙山，汉武帝也孜孜于服食求仙，曹操偶尔也有彷徨，或者羡慕神仙生活的时候。"奈何此征夫，安得去四方！""冉冉老将至，何时返故乡"(《却东西门行》)。"驾六龙，乘风而行……上至天之门，玉阙下，引见得入，赤松相对，四面顾望，视正焉焉。"(《气出唱》)"天地何长久，人道居之短……歌以言志，戚戚欲何念。"(《秋胡行》)，但枭雄毕竟是枭雄，曹操也多次表明自己并不相信神仙鬼神之事，并坚定地相信只要有人才的辅佐，他一定能成就大业，所以在《短歌行》中发出了对有才之士、有志之士的真诚的邀请：

对酒当歌，人生几何？
譬如朝露，去日苦多。
慨当以慷，忧思难忘。
何以解忧？唯有杜康。
青青子衿，悠悠我心。
但为君故，沉吟至今。
呦呦鹿鸣，食野之苹。
我有嘉宾，鼓瑟吹笙。
明明如月，何时可掇？
忧从中来，不可断绝。
越陌度阡，枉用相存。
契阔谈宴，心念旧恩。
月明星稀，乌鹊南飞。
绕树三匝，何枝可依？

山不厌高,海不厌深。

周公吐哺,天下归心。

徐公持说:“他(指曹操)对于艺术悲情有着特殊爱好,这种爱好,使他经常表现出一种烈士的悲凉壮烈气概。”①曹操在该诗中说他很愁,“忧从中来,不可断绝”,即使是有杜康酒也不能浇化心中之块垒,因为他要做的是大事,是想统一天下,仅凭一人之力是不可能实现的,但他又苦于得不到众多“贤才”的辅佐,于是在诗里用“青青子衿,悠悠我心”比喻对“贤才”的思念;又用“山不厌高,水不厌深”表明自己纳贤才的心愿;最后用周公“一沐三握发,一饭三吐哺,犹恐失天下之士”的故事来表明自己礼贤下士、爱才惜才的谦逊态度和成就大业的雄心壮志,坚定地相信有朝一日开创“天下归心”的局面。然而也正因为这里用了“周公”的故事,也授予了后世批判曹操的人一个把柄,说你曹操何德何能拿“周公”做自喻?白居易《放言》中有“周公恐惧流言后,王莽谦恭未篡时”,你曹操呢?挟天子以令诸侯,许田射猎丝毫不把皇帝放在眼里,缢死伏皇后,做这些事的时候,你哪有一丝恐惧之心?哪有一点周公的作风?话说回来,成就大业的人是不能有过多柔肠与感怀的,武则天说过:“欲成大事,至亲可杀。”千娇百媚的女人尚且如此,何况被称作奸雄的曹操?所以短暂的哀伤之后,他马上坚定地说:“周公吐哺,天下归心。”

无论是在政治生涯上,还是在文学造诣上,曹操的成就都是可圈可点的,其人其作品历来受到很多大家的赞赏。千百年后,一位伟人极为深刻地解读了曹操。他认为曹操在政治上是一位“非常之人”、“超世之杰”;并说曹诗具有很强的人民性,且慷慨激昂,富有积极进取的人生境界;且在1954年的《浪淘沙·北戴河》中说:“往事越千年,魏武挥鞭,东临碣石有遗篇。”曹操与毛泽东,在“萧瑟秋风”中互相欣赏,只是已经“换了人间”。

① 徐公持:《魏晋文学史》,人民文学出版社1999年9月第1版,第27页。

曹植：高处不胜寒

曹植，文学史上又一个悲剧性的人物，他有过青少年时“捐躯赴国难，视死忽如归”式指点江山的激扬文字，抒发过中年时“不才明主弃，多病故人疏”式的苦闷抑郁；有过“变故在斯须，百年谁能持”的无奈感叹，也有过“本是同根生，相煎何太急”的伤痛与隐忍，历史上同类经历的人其实不在少数，但曹植不一样，因为他的身份是皇族，天才的诗情禀赋和天真的处世哲学，让他在暗流涌动的政治深海里碰得头破血流，最后在41岁壮年之时黯然辞世。但当我们回过头来再看子建公子的生平与才华时，仍深感“斯人虽逝，幽思长存”！

白马戎装疆场驰，意气风发少年时[①]

曹植出生时，正值乱世，直至建安九年（公元208年），曹操消灭袁绍，又接汉献帝于许昌挟天子以令诸侯，基本平定北方。用曹植自己的话来说他是“生乎乱，长乎军”，从小跟随父辈南北纵横，戎马疆场，这些经历对曹植思想、性格的形成起了很关键的作用。再加之曹植天生聪慧，十几岁的他就能诵读《诗经》、《论语》及先秦两汉辞赋，诸子百家也曾广泛涉猎，其父曹操热爱文学并大力倡导文学，还组织了邺下文人集团，在这种政治与文学氛围浓厚的环境熏陶下，饱读诗书的曹公子睿智健谈，下笔琳琅。进见曹操时每被提问常应声而对，脱口成章，一首《铜雀台赋》更是让曹操惊喜和激动，曹植更是名声大噪。这个时候的曹植应该是“书生意气，挥斥方遒，指点江山，激扬文字”。著名的《白马篇》就作于此时：

---

① 刘想：《试论曹植的文人特质》，《南方论刊》2011年第9期，第93页。

白马饰金羁,连翩西北驰。
借问谁家子,幽并游侠儿。
少小去乡邑,扬声沙漠垂。
宿昔秉良弓,楛矢何参差。
控弦破左的,右发摧月支。
仰手接飞猱,俯身散马蹄。
狡捷过猴猿,勇剽若豹螭。
边城多警急,虏骑数迁移。
羽檄从北来,厉马登高堤。
长驱蹈匈奴,左顾凌鲜卑。
弃身锋刃端,性命安可怀?
父母且不顾,何言子与妻!
名编壮士籍,不得中顾私。
捐躯赴国难,视死忽如归!

从这首诗里,我们不难看到一个意气风发的“游侠儿”形象,这位“游侠儿”从小就走上战场开始锤炼自己,且武艺高强,精忠报国,视死如归。慷慨激昂的豪迈之气溢于字里行间,人们谈到这首诗的原型和主题的时候常常说他是曹植的自况,因为曹植多年跟随父亲南征北战耳濡目染,并且还有丰富的军旅生活经历,更为重要的是少年曹植有着诗中与“幽并游侠儿”一样的雄心壮志。这很容易理解,袁行霈在《中国文学史》中把“建安风骨”的特征总结为 4 点,其中有政治理想的高扬与强烈的个性表现,俗话说乱世出人才,当历史走到某个拐点,势必会涌现大批想要一展身手显身立名的各类人才,曹操是一代枭雄,虎父无犬子,曹植身体里流淌着的血液里有其父“重整乾坤建宏图大业”的因子。乱世、家风,个人理想,促使着曹植或自觉或不自觉地朝政治的方向走去。曹植的文思才华博得了曹操的喜爱,曾经被曹操认为是“儿中最可定大事者”,想必这个时候曹植是壮志酬筹志在必得的。

再如《名都篇》:

名都多妖女,京洛出少年。
宝剑直千金,被服丽且鲜。
斗鸡东郊道,走马长楸间。

驰骋未能半，双兔过我前。
揽弓捷鸣镝，长驱上南山。
左挽因右发，一纵两禽连。
余巧未及展，仰手接飞鸢。
观者咸称善，众工归我妍。
归来宴平乐，美酒斗十千。
脍鲤臇胎鰕，寒鳖炙熊蹯。
鸣俦啸匹侣，列坐竟长筵。
连翩击鞠壤，巧捷惟万端。
白日西南驰，光景不可攀。
云散还城邑，清晨复来还。

诗中塑造的这个气爽才丽、英姿勃勃的京洛少年身上洋溢着一派从容不迫、潇洒送日月的豪情逸兴，简直就是曹植对自己理想人生的打造。

其他如《述行赋》："寻曲路之南隅，观秦政之骊坟。哀黔首之罹毒，酷始皇之为君。濯余身于秦井，伟汤祷之若焚。"直接表达了忧民爱民之情，并表现出对暴君暴政的厌弃以及对清平时代明君的向往。

曹植满怀报国之志的热情是显而易见的，但在文学上的成就与才华，和由此博得的父亲宠爱，终给曹植造成了错觉。曹植才思横溢，并且有才华的人又多少是有点恃才傲物（说到底是天真）的。"私自开司马门出"的事件为曹植的政治生涯中埋下了一大败笔，饮酒不节制造成误事（也许是曹丕存心陷害）更是让曹操大为失望。人常常会犯一个错误，当心有所好时，常常会不自主地放大和高估眼前的东西并寄予过高的厚望，而一旦现实与希望出现一点点偏差，由此带来的失望同样不经意间被自己放大，心灵难以承受。曹操也是如此，对有理想、有能力、有才华的曹植寄予了太多期望后，曹植的行为一旦出现不和谐节拍，曹操的态度就立马急转而下，可以说，是曹植不羁的文人特质曾经赢得曹操的宠爱，给自己带来了一些好的信号，也同样是这不羁的文人特质葬送了曹植在曹操心中的形象与地位，更为严重的是，也葬送了曹植的后半生。说到底，曹操是政治家，他爱好文学，仅仅是爱好，他清醒地知道在那种乱世里，文学不能救国，救国还要去战场上拼杀，去政治场里尔虞我诈。文学，只是他偶尔借以消解心中块垒的工具。但曹植不是，曹植最本质的是个文人，文人的本性注定了他在玩政治上不会得心应手。

说曹植的政治生涯，不能不说曹丕，这个与曹植同为一母所出又相煎太急的兄长。陈寿在《三国志》中说:"文帝若加之以旷达之度,励之以公平之诚,迈志存道,克广德心,则古之贤主,何远之有哉!"意思很明显是批评曹丕心胸狭窄。后人多把曹丕对曹植的打压归结为曹丕对曹植的嫉妒,这样好像不太合适,同父同母,在基因遗传上应该说不会相差太大,平心而论,曹丕的才华并不在曹植之下,仅凭他在那篇《典论·论文》中提出的观点就可以证明。那么,曹丕何以最终取曹植而代之呢?归根结底还是那句老话——性格决定命运。

曹丕具备玩政治的人必备的素质:必要的虚伪、矫情,都说政治人物必须首先是一个好的演员,这话可谓一针见血地指出了症结所在。曹丕善于在曹操面前伪装,更善于在曹植面前伪装,在出征的父亲面前,曹丕鼻涕一把泪一把地赢得了曹操的心,在才华横溢的曹植面前故意地摆出低姿态进一步让本就天真的曹植心不设防。这还不够,曹丕一方面在前台孝亲悌弟的同时,一方面也在后台加紧着与曹植争夺"世子"之位的紧张布置与谋划。曹丕深知搞政治是必须要残忍的,要成就自己,就要压下去某些人,不管这个人是谁,一母所出又如何?这点清醒、这点理智,正是曹丕高于曹植之处。且看唐代的中宗李显和睿宗李旦,丝毫没有其母武则天杀伐的才识与胆略,反而要么被妻女、要么被妹妹处处掣肘玩弄于股掌之中,在历史上,只是两个笑柄罢了。可见,虚伪、冷酷和必要的残忍是政治高层人物必备的素质,在这一点上,显然曹植远在其兄长之下,于是他很快在政治这条路上滑了下去,折戟沉沙,无望挣扎。

咫尺长门闭阿娇,人生失意无南北

曹植不被父亲看好了,被兄长挤掉了,退一万步来说这也奈何不了什么,毕竟人与人是有差别的,在某个领域的才能和成就也是有差别的,大不了从此隐退,闭口不谈政治,从此死了心灭了意也就算了,就凭曹操之子的身份,后半生还不照样优哉游哉混过去?但曹植没有,原因还是他是皇族,错就错在他生在这样的家庭,这样的身份,这样的才华,更错在他曾经得到曹操的青睐和恩宠,虽然曹植失势了,但这依然打消不了曹丕对他的防范戒备之心,这就有点可怕了。其实历史上这样的事也不少,如汉景帝刘启之于梁孝王刘武,与曹丕之于曹植何其相似。刘武可以说在政治才能上比曹植要出色很多,能文能武,为汉朝江山也出不少力,但不幸就不幸在其母窦太后太过宠爱这个小孩子,偏心偏到了政治上,刘启当然不能容忍，所以刘武虽可谓是政治家了，最后不是也落个郁郁而终的下场？要怪不该怪人心叵测，该怪那个高高在上的宝座太吸引人了，自己坐上去了不说，还要保证不会有人虎视眈眈地时时觊觎，卧榻之侧，岂容他人鼾睡？

曹操死后，曹丕当政，曹植的处境可以想见，既然无力改变，那么所能做的只能是服从。曹植后期学聪明了点，虽然平易多情仍然是他性格的主要特征，但之外又多了些谨小慎微，他不止一次地在书文中表达拥护曹丕，也偶尔蠢蠢欲动地暗示兄长给予自己建功立业的机会，但这丝毫不起作用，曹丕他不会因为曹植的"软"而调整自己对曹植的态度，他对曹植的防范，是雷打不动的。曹丕不但打压曹植，也积极铲除曹植身边的人，如丁仪丁翼兄弟，曹植在《野田黄雀行》中已经把眼看着朋友受自己牵连被害自己却无能为力的愤恨和自责表现得很明显了，这首诗读来确实让人心酸："利剑不在掌，结友何须多！"自己受迫害也就罢了，可悲的是朋友也要跟着自己受连累，自己又不能像诗中少年一样"拔剑捎罗网"，让"黄雀得飞飞"。鲁迅赠瞿秋白的对联："人生得一知己足矣，斯世当以同怀视之"。曹植有知己，本来是一件人生乐事，但曹植空有公子身份，对深陷灾祸的朋友却心有余而力不足，只能眼睁睁看知己因其受难，他该有多么羞愧和煎熬！

那首著名的《赠白马王彪》也大概作于此时，序中说明了作诗的背景：

黄初四年五月，白马王、任城王与余俱朝京师，会节气。到洛阳，任城王薨。至七月与白马王还国。后有司以二王归藩，道路宜异宿止。意毒恨之。盖以大别在数日，是用自剖，与王辞焉。愤而成篇。

如果说曹植在《野田黄雀行》中表达的是对不能帮助朋友的愧疚与自责的话，那么这首《赠白马王彪》可以说已经愤恨、悲痛到不是泣泪而是泣血的地步了，如：

其三：

玄黄犹能进，我思郁以纡。
郁纡将何念？亲爱在离居。
本图相与偕，中更不克俱。
鸱枭鸣衡扼，豺狼当路衢。
苍蝇间白黑，谗巧令亲疏。
欲还绝无蹊，揽辔止踟蹰。

其六：

心悲动我神，弃置莫复陈。
丈夫志四海，万里犹比邻。

恩爱苟不亏,在远分日亲。
何必同衾帱,然后展殷勤。
忧思成疾疢,无乃儿女仁。
仓卒骨肉情,能不怀苦辛?

诗人仰望苍穹,泣不成声。同胞兄弟步步紧逼,人生变故斯须,生离即是死别。面对这些,诗人无能为力,只有收泪援笔上长路就此告别!全诗在痛苦的高潮和聊以自慰的祝愿中结束,但传达给人的那种久远的哀伤和悲凉是深入骨髓的。

曹植在《七步诗》里说“本是同根生,相煎何太急”,曹丕不会不知道这话的含义和分量,但这又能换回、挽回点什么吗?不能。古代中国的许多君王都有一个共同点——猜忌心太重,对部下如此,对功臣如此,对身边的至亲更是如此,曹丕对几个兄弟的排挤此时已经肆无忌惮了,甚至不需要再找幌子了。如此作为,当然让曹植的心寒之又寒。

武帝曹丕驾崩后,曹睿即位,这时候曹植的身份是皇叔,不管怎么着也算是皇帝的长辈,尊敬和适当的宽大还是可以的,也许正是这些原因,让郁闷已久的曹植以为自己看到了某些亮光,期冀着人生的转折点是不是要来了?他,不想错过任何自己看来可能的机会,他还要设计走上“戮力上国,流惠下民,建永世之业,流金石之功”的道路。于是上表求“自试”,但这只能证明他的迂腐,典型的文人式的迂腐,结果只能让曹睿提高警惕,将曹植捆绑得更紧。总之,后来曹植的处境并没有改变,虽为藩王,但形同囚禁,没有任何自由,过着“号则六易,居实三迁,连遇瘠土,衣食不继”的生活,对一个皇族中人来说,很是悲惨。

看曹植的政治生涯,可以发现是他的个性注定了他的失败:不可否认,曹植是个有豪情壮志的人,他也具备一定的治国才华,但一个合格的政治家必须城府极深,刚柔兼济,翻手为云,覆手为雨,曹植这种任性天真的典型诗人性格,是搞政治的大忌。另外,物以类聚,人以群分,曹植身边的人对曹植也不能说不无影响,看杨修,出身名门望族,文才颇高,时不时在曹操面前耍点小聪明,殊不知这正是曹操讨厌的,最后杨修把自己给玩进去了。“任性而为恃才傲物,以保性存真的文人方式参与政治对话,断无胜任之由,断无不败之理。”

千古一绣虎，高处不胜寒

曹植短暂的一生经历算不上复杂，但感情是复杂的。无情的现实断然将曹植拒绝在政治殿堂的大门之外，在政治上，曹植无疑是一个失败者，但失之东隅，收之桑榆，正是政治上的失意玉成了他文学上的成就。狂傲不羁如谢灵运说："天下才有一石，曹子建独占八斗，我得一斗，自古及今共用一斗"，王士祯也说能称为仙才的，只有曹植、李白和苏轼三人。曹植在文学上的成就和影响自不必多说。品读曹植的一生，似乎可以发现，他的生命属于辞赋文章，属于高雅艺术，而与官场和权术毫不相关。中国古代知识分子不一定是文人，但文人一定是知识分子，曹植可谓是文人知识分子的典型。范子烨把曹植比喻为春蚕，说春蚕无食是曹植生命困境的象征，也正是他的人生低谷成就了他的精神高原。

曹植在《与杨德祖书》中有说"辞赋小道，固未足以揄扬大义，彰示来世也"，从中可以看出，较之于治国平天下来说，曹植是把文学创作看在其次的，事实上他是自负他的创作才华的，因为大凡一个人有某一方面的特长时，作为另一种标榜，他反而会刻意去贬低这个特长。无怪乎鲁迅说："子建却说文章小道，不足论的。据我的意见，子建大概是违心之论。"我们还记得曹丕在《典论·论文》中对各类问题的特点进行了精炼概括，他说"夫文本同而末异，盖奏议宜雅，书论宜理，铭诔尚实，诗赋欲丽"。这个"诗赋欲丽"，说明他已看到文学作为艺术的美学特征，对抒情文学的发展有着深远的影响。如果说曹丕是这个发现文学重要性的觉醒者的话，那么这个"诗赋欲丽"的完成者，却是曹植。曹植的诗歌语言表现多样化，语言凝练而平易，秀美而充实，华茂而自然，既有清丽之美，也有华艳之美，前者如《七哀诗》：

明月照高楼，流光正徘徊。
上有愁思妇，悲叹有余哀。
借问叹者谁？言是宕子妻。
君行逾十年，孤妾常独栖。
君若清路尘，妾若浊水泥。
浮沉各异势，会合何时谐？

愿为西南风，长逝入君怀。

君怀良不开，贱妾当何依？

语言朴素优美、清新流畅、毫不雕琢，似素描又似速写，只寥寥几笔就让一个独困空闺的愁妇形象跃然纸上，读后如见其人，如听其声。

后者是华艳之美，典型如《洛神赋》：

> 翩若惊鸿，婉若游龙。荣曜秋菊，华茂春松。仿佛兮若轻云之蔽月，飘飖兮若流风之回雪。远而望之，皎若太阳升朝霞。迫而察之，灼若芙蕖出绿波。秾纤得中，修短合度。肩若削成，腰如约素。延颈秀项，皓质呈露。芳泽无加，铅华弗御。云髻峨峨，修眉联娟。丹唇外朗，皓齿内鲜。明眸善睐，靥辅承权。瑰姿艳逸，仪静体闲。柔情绰态，媚于语言。奇服旷世，骨像应图。披罗衣之璀璨兮，珥瑶碧之华琚。戴金翠之首饰，缀明珠以耀躯。践远游之文履，曳雾绡之轻裾。微幽兰之芳蔼兮，步踟蹰于山隅。

毋庸讳言文句是经过刻意雕饰的，但其华丽、华艳人人可以见之，可以感之。

说到这里，有人可能马上想到赋，西汉初赋如司马相如《子虚》《上林》者，极力堆砌，大肆铺张，讲究声韵和排列之美，绵密细致、富丽堂皇，不能不说是华丽之极，但与曹植的《洛神赋》相比，高下显而易见，汉大赋作为汉文学的代表文体，它正为符合西汉初期海内一统的盛世王朝气象。但曹植的不是，他的华艳不为刻意追随什么潮流，赶什么时兴，而是发自内心，流于自然，是为抒情而不是叙事，是诗人的惊人才华和天赋自然流注笔端，不是刻意凝练的，而是浑然天成的。从这个层面来说，显然曹植诗歌的华丽之美远在汉初大赋之上。诗歌语言的文采富艳，对曹植之后五言诗的发展有重大影响，开启了五言诗的创作高潮魏晋之际，精彩的五言诗层出不穷。

另外，曹植诗歌还有鲜明的音乐感，这与佛教文化有关。东汉末年佛教开始传入我国，其带来的无论语言、音乐、舞蹈、绘画等艺术方面的文化无不让一直在儒家思想主导下的中国人耳目一新。此后，佛教文化对古老的东方文明的影响悄无声息地一发不可收拾。

首先，曹植在诗歌审声定韵上有极大的成就，“验声之术，在汉魏以前，审声定韵，全凭耳治”，曹植仿制梵呗：“陈思王尝登鱼山，临东阿。忽闻巅岫有诵经声，清犹深亮，远谷流响，俨然有灵气，不觉敛衿祇敬，便有终焉之志，即效而则之。今之梵唱，皆植依此造也。”①可以肯定，曹植为了增进诗歌语言的谐和美是花了一番功夫的，如：“始出严霜结，今来白露晞”（《杂诗》）、“孤魂翔故城，灵柩寄京师”（《赠白马王彪》），平仄协调，音节铿锵，给诗歌声律化奠定了坚实基础；其次，曹植根据情绪变化选择清浊用韵，使之有助于情感之宣泄与抑制，如《杂诗·转蓬离本根》从“转蓬离本根”至“微藿常不充”，俱用平声字押韵，可是末句，却突然改用上声的“老”字作韵脚。平声之字，高亢舒扬，用以体现激昂的情韵，是适当的。上声之字，则具着凄厉的音色，用它入韵，却能表达抑郁愁苦的心境。曹植以“老”字押韵，结束全章，更显出怨愤已深的决绝情绪。《浮萍篇》前半用平声，后半用仄声，与诗人感情起伏相配合；再次，曹植诗中，往往使用双声叠韵的复音词，符合钟嵘《诗品》提出的“清浊通流，口吻调利”的调声原则。曹植遣词叶韵，被西晋人作为标准，陆云在写给陆机的信中结尾：“李氏云：‘雪与列韵，曹便复不用。’人亦复云，曹不可用者，音自难得正。”可见曹植押韵之谨严，为时人所遵守。

曹植惊人的才华和他在文学史上抹下的浓墨重彩之笔，无愧于他“绣虎”的雅号，他成就于文学，但文学最终救不了他，曹植根本上是一个文人，一个想做政客而不得的文人。他的人生也是中国失意文人人生的常见模式：仕途之路不通——转向文学创作，把满腹的不得志倾洒于文字，却不经意间遇见了未知的自己。

---

① 赵幼文：《曹植集校注》，人民出版社1984年6月第1版，第591页。

嵇康：广陵散于今绝矣！

嵇康（223年—263），字叔夜，三国魏谯郡铚（今安徽省濉溪县）人，著名的文学家、思想家、音乐家。“竹林七贤”之一。娶曹魏长乐亭主为妻，官中散大夫，故世称嵇中散。后为钟会构陷，被司马昭处死。

绝代风华，是真名士者自风流

嵇康的时代没有影像资料，我们只能从文字记载里去想见其风采：

一向严肃的正史《晋书》都用了极出色的笔墨来形容嵇康的“风姿特秀”：“美词气，有风仪，而土木形骸，不自藻饰，人以为龙章凤资，天质自然。”不作修饰便已赢得“龙章凤资”的赞叹，则正是“乱头粗服，不掩国色”是也！

好朋友山涛则用了极富美感的比喻来形容：“叔夜之为人也，岩岩若孤松之独立。其醉也，巍峨若玉山之将崩。”

他的哥哥嵇喜举贤不避亲地在《嵇康别传》夸耀他：“正尔在群形之中，便自知非常之器。”

嵇康偶尔来到群众中间，“时有樵苏者遇之，咸谓为神”，樵夫们皆以为是神仙下凡！

更有铁杆粉丝如赵至者，“年十四，诣洛阳，游太学，遇嵇康于学写石经，徘徊视之，不能去，而请问姓名。康曰：‘年少何以问邪？’曰：‘观君风器非常，所以问耳。’康异而告之。后乃亡到山阳，求康不得而还。又将远学，母禁之，至遂阳狂，走三五里，辄追得之。年十六，游邺寻康，复与康相遇，随康还山阳。”

甚至嵇康死后多年，他的儿子嵇绍来到首都洛阳，《世说新语》载：有人对嵇康的朋友王戎说:“昨于稠人中始见嵇绍,卓然昂首,如野鹤之在鸡群。”王戎回答:“君未见其父耳。”——抑扬之间情味无限。

来自于各个阶层的声音完全可以落实嵇康作为王国首席美男的位子。

古代常有文人为求清名而跑去做隐士,然其目的不过是借终南捷径求入仕罢了。受整个王国追捧的嵇康却是不胜盛名之扰索性跑去打铁。嵇康打铁不为作秀,竟是手艺纯熟到“以自赡给”,这样的四体能勤,与后世那些皓首穷经、弱不禁风的书生相比,真是鹤立鸡群般的耀眼。

引领时代风尚的嵇康,于传统修养也是无所不精。

他工于草书,其墨迹“精光照人,气格凌云”,《唐人书评》评价道:“嵇康书如抱琴半醉,咏物缓行;又若独鹤归林,群鸟乍散。”他雅擅丹青,唐朝时尚有《巢由洗耳图》《狮子击象图》传世,可惜已佚。

《晋书》说他“美音气”,声音迷人,想必歌也唱得不错。嵇康“少好音声”,精于笛,妙于琴。所作《长清》、《短清》、《长侧》、《短侧》四首琴曲,被称为“嵇氏四弄”,与蔡邕创作的“蔡氏五弄”合称“九弄”,而能弹奏《九弄》,是隋朝科举取士的条件之一,可见其水平之高、影响之大。

容貌、个性与才情的综合作用终于铸就流光溢彩的人生。

魏晋南北朝是中国古代史上少有的社会体系和秩序大崩溃、大混乱的时期之一。然而在这一历史背景下,人们反而深悟到生命的脆弱和短暂。对于那些拥有强健精神和独立人格的文人而言,更有着在有限的时间里,寻找生命境界的无限拓展的积极和热情。他们的思考茂盛,争吵热闹,举止有时怪异,有时又张扬到接近夸张,然则在这种渲染中,思想得到空前的解放。

“魏晋风度”一词出自鲁迅那场著名的演讲。鲁迅本人并未下过确切定义,大约是指中国魏晋时代名士们那独特的人格精神与生活方式。

黑格尔曾说过:“中国的个人在精神上是没有个性的。”总体而言也许如此。但在魏晋那个特定的时期,那些个风流名士的身上就呈现出各自鲜明的色彩。

是真名士者自风流。阮籍的“白眼相向”、“穷途痛哭”,嵇康的广陵索琴,王导的新亭,他们的气度几追仙姿。旷达、放浪、坦然、从容、自然、淡定、幽默、率真……一切的至情至性,是生命的绚丽绽放,是中国文化史上少有的景观。

而嵇康是名士中的名士。嵇康聚集了一个叫作“竹林七贤”的小团体。

《魏氏春秋》中记载:“康内居河内山阳县,与陈留阮籍、河内山涛、河内向秀、沛国刘伶、陈留阮咸、琅邪王戎友善。常游于竹林,号为七贤。”

七个人的志趣相似,因此常聚于山阳县的竹林之下,肆意酣畅;然而又个性不同,相得益彰。七人中,嵇康性烈、阮籍放浪不羁、山涛宽厚大度、王戎不拘小节、阮咸放诞而又精通音律、刘伶玩世不恭又嗜酒如命、向秀淡泊宁静。

其实相较于其他人,嵇康本人的行为并不是十分乖张,至少比起阮籍的青白眼和居丧食肉、刘伶的纵酒、王戎的好利,嵇康的举止还算优雅自制、恪守礼教的,然而最终却以"破坏礼教"的罪名送命。

祸根不过就是一句"非汤武而薄周孔,越名教而任自然",这其实不是对礼教的反动,只是对礼教的还原。剥开年深日久人们强加诸偶像身上的光环,帮助人们去体会真实的汤武周孔,感受历史人物的外在困境和内在超越,由此激发发自本心的道德情感。与其说他是因反礼教而获罪,不如说是因为他反对统治者垄断对礼教的解释权而获罪。

暴君需要的是愚民,而他的清醒则是政治的大敌。

然而嵇康又刚烈,宁为玉碎不为瓦全。以生命证明了他的礼教并非叶公好龙。

"三千太学伤东市,一笛山阳怅子期。"(谢启昆)嵇康死后,竹林谢幕。而嵇康的音容笑貌似乎犹在。

阮籍喝酒喝到了极致,诗文隐约到了极致。他以抑郁的生来呼应嵇康那从容的死。山涛以自己那颇具实用主义的方式去最大限度地保全曾经的理想。向秀呢,在消极应付中写下了那篇《思旧赋》,虽"只有寥寥的几行,刚开头却又煞了尾",但作为忘却的纪念,仅此便已足够。

宗白华先生曾对魏晋人的风度有过阐述,认为其表现大约在:向外发现了美,向内发现了深情。这外在的美,首先包括人的外貌和自然之美。而自然与人又互相生发、彼此照耀。人格和胸襟都"像一朵花似的展开"。而深于情者,扩而充之,可以成就宗教般的圣洁和悲悯。

观竹林七贤之举止,正是魏晋风度典范式存在。

后世不乏他们的精神传人,然整个历史中,数目寥寥。只有少数如李贽、龚自珍等人,却也是只有对"遏其生气,以求重价"的"病梅"的感慨,却无"竹林七贤"那令人心醉神迷的风流气质。

然而毕竟,魏晋人以一种非常规的姿态,标立出一种崭新的文化人格,使得中国的传统文化大树上得以"老树生花"。而后世的读书人在面临相似的人生困境时也才有了榜样范式、精神滋润。从现代学者陈寅恪所提出的"精神之独立、思想之自由”的口号来看,嵇康那才情风骨犹如明灯一般穿照漫长的黑暗,尽管微弱,但毕竟闪烁。

也许这也正是鲁迅花了偌大力气去校勘出一部《嵇康集》的原因。

非汤武而薄周孔,越名教而任自然

嵇康喜好“冥于自然,归于宁静”的老庄之学,老庄的恬淡静远应该说在他的身上还是很有体现的。他的兄长夸奖他“爱恶不争于怀,喜怒不寄于颜”,朋友王戎也曾回忆和他相交日久,“未尝见其喜愠之色”。然而,正所谓“金刚怒目,所以降伏四魔;菩萨低眉,所以慈悲六道”。嵇康面对至交好友或许是菩萨低眉,而于世事上,则更多的是“轻肆直言,遇事便发”。

《与山巨源绝交书》问世的背景正值正始年间政治上的腥风血雨时期。嘉平元年(公元249年),“高平陵政变”爆发,曹爽、何晏及其党羽都被诛灭,司马家族全面掌控了曹魏政权,开始了魏晋政权长达17年的嬗变交替,也开启了大规模的政治清洗。

《晋书》记载:“山涛将去选官,举康自代,康乃怀涛书告绝。”嵇康完全可以选择其他的方式来表示自己的立场,比如沉默不答。既有原则,又含蓄、安全。然而嵇康选择的是最激烈的回应。

《与山巨源绝交书》一开头就是尖刻的比喻,好朋友山涛就像是“厨师羞于一个人做菜,就拉祭师来帮忙”,目的是要他也“手执屠刀,沾上一身腥臊气”。

尤其个性的是他在信中提出了“必不堪者七,甚不可者二”作为自己不肯做官的理由:做了官会令自己有“七个不能忍受”,使别人有“两个不能忍受”,其中诸如睡惯了懒觉,忍不得别人叫其早起、习惯了独自弹琴垂钓,忍不得身边站个士兵来侍候、习惯了破衣满身虱,忍不得官服的冠冕堂皇等等,这样的肆意调侃,将入朝仕宦的庄严解构成笑场。

同样是拒绝司马氏的征召,对比李密的《陈情表》来看:一个嬉笑怒骂,不留余地;一个哀辞恳切,周全妥帖。无怪乎《陈情表》得到了统治者的豁免,而嵇康的文章使得“大将军(司马昭)闻而怒焉”(《魏氏春秋》)。

然而嵇康意犹未尽,紧接着又提出自己的政治观点:“非汤武而薄周孔,越名教而任自然。”

对于这一观点,鲁迅先生有过精辟的论述:“非薄汤武周孔,在现时代是不要紧的,但在当时却关系非小。汤武是以武定天下的;周公是辅成王的;孔子是祖述尧舜,而尧舜是禅让天下的。嵇康都说不好,那么,教司马懿篡位的时候,怎么办才是好呢?没有办法。在这一点上,嵇康于司马氏的办事上有了直接的影响,因此就非死不可了……这和曹操杀孔融是一样的。”

王蒙在其文《名士风流以后》中曾论及《与山巨源绝交书》一文,认为:“山涛向朝廷推荐嵇康代己为官,看不出有什么恶劣的用心,辞谢是可以的,写‘公开信’与之绝交,就有点不合分寸。”也有人直指嵇康被杀是因为自己太过“性烈”,“和世俗对立起来”,“以世俗为污浊”。

其实我们仔细品读《与山巨源绝交书》一文可以发现,这封言辞激烈的信,与其说是嵇康有意针对山涛而为之,不如说是意在高调向司马氏表明自己不合作的态度。

在《与山巨源绝交书》一文的最后,嵇康曾表示自己“但愿守陋巷,教养子孙,时与亲旧叙离阔,陈说平生,浊酒一杯,弹琴一曲,志愿足矣”,这样的志愿其实只是一个知识分子独善其身的雅怀而已,是对知己才有的倾诉衷肠。

嵇康临终叮咛其子嵇绍:“有山公在,汝不孤矣!”仍是对山涛表示了深切的信任;而山涛也的确不负老友所托,体现出知己的默契,以致后世有人猜测嵇康这样做也是给政治看客的敷衍和对朋友的变相保护。

至于那些“性烈”、“和世俗对立起来”的指责,则完全颠倒了是非逻辑。不去谴责凶手的残忍,却怪罪受害者的无能,这样的思维方式和价值观念,怎么能够有助于建立民族的灵魂?

《魏氏春秋》记载:“巽淫安妻徐氏,而诬安不孝。”吕安的妻子被其兄吕巽奸污,吕安原本准备休妻并起诉吕巽。吕巽恶人先告状,抢先告吕安不孝。不孝在当时是很重的罪名。司马氏既有意篡政,自然不好意思宣扬“以忠治天下”,所以只好极力宣扬“圣朝以孝治天下”。

“吕安罹事,康诣狱明之。”(《文士传》)同时,嵇康还写了他的另一封绝交信:《与吕长悌绝交书》。“古之君子,绝交不出丑言,从此别矣!临别恨恨……”以平静的语言表达极度的愤慨与蔑视,恰与《与山巨源绝交书》相反。

嵇康为吕安辩白的结果是一起被下狱。对于嵇康之死这一结果,《魏志·钟会传》里毫不隐讳地指出:“(会)迁司隶校尉,虽在外司,时政损益,当时与夺,无不综典。嵇康等见诛,皆会谋也。”

其实，钟会与嵇康的渊源由来已久：

《世说新语·文学》云：钟会撰《四本论》始毕，甚欲嵇公一见，置怀中，既定，畏其难，怀不敢出，于户外遥掷，便回急走。

若干年后日渐显贵的钟会再次出现在嵇康面前。这一次的他不再瑟缩，而是"乘肥衣轻，宾从如云"的。来头虽大，"非我友生"，真正的朋友是如向秀这般，默默不语埋头帮他打铁。——他们的友情心照不宣，浓极转淡。

对于钟会，嵇康的态度正如鲁迅所说的那般"最高的轻蔑是无言，连眼珠也不转过去一些"，自打自己的铁，视若无睹。——而钟会的懊丧可知。

此次会面，二人之间仅有的那两句"何所闻而来，何所见而去"的问答都语出佛学经典《维摩经》第五卷，其实充满禅意。但"橘生淮北则为枳"，原本绝妙的佛理禅机在钟会的心中催生的却是恶之花。

鲁迅说："得罪了钟文人，后来被他在司马懿面前搬是非，送命了。所以你无论遇见谁，应该赶紧打躬作揖，让座献茶，连称'久仰久仰'才是。这自然也许未必全无好处，但做文人做到这地步，不是很有些近乎婊子了么？况且这位恐吓家的举例，其实也是不对的，嵇康的送命，并非为了他是傲慢的文人，大半倒因为他是曹家的女婿，即使钟会不去搬是非，也总有人去搬是非的，所谓'重赏之下，必有勇夫'者是也。"（《且介亭杂文二集·再论"文人相轻"》）

话说得很明白了，得罪钟会只是外因，与司马氏朝廷的不合作态度才是致死的根本原因。即使没有钟会的进谗，对于嵇康这样一个有影响力的名流，欲加之罪也只是早晚的事。

当然钟会的推波助澜行径也是既可鄙又可怕的："嵇康，卧龙也，不可起。公无忧天下，顾以康为虑耳。昔齐戮华士，鲁诛少正卯，诚以害时乱教，故圣贤去之。康、安等言论放荡，非毁典谟，帝王者所不容。宜除之，以淳风俗。"

嵇康被逮入狱时，"豪俊皆随康入狱"，许多人把陪嵇康坐牢当作一件荣幸的事；三千多太学生上书，"请以为师"。然而早有人指出，这些举动实则加速了嵇康的死亡。因为这一营救行动从某种意义上说已将嵇康推到了精神领袖的位置。

"死亡不能改变伟大的灵魂，具有这种精神的人，直到最后一刻仍然不会失其本色。"（培根《论死亡》）嵇康之死，无论哪个版本的记载都是中国文学史上最扣人心弦的篇章：

《世说新语》：嵇中散临刑东市，神气不变。索琴弹之，奏《广陵散》。曲终曰："袁孝尼曾请学此散，吾靳固不与，《广陵散》于今绝矣！"太学生三千人上书，请以为师,不许。文王亦寻悔焉。

《文士传》中则记载为:康取调之,为《太平引》,曲成,叹曰:"《太平引》于今绝也!"

其实所奏琴曲是否为《广陵散》并不重要,重要的是嵇康面对死亡时所选择的那绝美的死亡姿态;据说《广陵散》琴曲最终还是没有失传,然而《广陵散》只属于嵇康弹奏的那"永恒的瞬间"!

嵇康死后,《晋书嵇康传》云:"帝(司马昭)寻悟而恨焉。"司马昭的悔悟恐怕更多的是面对嵇康被杀,"海内之士,莫不痛之"的舆论而做出的姿态。诚如王夫之所言:"孔融死而士气灰,嵇康死而情义绝",有这样的政治效果,司马氏恐怕是内心偷着乐。

叔夜俊侠,故兴高而采烈

《诗经》之后中国少有四言体佳作。而嵇康现存的50余首诗篇中尤以四言成就较高,是继曹操之后四言体的又一批成功之作。

与人格性情相呼应的是,嵇康的诗也呈现为两方面的特色:一种是较为直言峻切,讦直露才的;而另外一种则是情真意切、风神洒脱。

前者以《幽愤诗》、《答二郭》为代表。《幽愤诗》自述平生遭遇和理想抱负,对自己无辜受冤表示极大愤慨。陈祚明《采菽堂古诗选》里说:"叔夜婞直,所触即形,集中诸篇,多抒感愤,招祸之故,乃亦缘兹。"此等评价应是就此类作品而发。对比着阮籍那隐约其辞、寄托遥深的《感怀》诗来看,则"故知诗诚关乎性情,婞直之人必不能为婉转之调矣"。

《答二郭》诗中连用《庄子》典故,如"庄周悼灵龟"、"越搜畏王舆"、"卞和献璞玉"、"杨氏叹交衢"等典故表达自己对仕宦是险途的认识和对"大道匿不舒"的痛惜,堪称直言峻切!

后者以四言《赠秀才入军》诗共十八章为代表。这组诗也是一般的诗歌选本在选到嵇康诗时常爱选的篇章。嵇康自小丧父,对其兄有着非同一般的感情。其兄,就是嵇喜,即《世说新语》上记载曾遭阮籍白眼的那个人。与嵇康比较而言,不够个性,不入竹林中人如阮籍等人的法眼。然而他是俗世里认真生活的人,对于这点,竹林中人也是深表认可的。据说阮籍的儿子阮浑长大后,十分羡慕父亲阮籍和朋友们的竹林之游，但是阮籍以“你阮咸哥哥已经参与了，你就不要再这样了”为由而拒绝他的加入。

对嵇康而言，最爱的亲人要进入他最厌的政治，嵇康的百感交集都表现在诗中。

《赠秀才入军》不是殷夫《别了，哥哥》那样革命的诗，嵇康耿直却也并不偏狭。兄弟信仰不同，但血亲的温情仍在。毕竟在圣人的教诲里，也是政治与人伦兼顾的。

嵇康的赠兄诗里，祝愿、不舍、期盼、超脱、失望兼而有之。整组诗歌里，前面两首写昔日兄弟同游的快乐时光：

鸳鸯于飞，啸侣命俦。
朝游高原，夕宿中洲。
交颈振翼，容与清流。
咀嚼兰蕙，俛仰优游。

从第三首开始诗中那因分离而生的思念之情渐渐浓厚。其中第九首刻画作者想象中的兄长从军的风采尤其出色：

良马既闲，丽服有晖。
左揽繁弱，右接忘归。
风驰电逝，蹑景追飞。
凌厉中原，顾盼生姿。

剩下的十首诗主要是表现了自己的忧思感伤，也写及了领略山水的乐趣。只有这种乐趣才能消释思念的心情，也更加坚定了自己游仙归隐的志向。其中第十四章最具盛名：

息徒兰圃，秣马华山。
流磻平皋，垂纶长川。
目送归鸿，手挥五弦。
俯仰自得，游心太玄。
嘉彼钓叟，得鱼忘筌。
郢人逝矣，谁与尽言。

此诗想象嵇喜行军之暇领略山水乐趣的情景。显然这与其说是征人生活，不如说是诗人自己的情趣。“目送归鸿，手挥五弦”二句以凝练的语言摹写高士风神，是历来为人们所称道的妙句。综合观之，整组诗明快、洒脱。

南朝刘勰在《文心雕龙·体性》里说道:“叔夜俊侠，故兴高而采烈”,此言可谓是嵇康定评。因为其性“侠”,故而“兴高”文辞刚直严正,感人更重;其人才“俊”,所以“采烈”,文采精华,令人忘俗。

然而嵇康的诗文虽好,却是纯粹文人士大夫的品位,没有唐人那传入寻常百姓家的普及性。然而嵇康的意义也实在并不在此,他的一生是把生的美好、尊严、意义演绎到极致的过程。他所树立的生命范式具有永不褪色的光彩。

阮籍:委曲周旋仪　姿态愁我肠

阮籍(210—263)字嗣宗,陈留尉氏(今河南开封)人,三国时期魏的诗人,"竹林七贤"之一。曾任步兵校尉,人称阮步兵。与嵇康并称嵇阮。

父亲阮瑀,位列"建安七子"之一。所谓"蓬莱文章建安骨"(出自李白《宣州谢楼饯别校书叔云》),以刚健与写实为主。然而阮籍所生活的时代却又是"天下多故,名士少有全者"(《晋书阮籍传》)的正始年间,故而以阮籍与嵇康为代表的正始文学在继承"建安风骨"的同时又多写政治迫害之下的逃避与隐逸。

纵有济世志奈何,拟把疏狂图一醉

《晋书·阮籍传》载有阮籍许多片段:"籍嫂尝归宁,籍相见与别。或讥之,籍曰:'礼岂为我设邪!'"嫂嫂回娘家,阮籍落落大方地与之道别,招来不少讥评。其实早在亚圣孟子那里就有了关于叔嫂关系的一番论述了。所谓"嫂溺不援,是豺狼也。男女授受不亲,礼也;嫂溺援之以手者,权也。"然而原本属于至亲家人之间的温馨就被这样生生地隔绝开来了。阮籍"非礼"了,于是"或讥之"。阮籍没有像先秦诸子那样来一场礼非礼、权非权的辩论,而是一语抹杀了"礼":礼岂为我设邪!这样发乎自然本心的呼声现在听来仍然暖人心扉。

"邻家少妇有美色,当垆沽酒。籍尝诣饮,醉,便卧其侧。籍既不自嫌,其夫察之,亦不疑也。"此一段中的阮籍的行为比上一节里还要放肆,然而一句"其夫察之,亦不疑也"就将阮籍那"外坦荡而内淳至"的品行概括无遗了,当然那个有着这样识见的酒店老板也颇值得为之喝一声彩。

阮籍对同僚乃至至尊却又不若对女性的温和:

"晋文王功德盛大,坐席严敬,拟于王者。唯阮籍在坐,箕踞啸歌,酣放自若。"

"籍又能为青白眼,见礼俗之士,以白眼对之。嵇喜来吊,籍作白眼,喜不怿而退。喜弟康闻之,乃赍酒挟琴造焉,籍大悦,乃见青眼。由是礼俗之士疾之若雠,而帝(按指司马昭)每保护之。"

司马昭对大阮那几分纵容说来颇可玩味,这当然并不是因为他能够涵容万物,毕竟嵇康即死于其手。

让司马昭能够容忍甚至略有保护的应该是阮籍的谨慎。"晋文王称阮嗣宗至慎,每与之言,言皆玄远,未尝臧否人物"(《世说新语》)。正如鲁迅所说:"嵇(康)阮(籍)二人的脾气都很大;阮籍老年时改得很好。"

况且阮籍对司马氏政权并未如嵇康那般态度决裂:"及文帝辅政,籍尝从容言于帝曰:'籍平生曾游东平,乐其风土。'帝大悦,即拜东平相。籍乘驴到郡,坏府舍屏鄣,使内外相望,法令清简,旬日而还。"(《晋书·阮籍传》)

可见,阮籍对司马氏政权虽是若即若离,却也有积极合作的时候。而这段关于阮籍任上的记载也很有意思:所谓"坏府舍屏鄣,使内外相望",打破间隔,实现办公场合的集中化、透明化,效率自然提高。——颇有点现代管理科学的味道。而阮籍的"法令清简"则无疑是以黄老的清静无为思想来治世,有正确的理论路线,配合简洁高效的政府工作班子,极见成效。可见《晋书·阮籍传》所谓"籍本有济世志"并非虚美。

史载,阮籍尝登广武,观楚、汉战处,叹曰:"时无英雄,使竖子成名!"这样一声穿透历史的长叹,然则"竖子"究竟指谁,历来令人猜测不已。有人认为是刘、项,也有人认为是指魏晋政治人物而言。然而,不管怎么说,透过这一声长叹,我们窥见了阮籍的衷肠:理想是有的,热情也几近自负。然而英雄不遇"时",更生幻灭。

阮籍猖狂,岂效穷途之哭

阮籍纵有济世志,奈何其时属魏、晋交替之际,"天下多故,名士少有全者,籍由是不与世事,遂酣饮为常。"正如鲁迅所说:"其时司马氏已想篡位,而阮籍名声很大,所以他讲话就极难,只好多饮酒,少讲话,而且即使讲话讲错了,也可以借醉得到别人的原谅。"应该说鲁迅的眼光还是很锐利的,看出阮籍的酒醉不仅仅是不加雕饰的行为艺术,也是他避祸的方法之一。

《晋书·阮籍传》载:“文帝初欲为武帝求婚于籍,籍醉六十日,不得言而止。”

然而,阮籍的策略仅仅在有限的范围内才起作用。当面对原则性问题被逼表态的他,喝酒也未能幸免其事。

“会帝让九锡,公卿将劝进,使籍为其辞。籍沈醉忘作,临诣府,使取之,见籍方据案醉眠。使者以告,籍便书案,使写之,无所改窜。辞甚清壮,为时所重”。(《晋书·阮籍传》)

当阮籍再一次醉酒时,却是被硬扶起来当场就要他写,半点推托的余地也没有。偏偏阮籍的文笔又很好,“无所改窜,辞甚清壮,为时所重”。

即使如此,《劝进笺》仍是阮籍一生最大的污点。后世论者对此不乏尖刻之言。又有阮籍的拥护者以“春秋笔法”为阮籍辩护,认为微言大义也是斗争的方法之一。

其实我们完全没必要对此作非彼即此的评价。在城头变幻大王旗的时代里,面对非理性的政治,士子们的意义难道仅仅只是作祭台上的牺牲?鲁迅先生在《纪念刘和珍君》中有这样一段话:“时间永是流驶,街市依旧太平,有限的几个生命,在中国是不算什么的,至多,不过供无恶意的闲人以饭后的谈资,或者给有恶意的闲人作‘流言’的种子。至于此外的深的意义,我总觉得很寥寥,因为这实在不过是徒手的请愿。人类的血战前行的历史,正如煤的形成,当时用大量的木材,结果却只是一小块。”

阮籍即使是软弱的,但求生亦是生存的本能和欲望;而妥协却又是那么不甘,这矛盾里却又都是真实的人性。

也正因为心实不甘,故阮籍的好酒自是没有李白那诗酒风流的潇洒情味,阮籍的酒是胸中块垒不得不以酒来浇。阮籍《咏怀诗》82首,满纸阴郁,却少有提到酒的时候。阮籍的大醉往往又伴有“举声一号,吐血数升”,带有浓重的自我毁灭的意味。

阮籍本人即在《劝进表》之后数月间去世。

鲁迅曾对俄国作家陀思妥耶夫斯基有过评述:“其实,他早将自己也加以精神底苦刑了,从年青时候起,一直拷问到死灭。”这又何尝不是阮籍,甚至鲁迅自身的写照?

阮籍与嵇康各有选择,各有承担,将死之绝美和生之高贵淋漓尽致地演绎出来,于后世皆有“高山仰止”之感。

即以鲁迅的小说为例,《孤独者》、《在酒楼上》、《头发的故事》和散文《范爱农》中,魏连殳的倨傲以及给母送葬时的“长嚎”;吕纬甫的消沉颓唐;范爱农“眼球的白多黑少,看人总像在藐视”等等,与历史上对阮籍的描写可谓是一脉相承。是历代知识分子同呼吸、共命运,于心灵世界激荡而出的共鸣。

同是喝酒,李白往往喝得兴高采烈、仰天大笑;而阮籍喝酒往往哽咽乃至痛哭。

阮籍曾为母子天性而流泪:“阮籍当葬母,蒸一肥豚,饮酒二斗,然后临诀,直言‘穷矣!’都得一号,因吐血,废顿良久。”(《世说新语·任诞》)

也有为陌生人而流:“兵家女有才色,未嫁而死。籍不识其父兄,径往哭之,尽哀而还。”对此,余秋雨曾用了极具文学效果的语言来评价这一哭:“阮籍不会装假,毫无表演意识,他那天的滂沱泪雨全是真诚的。这眼泪,不是为亲情而洒,不是为冤案而流,只是献给一具美好而又速逝的生命。荒唐在于此,高贵也在于此。有了阮籍那一天的哭声,中国数千年来其他许多死去活来的哭声就显得太具体、太实在、也太自私了。终于有一个真正的男子汉像模像样地哭过了,没有其他任何理由,只为美丽,只为青春,只为异性,只为生命,哭得抽象又哭得淋漓尽致。依我看,男人之哭,至此尽矣。”

比前“二哭”更著名的是:“阮籍常率意独驾,不由径路,车迹所穷,辄痛哭而反。”(《晋书》)

“穷途之哭”堪称阮籍的行为史上最具深刻性的一幕:体味痛苦,而后做哲学上的超越。

“行到水穷处,坐看云起时”那是生于大唐盛世的人才具有的浪漫情调,而“车迹所穷,痛哭而反”是只属于魏晋乱局中艰难求生的人最真切的感受和最无奈的悲哀。

初唐四杰之首的王勃在《滕王阁序》中写道:“孟尝高洁,空怀报国之情;阮籍猖狂,岂效穷途之哭?”王勃倒是体会到了阮籍的衷肠——他的猖狂程度正适足以见其绝望耳。也因此此后的文人每到失意之际便往往吟咏此句,作同声一哭。

阮籍的哭甚至可以说是不为一时一事,可以是就一生理想终告幻灭而发,也可以是因无数次的举步维艰而起,也许是为了追求,也许是因为执着,也许是缘于绝望,是每一个心有所触的人都会流的泪。

旷代绝作感怀诗，百代之下难情测

阮籍著述颇丰，于散文、辞赋皆有名篇。然最出名的作品却是《咏怀诗》82首。这些作品非一时一地所作，可能是阮籍晚年编集平生所作五言诗，而总题为“咏怀”。

82首《咏怀诗》，历来有“百代之下，难以情测”（《文选》李善注）的评价。当然这与阮籍刻意地用典隐晦有关，然而即如向秀不行诸于诗而付之于赋，不也是“只有寥寥的几行，刚开头却又煞了尾。”（《为了忘却的纪念》）所谓“吟罢低眉无写处”，“灵魂的深处并不平安，敢于正视的本来就不多，更何况写出”，阮籍的忧思之作多半隐约其词也自难免。

然而，阮籍咏怀诗里的“忧生之嗟”、“志在刺讥”还是可以体会得到的。

《咏怀》的第一首被认为有序诗的作用：“夜中不能寐，起坐弹鸣琴。薄帷鉴明月，清风吹我襟。孤鸿号外野，翔鸟鸣北林。徘徊将何见，忧思独伤心。”诗里塑造了一个深夜不眠、孤独彷徨的诗人形象。而所谓“忧思”，在冯沅君和陆侃如认看来：“阮籍到底‘忧思’些什么？我们纵观他的80多首诗，知道他所忧思的是宇宙间一切事物的‘无常’。”

因无常而起的生命意识，也是魏晋这样一个“人的觉醒”的时代才有的感悟。

有对生命不堪负载的沉重喟叹：“终身履薄冰，谁知我心焦”、“一身不自保，何况恋妻子”。让人联想到鲁迅那“中国是古国……花样也多，情形复杂，做人也特别难……在中国，则单是为生活，就要花去生命的几乎全部”的论述。

有身在人群如同置身“荒原”的孤独：“独坐空堂上，谁可与亲者”、“挥涕怀哀伤，辛酸谁语哉”。鲁迅曾将这寂寞难缠比喻为“一天一天长大起来”的“大毒蛇”，而阮籍则只能任由毒蛇啮碎了心。

有对生命的虚妄本质的体悟：“人生若尘露，天道邈悠悠……孔圣临长川，惜逝忽若浮。”

从灵魂深处浮上来的孤独、不安、苦闷和彷徨几乎是生命中难以承受之重。这份感触与重负使得阮籍走向玄学理想，追求遗世而独立。故而咏怀诗中有相当部分是游仙诗，如第32首：

朝阳不再盛,白日忽西幽。
去此若俯仰,如何似九秋。
人生若尘露,天道邈悠悠。
齐景升丘山,涕泗纷交流。
孔圣临长川,惜逝忽若浮。
去者余不及,来者吾不留。
愿登太华山,上与松子游。
渔父知世患,乘流泛轻舟。

然而所谓的游仙,又终究是缥缈的。第41首正是诗人最终无法得到解脱的迷茫:

天网弥四野,六翮掩不舒。
随波纷纶客,泛泛若浮凫。
生命无期度,朝夕有不虞。
列仙停修龄,养志在冲虚。
飘飖云日间,邈与世路殊。
荣名非己宝,声色焉足娱。
采药无旋返,神仙志不符。
逼此良可惑,令我久踌躇。

故而鲁迅说阮籍"诗里也说神仙,但他其实是不相信的"。应该说这是很中肯的。

而在神仙世界、现实人间、灵魂深处这多重世界里几番的回转往复中,阮籍的诗歌越发的立意深长。如《文心雕龙》亦云:"正始明道,诗杂仙心",惟"阮旨遥深"。钟嵘更是在他的《诗品》里置阮籍诗于"上品",且评曰:"咏怀之作,可以陶性灵、发幽思。言在耳目之内,情寄八荒之表。洋洋乎会于风雅,使人忘其鄙近,自致远大。"

然而同时钟嵘也指出阮诗"厥旨渊放,归趣难求",所谓"厥旨渊放,归趣难求"当是指阮籍的"忧生之嗟"充满了模糊性、象征性,难以确指。

而事实上,82首咏怀诗,其中一些诗歌的主题并非是隐而不显,而是取向鲜明的。

如第60首:

儒者通六艺，立志不可干。
违礼不为动，非法不肯言。
渴饮清泉流，饥食并一箪。
岁时无以祀，衣服常苦寒。
屣履咏南风，缊袍笑华轩。
信道守诗书，义不受一餐。
烈烈褒贬辞，老氏用长叹。

诗中塑造了一个真正的儒家君子的形象。

而对真儒的信仰必然导致他对“礼法之士”的不屑：第67首：

洪生资制度，被服正有常。
尊卑设次序，事物齐纪纲。
容饰整颜色，磬折执圭璋。
堂上置玄酒，室中盛稻粱。
外厉贞素谈，户内灭芬芳。
放口从衷出，复说道义方。
委曲周旋仪，姿态愁我肠。

《咏怀》第38首、第39首、第61首诗中塑造的则是慷慨报国、壮志难酬的勇士形象，和曹植的《白马篇》颇有异曲同工之妙。

故而清代的王夫之在他的《古诗评选》中给予了阮籍高度评价：“步兵《咏怀》自是旷代绝作。远绍《国风》，近出于《古诗十九首》。而以高朗之姿，脱颖之气，取神似与离合之间。大要如晴云出岫，舒卷无定质。而当其有所不极，则弘忍之力，内视荆、聂矣！”所谓“内视荆、聂”，即是指这些质实刚强的诗而言。

陶渊明:南山多少悠然趣

陶渊明在中国文学史上是一个高峰,但这高峰的意义和李白、杜甫等人被称为高峰的意义不一样。美学大师宗白华在其《美学散步》中说:“在这个‘点缀着最多的悲剧’的时代(指魏晋)里,有一位诗人……活出了一种崭新的生活模式,一种理想的生活范型。”一点不夸张地说,陶渊明的身份已经不只是一个文人,而已经是一种理想精神、理想生存状态的象征,尤其是在今天这个不安分的年代,陶渊明其人其诗可说是退烧的清凉剂。当吟诵着“采菊东篱下,悠然见南山”的时候,谁的心里不曾飘过一丝“虽不能至,心向往之”的淡然?想到或看到“桃花源”这类词时,谁不对这位距今1700多年的飘逸长者心生羡慕嫉妒恨?

采菊东篱下,悠然见南山

陶渊明出身于官僚家庭,曾祖父是东晋的开国元勋,官至大司马,封长沙郡公,祖父、父亲做过太守一类的官,母亲是东晋名士孟嘉之女,这样看来,陶的家族不同于一般百姓,可以说是贵族了,但到陶渊明这一代已经荣耀不再。没落贵族其实是文人中一个很特殊也很常见的现象,也许正因为是没落着的,才更可能激人发愤,而愤怒出诗人又正是这个道理。出身于这样的家庭,再加上魏晋门阀士庶戒严的社会风气,陶想要重振家族,光耀门楣,怀有“出仕”的理想也是再自然不过的了。

莫砺锋先生在其《诗意人生五典型之陶渊明》中把陶渊明自29岁到41岁的13年间的“仕而复隐,隐而复仕”整理如下:

官职	在任时间
江州祭酒	?
桓玄门下属吏	3年
刘裕幕下镇军参军	1年
江州刺史刘敬宣部任建威参军	5个月
彭泽县令	83天

从以上数据可以看出,陶渊明在13年中,在"仕"途上的光景并不多。几次三番入仕,可见陶渊明为实现拯世救民而入仕的愿望一度是执著的;而几次卸任归隐,又说明当时黑暗的社会让诗人多次彷徨、多次心寒。纵然他想做点实在的事,但上层利益集团早已经众志成城、铜墙铁壁,哪里是他一人能撼动得了的。可以说这13年,是他为实现"大济苍生"的理想抱负而不断尝试、不断失望、最终绝望心死的13年。中国古代的士大夫,在建功立业的理想无法实现时,常常在其精神境界中继续其自我实现的执著,于是隐居便成了一条路。但走上隐居这条路的人未必都是对仕途死了心彻底超脱看透的人,其中相当一部分人把隐居当成树立名声,曲线再入仕途的方法,当然还有一小部分人是彻彻底底厌倦了纷纷扰扰乌烟瘴气的官场后决心向仕途说拜拜,陶渊明就是后一类人。但有人不同意这种观点,说陶渊明几次想挤进官场,说明他的官瘾何其之强,最后之所以归隐,是因为没办法了,无路可走了,所以"洒脱"、"超然"之类的词用在陶身上显然是拔高他了。鲁迅在《伤逝》中有言:"人必生活着,爱才有所附丽。"换句话说,人必先活着,才有资格谈其他的任何东西。如朱传誉所说,"他(陶渊明)想要摆脱生活上的困境,想要因时而动,有所作为,这理由已足够了。'文以载道'是韩愈之类高官在衣食无忧的情况下说出的,做官也是在俸有保障的前提下才想要有所作为。完全不考虑个人生存只忧虑天下人的人不是没有,但只是少数,而且这类圣贤的出现有其特殊的原因,不可推偏及全。"毕竟,人首先就是为生存而生存,活得更好是每个人的愿望。据颜延之《陶征士诔序》中说陶"少而贫病,居无仆妾,井臼弗任,藜菽不给,母老子幼,就养勤匮"。陶渊明也是俗骨凡胎,如此家贫的情况下,他就是为了生计、想让自己的一饭一食更好而出仕又有什么可非议的呢?为什么非要把他苛求成一个不食人间烟火的"神"呢?好像陶渊明只有浑身彻彻底底地静穆、伟大,衣服上不沾染一丝尘埃才配得上谈气节之类的词。如果这样苛求的话,不知道多少古人要被算旧账。

文人的清高和天真自然会在官场碰壁,社会不能容陶渊明,他自己也说是"世与我而相违",再加上"少无适俗韵,性本爱丘山"的本性,既然不愿违逆自己的本性行事,不能"兼济天下",那就"独善其身"吧,陶最后是彻底地与官场决裂了,回归自然一方面是迫不得已地放下,另一方面也是陶对十多年"误入尘网中"的一个回归,只有回到生活的原点,才算是回归了生命的本真。

归园田居之后,陶渊明的后半生就长期活动在农村了,在他看来,农村的一切都显得那么美好、温馨,即使是鸡鸣狗吠,听起来也悦耳适意。但首先要解决的依然是生计问题。诗人亲自参加劳动,"晨兴理荒秽,带月荷锄归",饱受风霜之苦,深刻地认识到劳动的重要,他强调农耕是提供衣食、满足生存需要的基本手段,他有一首长诗《劝农》是鼓励农民耕种的,说明耕种为生之根本大计,将对农耕的认识提高到空前的历史高度,魏晋时代清谈之风盛行,名士们尤其是文人以不染事务为高雅,根本别说去挖掘劳动中的诗情画意和参加劳动后的感受与体验了。但陶渊明不,这些别人眼里瞧不上、笔下避而远之的乡村,在诗人笔下却是那样的优美、宁静,显得格外亲切,可以说文学史上陶渊明是第一次用诗意的语言描写农村和劳动。在他的笔下,劳动不是全部充斥着"面朝黄土背朝天"的艰涩,也有美好。《归园田居》之三用白描手法记载了诗人一天劳作的情形:"种豆南山下,草盛豆苗稀。晨兴理荒秽,带月荷锄归。道狭草木长,夕露沾我衣。衣沾不足惜,但使愿无违。"在那样的时代,诗人不仅仅着意于耕作,还能以审美的眼光来欣赏田园劳作,这点是多么可贵。

诗人长期生活在农村,接触的是田野村夫,议论的是稻麦桑麻,与农人也建立了良好的关系,如《移居》其二:"过门更相呼,有酒斟酌之。农务各自归,闲暇辄相思。"《饮酒其九》:"清晨闻叩门,倒裳往自开。问子为谁与?田父有好怀。壶浆远见候,疑我与时乖。"《移居二首》:"农务各自忙,闲暇辄相思。相思则披衣,言笑无厌时。"诗人不但不鄙视这些乡村野老,相反还在与他们日常一起劳动、一起喝酒的交往中发现了农人身上的淳朴美好本性,诗人发自内心地觉得农村真好,农民真好,而他自己也越来越像个农民了。

陶渊明《饮酒》系列诗历来被称为是田园诗的代表作,尤其第五首更是千余年来为人们传颂不绝、赞誉极高的佳作:

结庐在人境，而无车马喧。
问君何能尔？心远地自偏。
采菊东篱下，悠然见南山。
山气日夕佳，飞鸟相与还，
此中有真意，欲辨已忘言。

人说这前四句有“不是风动、不是幡动，仁者心动”的禅意，又有不拘形迹、独与天地精神相往来的道心。确实，彻底抖落了心底的尘埃，哪怕身处闹市，还是觉得清净，这是来自心底的清净，已经百炼成钢，百毒不侵。试想，该有怎样的情怀才能体会这于东篱下采菊，抬头看见南山的“悠然”呀！

南山多少悠然趣，千载无人会此心

陶渊明隐居了，在他的诗文里，我们不难看到他对这种隐居生活的自得其乐，也会不禁羡慕他的洒脱。但是，“隐逸”二字看上去飘逸洒脱，事实上隐逸并不是一条优哉游哉的坦途，任何隐士都要面临一个非常现实的问题——隐居了，精神上是解脱了，但民以食为天，人要活下去，就要吃饭，吃饭就要面对一系列经济问题，虽然很俗，但这是一个怎么绕也绕不过去的事情。从官场出来，俸禄没有了，衣来伸手、饭来张口的日子没有了，一切要从头开始，且需要自己动手，怎么办？所以很多人对“隐居”的人持怀疑的态度，因为隐士隐居之后确实是放下了一些东西，但又不得不捡起另外一些东西，那么，如何寻求到一个合适的拐点，真正做到“宠辱不惊，看庭前花开花落；去留无意，随天外云卷云舒”？这是隐士们要认真处理的问题。

南京师范大学陈传席教授把古代文人的隐居分为十类，其中有以下四类：1. 完全归隐，因无欲无求，所以是真正意义上的归隐，如元朝吴镇；2. 仕而后隐，对官场不满后隐居，如东晋陶渊明；3. 半仕半隐，虽做官但不问政事，如唐王维；4. 真隐而仕，待时机来临再出山，如汉末诸葛亮、明初刘基。

完全归隐者当然应该受到后人的钦佩，这些人与仕途完全没有干系，即使有时机有环境有条件，甚至朝廷派人来多次延请，他们也拒不出仕；真隐而仕如诸葛亮、刘基者，心怀匡扶天下之壮志并确实做出了一番成就的，也值得彪炳千秋；半仕半隐如王维终南而居，修养身心本也无可厚非。但“仕而后隐”这一类，较之其他几类,确实需要良好的心性和极大的勇气。

陶渊明生活的时代是什么样呢?且看干宝在《晋纪总论》里的评论:“悠悠风尘,皆奔竞之士;列官千百,无让贤之举。”可见,东晋也是一个处处弥漫着骚动不安气氛的时代,大多人都欲焰焚身,想尽一切办法往上挤,又不乏踩着别人的头往上挤者。陶渊明经过十几年的出世入世,也算是看透了他生活的那个朝代断不是他这种心性人能做出一番事业的,既然个人改变不了整个世风的污浊,那只好自保了,保住自己身上的干净就好。对理想的生活状态“虽不能至,心向往之”,并努力在现实中寻求那么一点期冀,挥一挥衣袖,走向田园吧。可见,陶渊明的归隐,虽然是对社会的绝望,但并不是说从此之后放浪形骸了,而是转而在内心营造一个“心远地自偏”的清净世界,他的归隐虽然难免透着伤心无奈,但他不是悲观的,他是豁达的,如苏轼在《定风波》里的那句:“回首向来萧瑟处,归去,也无风雨也无晴。”这是饱含着人生哲理的,是作者在大自然微妙的一瞬所获得的顿悟和启示,不经过几次波折、不经过失望到绝望的人是达不到这一层境界的。但显然陶渊明达到了,他已经决然和官场告别,彻底地隐入他的小世界去,所以就不难理解他在《归去来兮辞并序》中的“舟遥遥以轻飏,风飘飘而吹衣”的畅快了,那是身体与灵魂找到最终憩息地的自由与放纵,那是精神超越物质与现实的恬淡与宁静。看,身后是我厌倦已久且现在已经被我抛弃的污浊,而眼前就是我的桃源盛世了,这浑身的酣畅淋漓真是难以形容了!

阿城在《棋王》的结尾中说:“衣食是本,自有人类,就是每日在忙这个,可囿在其中,终于还不太像人。”这说明,人不能手和心都被物质给捆绑了,至少要有那么一点活在物质之外,很多人都明白这个道理,但做到的少之又少。固然,处于贫困之时,仍然能守护当初的理想,坚守住个人的品行、操守和气节,是中国古代传统人文精神的理想和追求。可话又说回来,隐士当真能够固穷守拙,保持坚贞人格,也是相当困难的,因为寂寞与清苦是必须面对的问题,解决不好的话,那这归隐让人更痛苦,还不如不归。陶渊明之所以被钟嵘誉为“古今隐逸诗人之宗”,也是因为陶处理好了这些问题,他并没有在归隐后陷入一地鸡毛的琐碎生活中不可自拔,相反,他在退隐后不仅没有被贫困的生活吓倒,反而在这接地气的躬耕生活中变得更加清晰和坚定,且在这过程中获得很多乐趣,所以,他非但没有痛苦,反而更洒脱了。朱熹说过:“晋宋人物,虽曰尚清高,然个个要官职,这边一面清淡,那边一面招权纳贤。陶渊明真个能不要,此所以高于晋宋人物。”陶渊明的归隐是真性情使然。在仕与隐的问题上,也正如苏东坡所云:“欲仕则仕。不以求之为嫌;

欲隐则隐,不以隐之为高。饥则叩门而乞食,饱则鸡黍以延客。古今贤之,贵其真也。”这真正是陶渊明式的率真与洒脱,他并不是故作姿态给谁看的。

“以世俗的眼光来看,陶渊明的一生可以说够‘枯槁’的了,但换另一种眼光看,他的一生却是很艺术的。”①陶渊明被视为中国士大夫精神上的一个归宿,许多士大夫在仕途失意以后,或厌倦了官场的时候,往往想到陶渊明,从他身上寻找新的人生价值,并借以安慰自己,如白居易、苏轼、陆游等。白居易说:“每逢陶姓人,使我心依然。”可见陶渊明对他的影响之深;尤其苏轼是非常推崇陶渊明的,尤其是在他的晚年,他在《江城子》中说:“梦中了了醉中醒,只渊明,是前生。”他把陶渊明当成了自己的前生,不难发现他对陶渊明达到的境界是钦慕的;陆游在《小园》里有:“卧读陶诗未终卷,又乘微雨去锄瓜。”这和陶渊明锄苗戴月归来的“衣沾不足惜,但使愿无违”已经有几分相似了。

荷尔德林提出“诗意地栖居在大地上”,这境界让人多么向往;泰戈尔的“天空没有留下鸟的痕迹,但我已飞过”同样是一种豁达和洒脱!陶渊明以其亲身实践向世人证明,他做到了,以诗人人生境界为代表的南山情怀和桃源情怀,既是陶面对生活的态度,更是他人格精神的力证。

陶令不知何处去,桃花源里可耕田

就像梁衡在《心中的桃花源》里所说:“每一个多少读过点书的人,都知道陶渊明的《桃花源记》。”仅仅“桃花源”三个字就足以让人们向往一辈子的了,这绝对是一个“只应天上有,人间哪得闻”的绝对理想化了的世界,武陵人缘溪捕鱼,忘路远近,忽逢桃花林,惑于美景,乃穷水得山,又经曲折,辗转山洞,方见:

土地平旷,屋舍俨然,有良田美池桑竹之属。阡陌交通,鸡犬相闻。其中往来种作,男女衣着,悉如外人。黄发垂髫,并怡然自乐。

多么美好啊,让人想起壮族故事《一幅壮锦》,故事的结尾,老妈妈和第三个儿子真的来到了妈妈在锦上织就的那个美丽世界,且有红衣仙女陪伴,从此过上了幸福快乐的生活。故事终究是故事,是寄托了作者理想的,《桃花源记》也一样,寄托着陶渊明终生的向往。桃花源里,无君无臣,没有所谓的门阀制度,没有人会鄙

---

① 袁行霈:《陶渊明研究》,大学出版社 1997 年 7 月版,第 49 页。

视陶氏为“奚狗”,大家都一样,人人平等,且自食其力,整个世界和谐恬静,其乐融融。其实,自从有人类起,人们就没有停止过对“和谐、美好”的向往与追寻。在中国,主张虚静无为的老子提出“鸡犬相闻、民至老死不相往来”的小国寡民理想、又如“花果山”、“蓬莱”等无不表达着古人心中对安宁幸福的期冀;在西方,英国空想社会主义的代表托马斯・莫尔有“乌托邦”,他在其书《乌托邦》里虚构了一个航海家航行到一个奇乡异国“乌托邦”的旅行见闻,在“乌托邦”里,财产是公有的,人民是平等的,大家实行按需分配,这也是世外桃源。莫尔写作《乌托邦》在16世纪,而陶渊明的“桃花源”在4世纪就诞生了,整整比“乌托邦”早了1000多年!如今的我们都在为构建和谐社会而努力,其实这“和谐社会”早在几千年前陶渊明就已经给我们设计好了。固然,陶渊明塑造的桃花源跟现实格格不入,也无从实现,但它却撩拨着一代又一代善良的人们的心弦。毛主席在《七律・登庐山》中说:“陶令不知何处去,桃花源里可耕田?”大气磅礴的一代伟人尚且有这种情怀,何况平凡如你我?那首经典的《在那桃花盛开的地方》:“在那桃花盛开的地方,有我可爱的故乡,桃树倒映在明净的水面,桃林环抱着秀丽的村庄。”不是同样传达着人们对美好生活的向往吗?可以说,“桃源”已经成了一个审美的符号象征。

桃花源像海市蜃楼一样,虽然人们明明知道它是可望而不可即的,但这是一个魔力无比的磁场,它所发出的效力能牢牢地、长久地吸引着世人,尤其是在艰难人生中颠沛流离、在希望与失望之间浮沉挣扎的伤感文人。它是人们在滚滚红尘中艰难跋涉必需的一支兴奋剂或安抚剂,是在杂乱和喧嚣中一个能让你暂时歇一歇、避一避、擦一把汗、抹一把泪的安静角落。在这里,任何人都可以脱下伪装,回到本真,哪怕只是暂时,虽然短暂,但已足够了。所以朱传誉说桃花源是一个“现实的神话,成人的童话”,但人们并不会因为这“神话”、“童话”的不着边际而对它不屑一顾嗤之以鼻,因为它是每个人必需的,无论你承不承认。

诚如梁衡所说:“桃花源不只是风景,而是一种生活符号,一种文化标记……他设计出了一个人心理的最佳状态,这就是以不变应万变,永是平和自然,永葆一颗平常心。他以亲身的实践证明了这一点,接着又用自己的作品定格、升华、传达了这种感觉。他在我们每个人的心里都埋下了一粒桃花源的种子,无论如何斗转星移,岁月更换,后人只要一读陶诗、陶文,就心生桃花,暖意融融,悠然自悟,妙不可言……陶渊明不是政治家,却勾勒出一个理想社会,让人们不断地去追求;不是游记作家,却描绘了一幅最美的山水图,让人们不断地去寻找;不是哲学家,却给出了人生智慧，设计了一种最好的心态，让人们去解脱……中外文学史上从来没有哪一位诗人能像他这样创造了一个社会模式、一种山水布景、一种人生哲学，并深深地植根在后人的心中，让人不断地去追寻。”

我们记得，在《桃花源记》里，武陵人出了桃花源后，“既出，得其船，便扶向路，处处志之……太守即遣人随其往，寻向所志，遂迷，不复得路……后遂无问津者。”桃花源最后找不到了，迷失了。没有人再去、也无从再去找桃花源，它彻头彻尾地成了一个传说。也许这才是最好的结局，最美最美的东西，往往是深藏在人们内心的，有时候人自己都无法把它打开。千百年来，可以说每个人的心中都会有一个桃花源吧。

其实，桃花源只是一种精神指引，谁也不会想真正把它据为己有或在现实中再造一个它，留存在幻想中，才能永葆它的魅力吧！纵朝代更迭、物换星移，桃花源对我们的吸引力长盛不衰。

王维:在大地上诗意地栖居

那逝去的一刻我们是永远无法还原了,无论对于那一刻的记忆是多么生动。历经多个世纪,当我们回望王维时,那位在文学史的书写中熟悉的身影又多少有些陌生。王维的形象在漫长的历史过程渐已化成一个高度抽象的身份符号:盛唐杰出的诗人、画家、音乐家,经由学人的不断演绎和塑造,他的佛禅机缘、他的诗情画意、他的自然浑融也仿佛一幅近景的印象画作了。

一生几许伤心事,不向空门何处销

少年才俊的家世并不如后世人们所想象的那么显赫,其父不过一介司马,这位没有实权的父亲又早早地离开了人世,留下了一群清寒的孤儿。王维是长子,他兄弟五人,还有小妹和虔诚奉佛的寡母,岁月的艰辛可想而知。在《偶然作》一诗里,可略见一斑:“小妹日长成,兄弟未有娶。家贫禄既薄,储蓄非有素。”曾经他和中国古代传统的文人并无太大差异,他也曾经不甘寂寞,他也曾经豪情满怀。作为主流意识形态的儒家伦理、道德、政治观念也在无形中促使他积极进取过:当他看到小人得志权贵当道时他以沉郁愤懑的心情加以抨击过,那些怀才不遇壮志难酬的士子让他在同情之余又无可奈何地痛楚,他的《凝碧池》诗使他不废君臣之大义。

开元九年(公元721年)春,王维进士及第,释褐作大乐丞,主要负责音乐、舞蹈的排练事宜。然而不久,同年秋王维因自己下属的伶人私自表演了只有皇帝才可以观赏的黄狮子舞,被贬为济州司仓参军。王维曾与最高统治者所猜忌的岐王范、宁王宪、薛王业有所往来,因此无情地被卷入权力纷争,成为政治世界中卑微得几乎可以忽略不计的牺牲品,王维心里应该是清楚的:黄狮子舞事件不过是一借口。此时的王维初涉仕途,正值充满梦想和抱负的人生的上升阶段,这一事件对他思想带来的冲击能量是不言而喻的。之后过了几年,王维隐遁世外的心情愈演愈浓,开元十五年(公元727年)左右他度过了一段弃官隐居淇上的生活,内心的忧伤在恬静的山水中一层一层地淡去,但还不至于退却生命全部的激情。

直至开元二十五年(公元737年)四月,张九龄被罢相,朝廷上下,大都明哲保身,噤若寒蝉。此时的王维已步入中年,他的政治热情也随着这一有着某种政治转折意味的事件而渐渐消失殆尽。他在寄给张九龄的诗中说:“所思竟何在?怅望深荆门。举世无相识,终身思旧恩。方将与农圃,艺植老丘园。目尽南飞雁,何由寄一言!”(《寄荆州张丞相》)他思念远离京城被贬荆州的张九龄,感谢张丞相的知遇之恩,他慨叹偌大的世界知音难觅,归隐之意已经是溢于言表了。张九龄被罢相贬职给王维造成的打击不仅仅是情感和心理上的,更深刻地影响和改变着他的政治态度,他也由此在亦官亦隐半官半隐的路上游移得更远。他在《送别》一诗中诉诸了自己的人生取向:“君言不得意,归卧南山陲。但去莫复问,白云无尽时。”政治上没有希望,田园山水却可以将你包围,卸去那不切实际的梦想,中和心中的伤感与生命悲剧的底色,漫随云淡风轻的闲适生活也许可以让思维更自由。

天宝十四年(公元755年)十一月,安史之乱爆发,王维已是半世沧桑了。王维被叛军俘虏,他曾服药取痢、伪称喑疾,不愿任叛军伪官。后来被拘于洛阳菩提寺,被迫接受给事中这一伪职。著名乐师雷海清在凝碧池怒骂叛军而遭肢解示众,王维含愤而作:“万户伤心生野烟,百僚何日再朝天。秋槐叶落空宫里,凝碧池头奏管弦。”后来王维因其《凝碧池》一诗曾达于皇帝的临时驻地,受到肃宗李亨的嘉许,从而免去了任职伪官的罪罚,在朝中继续任官。王维既欣喜又愧疚,“出家修道”虽未得到许可,但“奉佛报恩”的心情至死不能忘。

对于王维的情感世界,我们已经读不到细节的真实了,只能从诗文的碎片中组合出一个背影、一种印象。他应该是一个感情丰富的人,他爱大自然赋形的草木山川,他一生爱过很多人。他爱他的母亲,但他要面对失去母亲的悲痛;他爱他的兄弟,但兄弟们为了各自的生活聚少离多;他爱他的朋友,但生死离别更增加了几多惆怅与伤怀;也许他和玉真公主之间有过一段似是而非的暧昧,但那已经成为年少不经事时的过往云烟了;也许他也爱过他的妻子,但中年丧妻已是他的宿命;也许他的生命中还曾经有那么一位美丽的女子让他的灵魂颤栗,但他只是远远地望着,只是铭刻在记忆中。

母亲给了他现世的生命,又是他佛禅思想的启蒙者,后来他又与著名高僧往来交流,可谓佛缘深厚。参透了佛理的玄机,领悟了禅者的智慧,世事变幻,人无常,你永远都无法想象和把握自己的明天,人情冷暖唯有自知,既然如此那就随方就圆,让抑郁苦闷随风而逝吧,在山水中寻找自适与慰藉,在诗画琴音中寻求快乐和永恒。

芊绵伟丽于氤氲杳渺之间

王维晚年居辋川,诗益精进,用诗意作画,用画意作诗。故苏轼曾云:“味摩诘之诗,诗中有画;观摩诘之画,画中有诗。”(《题蓝田烟雨图》)王维“诗中有画”,以诗为主体,吸取画之因素,融入诗境,即而体现诗中所难以具有之美感。至于“画中有诗”,宗白华先生在其《中国诗画中所表现的空间意识》中有概述:“王维的画我们现在不容易看到(传世的有两三幅)。我们可以从诗中看他画境,却发现他里面的空间表现与后来中国山水画的特点一致。”中国画有南宗与北宗,南宗注重气韵生动,渐演为文人画,北宗崇尚笔墨谨细,流传为画工画。曾各极一时,后来,南宗尤盛,北宗式微。后世以王维南宗之祖,以南宗为国画之宗,以山水画为其中心。

所谓“诗情画意”,乃情与景相遭遇,美感律动而生。诗以情为主,画以意取胜。以情入景,诗有境界;以意入画,画方不俗。诗以语言文字为媒介,灵活流动;画以颜色线条为手段,鲜明具体。诗文表情达意,唯情真意切,才能撩人心弦,摄人魂魄;图画赋物体形,唯含蓄蕴藉,始可耐人寻味味之无穷。“诗中有画”的艺术效果,即诗趣与画趣相融合,在于诗中有弦外之音、味外之旨,在于意在笔墨之外的神韵。

《晓行巴峡》诗云:“际晓投巴峡,余春忆帝京。晴江一女浣,朝日众鸡鸣。水国舟中市,山桥树杪行。登高万井出,眺迥二流明。人作殊方言,莺为旧国生。赖谙山水趣,稍解离别情。”在这首诗中,他描写了巴峡的种种景物景象,山水风光仿佛可览可触,同时又委婉地向受众诉诸了一种孤寂幽冷的情绪。最后两句作为全诗的主旨,一幅淡墨山水画顿时立体化,显得气韵飞动。他的《渭川田家》,以“闲逸”为主旨,描写了农村生活的景象,又以“闲逸”把种种具体景象贯穿始终,组成一幅和谐生动的田园画面。

《旧唐书》云:“得宋之问蓝田别墅,在辋口,辋水周于舍下,别涨竹洲花坞。与道友裴迪浮舟往来,弹琴赋诗,啸咏终日。尝聚其田园所为诗,号《辋川集》。”《辋川集》凡20首,每首有一小题,描辋川别墅之佳景,绘山水风景之清美,写对神仙世界的向往和人生虚幻的伤感,王维隐居避世,心情苦闷,当他慨叹人生寻求解脱之道时,尽著消极感伤之色彩,于感伤之中,流露出诗人的是非爱憎与不流世俗。

如那首广泛流传的《鹿砦》:“空山不见人,但闻人语响。返景入深林,复照青苔上。”此诗景致幽韵:“空山不见人,但闻人语响。”意境幽深,幽中透喧;仅见日光返照入林,复照青苔上,冷淡自在,犹如明心寒水骨,妙语出天香。李东阳在《怀麓堂诗话》中曰:“诗贵意,意贵远不贵近,贵淡不贵浓。浓而近者易识,淡而远者难知。”他评王维《鹿砦》一诗云:“淡而愈浓,近而愈远,可与知者道,难与俗人言。”复如《竹里馆》:“独坐幽篁里,弹琴复长啸。深林人不知,明月来相照。”明月素心,情有所寄,假物起兴,塑景造意,清幽绝俗,诗情画意,相映成趣,斯人自孤绝。

再如《使至塞上》中描摹塞上风景的千古佳句——“大漠孤烟直,长河落日圆”:辽阔荒凉的画面上,平行的大漠,袅袅上升的孤烟,九曲回肠的长河,圆满未沉的落日,跃然目下。又如《山居秋暝》:“空山新雨后,天气晚来秋。明月松间照,清泉石上流。竹喧归浣女,莲动下渔舟。随意春芳歇,王孙自可留。”俨然一幅山居秋景图:一阵新雨之后,山林清新,松间明月,石上清泉,竹林之外,浣女始归,莲叶初枯,渔舟时见,自然流动,美景难收。

王维对景物的观察体味细微,他将日常的材料择取组合得甚为精致,“诗中有画”之佳句比比皆是:

远树带行客,孤城当落晖。(《送别》)

白云回望合,青霭入看无。(《终南山》)

云黄知塞近,草白见边秋。(《陇上行》)

对比烘托是画家常用笔法,可以平添画面几多生动流畅,可以形成强烈反差的视觉效果。在绘画中,一大一小,一远一近,一明一暗,立体错综,妙趣横出。诗歌亦可援引此技巧,例如:

江流天地外,山色有无中。(外与中)

自有山泉入,非因彩画来。(入与来)

沙平连白雪,蓬卷入黄云。(白与黄)

王维作《哭殷遥》,其中有“浮云为苍茫,飞鸟不能鸣。行人何寂寞,白日自凄清”四句。选择浮云、飞鸟、行人、白日的意象,运用苍茫,不鸣、寂寞、凄清来营造背景底色,寄寓悼念与哀思。

王维倾向于淡雅素净的审美风格,他喜欢的阳光不是晴毒的而是隐约含蓄的:“青篁日何长,闭门昼方静”;“闭门寂已闭,落日照秋草”;“丽日照残春,初晴草木新”。他喜欢月光的朦胧恬静,“深林人不知,明月来相照”;同样是月光,张九龄“海上生明月,天涯共此时”,梦里相思再聚首;李商隐的相思更刻骨铭心:远隔天涯共此心。

王维诗中自然传神,情态复现者,亦昭示出其诗画造诣绝俗不凡:

淼淼寒流广,苍苍秋雨晦。

萋萋芳草春绿,落落长松夏寒。

欲归江淼淼,未到草萋萋。

草色全经细雨湿,花枝欲动春风寒。

王维将画境融入诗境,诗中表现出图画可视性的美感,苏轼概括为摩诘“诗中有画”。诗以情为主,画以意为主,情虚意实。表情贵有实感,写实贵有含蓄,虚实相生,诗画融合。融画入诗者,诗歌言语需匠心独运,经营驾驭光、影、声、色、势的流动飞扬,化而无痕。

海日生残夜,江春入旧年

王维画作丰富,据宋代《宣和画谱》载,御府藏王维画126幅,可惜真迹几乎难觅。他的代表作有《伏生授经图》、《雪溪图》、《辋川图》、《袁安卧雪图》(即《雪中芭蕉》)、《江山霁雪图》等,其中最负盛名的应该是那幅《雪中芭蕉》了。飘雪是在北国的冬季,而芭蕉生南国,本来芭蕉生于雪中不符合自然的真实,也让人从逻辑上难以认同,然而王维的创作却独步千古地跨越了时空,冲破了天地自然的羁绊,自由的心灵融化了积雪。芭蕉的意象也许就是画师本人的生命,无论霜雪严寒如何逼人,芭蕉依旧傲然展现着生动的姿态。那是一种禅的境界,那是一种悲天悯人的慈悲,也是王维对袁安卧雪的解读。

王维精通音律,音乐造诣颇高。相传他看到一幅奏乐图,指出这幅图是在演奏《霓裳羽衣曲》的第三叠第一拍,有人找来乐队演奏,结果验证了王维的精准。王维对声音的捕捉是敏锐的,王维摹声,自然浑融,天籁之音,丝丝杳杳,宁静飘逸:

1. 松含风里声，花对池中影。

2. 夜静群动息，时闻隔林犬。

3. 月出惊山鸟，时鸣春涧中。

4. 飒飒松上雨，潺潺石流中。

5. 飒飒秋雨中，浅浅石流泻。

6. 霭霭树色深，嘤嘤鸟声繁。

7. 落花寂寞啼山鸟，杨柳青青渡水人。

8. 漠漠水田飞白鹭，阴阳夏木转黄鹂。

9. 丁丁漏水夜何长，漫漫轻音露月光。

他是盛唐边塞诗的先驱，他在诗中表现了戍边军士们生活的艰辛，反映他们爱国的情怀，描写塞外风情，给后来的边塞诗人提供了宝贵的创作经验。他的山水田园诗更是汲取了丰厚的文化涵养，他继承了陶渊明的自然淳朴，他借鉴了谢灵运与谢朓的秀丽清新。殷璠在《河岳英灵集》中谈及王维时说："维诗词秀调雅，意新理惬。在泉为珠，着笔成绘，一句一字，皆出常境。"王维与孟浩然、祖咏、裴迪等人互相酬唱，进而形成了盛唐诗歌中的一个重要流派，即山水田园诗派。后来中唐的韦应物、刘长卿、柳宗元、晚唐的司空图等也深受王维影响，再往后恐怕就是一部王维接受史了。

青绿山水伴随着时光的流转终究会褪去所有新鲜的色泽，深谙禅理的王维清楚地知晓这点，于是他就在水墨之间浓淡调抹，也许华丽一生的你并不喜欢，但王维却在不经意间启动了文人写意的情结。"当代谬词客，前身应画师。"盛唐孕育了王维，王维用盛唐气象回答了他的时代，那是一个"海日生残夜，江春入旧年"的时代：海上的朝阳划破天际的黑暗与沉闷，春天迈着轻快的步伐迫不及待地来临了。

高适:诗中之达者

在群星璀璨的唐代诗人群体中,高适是一个让人吃惊的人物,这多是因为《旧唐书·高适传》中那句:"有唐已来,诗人之达者,唯适而已。"也是,唐朝诗人中大家辈出,随手拈来诸如王孟李杜者,论起文学成就,似乎谁都比高适更气势一些。"高适以诗人为戎帅,无论在政治上还是文学上,都具有自己独特的地位,这在诗人大多是悲剧人生的盛唐,是一个很独特的现象。"①但在动辄以王侯自比的盛唐诗人中,高适是唯一一个高官而封侯者,其官衔之高,在唐代诸多知名诗人中都是绝无仅有的。

几载困常调,一朝时运催②

高适出生于贵胄之家,曾祖高佑,隋时官左散骑常侍,唐时官宕州别驾。祖高侃是高宗时有名的武将,官至左监门卫。父高从文,位终韶州长史。均有很好的声名,从族系人的职位来看,高适的出身并不太低,但这样的出身并没有给他带来好的家底,《旧唐书·高适本传》曾云他"少濩落,不事生业,家贫,客于梁、宋,以求丐取给"。又说他"爱交游,有游侠之风",像"交游"、"游侠"这样的字眼,在盛唐文人身上其实是很常见的,毕竟国力的强大带来的是开放的文化环境,也激起了士人树立起较高的人生信仰与立身扬名的夙愿,引用曹植在《与杨德祖书》中的话就是"当是时,人人自谓握灵蛇之珠,家家自谓抱荆山之玉"。这样的时代、这样的

---

① 张馨心:《高适研究述评》,《甘肃社会科学》2011年第1期,第133~137页。

② 同上。

国度，哪个有志青年不想崭露头角呢？高适当然也不例外。

开元中高适入京城长安求仕，并于开元十八年（公元730年）至开元二十一年（公元733年）间，北上蓟门，漫游燕赵，希望能走“军立功边塞——仕进”的路子，但事实并没有他希望的那么顺利，一切毫无结果。物质上的贫困，求仕失败的阴影，带给高适的当然是失意，他说自己“许国不成名，还家有愧色”，并以“苏秦憔悴人多厌，蔡泽栖迟世看丑”自我嘲讽，已经过了而立之年的他并没有“立”起什么来，他在这一时期作的诗无不流露着失意的悲慨。但是，他并未像孟浩然一样高唱着“不才明主弃，多病故人疏”随而归隐山林，也没有如李白般吟着“安能摧眉折腰事权贵，使我不得开心颜”转而放浪形骸。常常想，高适之所以最后能仕宦封侯，很大一部分原因是因为他身上那种文人特有的浪漫狂傲气没有李白等人重，失意归失意，想走得更远，就不能躲在角落里顾影自怜，而是看清形势，看清这个王朝，结合实际，寻求自身的出路，继续前进。

时值盛唐，国力强盛，统治者一直鼓励开疆扩土，边庭大将也可因战功入朝为相，这也是一条仕途的捷径，高适也认识到了这一点。他发现边庭战事频繁，烽火硝烟不断，觉得建功立业的时机到了。于是高适求见军中守将，要求从军参战，希望在战场拼出一个功名。但结局依旧不理想，虽然他在部队中冲锋在先表现不凡，却并没有得到应有的赏识，于是在甚是失望后抱憾而归。

天宝八年（公元749年），高适的机会终于来了，经睢阳太守张九皋推荐，高适应举中第，授封丘尉，是年49岁。在这个知天命的年纪得官职入仕途，尽管职位不算高，但毕竟平生是一个好的开始，比之前段时日，高适的心境应该说还是不错的。然而官场深似海，不久他就发现整日忙于“鞭挞黎庶”和“拜迎官长”并不符合他之前关于做官能轻徭薄赋以及地方官要除暴安良、使百姓安居乐业的想象，日子过得还不如平民布衣时开心，高适决定调整自己的方向。于是三年后主动弃官，再赴长安。次年，去西北，在陇右节度使、河西节度哥舒翰帐下得到了一个职位。哥舒翰，这个在唐朝历史上抹下浓重一笔的人物，非常赏识和信任高适，如果说人的一生中都会遇到一定转机的话，那么，哥舒翰无疑是引领高适从一事无成、一钱不值到平步青云、扶摇直上的贵人。

然而高适的机遇还不止于此。公元755年，“渔阳鼙鼓动地来，惊破霓裳羽衣曲。”唐朝历史揭开了风起云涌的一页，唐玄宗命令哥舒翰讨伐安禄山，高适跟随哥帅镇守潼关。后长安失守，玄宗狼狈入川。这时，高适的行动充分显示了他的慧眼和先见之明，他当机立断，择小路追赶玄宗，按说长安失守，哥舒翰被擒，高适此时正是败军之将,是应该被治罪的。但是,他以莫大勇气向玄宗直陈长期以来军中存在的各种弊端,将潼关失守的经过和原因条分缕析地报告给玄宗。年迈的天子经历此颠沛流离落魄,见到同样已经不年轻的高适,也是身处困境之中的人更容易被感动而自怜和怜人,玄宗于是任命高适为侍御史,后又升为谏议大夫,在天子身边做事,此时的高适,抛开国难不论,至少对自己的境遇应该欣慰一些了吧。

安史之乱平定过程中,玄宗让诸王分镇天下,高适坚决反对。之后镇守江东的永王李璘谋反,这充分证明了高适的远见卓识。肃宗李亨得知高适曾劝阻玄宗分封藩王,于是召高适分析天下走势。高适细致分析了永王必败的原因,肃宗大喜,随即任命高适为御史大夫、扬州大都督府长史,后又加封他为淮南节度使,令其与淮西、江东节度使会师共讨叛军。此后高适转战南北平定蜀地之乱,功勋卓著,名震朝野,历任朝中大员,进封渤海县侯,在朝中"负气敢言,权幸惮之"。可以说,从安史之乱到此,高适的政治之路一直是处于直线上升状态的。国难来袭,败亡了一些人,但同时也成就了另外一些人,高适无疑是后者。人生命运,有时如此。

好风凭借力,送我上青云

高适因安史之乱的因缘际会而官致高位,得以富贵终老。在动辄自比王侯的盛唐诗人中,高适是唯一一位做到高官而封侯者。高适近50岁才做官,可以说得上是大器晚成。我们当然可以说是战乱在一定程度上给了高适仕进的契机,但这也绝非出于偶然。有句话说得好,机会总是给有准备的人,因为高适时刻准备着,尽管前面几十年相当的不如意,但他那仕进的热情是从来没有衰减的。

如果说高适20岁赴长安孜孜以求仕时多少有点李白"仰天大笑出门去,我辈岂是蓬蒿人"的天真狂放的话,那么,碰壁之后的高适显然看清了当时的社会现实是——"白璧皆言赐近臣,布衣不得干明主",仅凭一颗热切的心是远远不够的。高适曾与李白、杜甫共游于汴梁,当时相同的是三人都未显达,且都抱有一颗积极用世的心,不同的是李、杜二人已经小有诗名。高适当然不会想到,日后李杜会成为唐代诗坛上的领军人物,他更不会想到,当年的三个青壮男子,同样怀抱着爱国和建功立业的热忱,日后只有自己得偿所愿,结局自然也大相径庭。

李杜在文学上树立了高峰,成就了辉煌,他们的仕途却只能用多舛来形容了。而高适与李杜相比,虽然诗名不彰,而在政治理想得以实现这一点上来看,却是一个成功者。

有人说人的一生乍看起来像是一条在陆地上自由流淌的河流,看似随心散漫无规律可循,但是,细心观察会发现,一些看似不经意的、微小的因素其实已经决定了河流的走势。安史之乱对时人命运的影响更是如此。安史之乱对唐王朝是一次前所未有的冲击,对当时的每一个人来说,命运也在悄然发生着变化。雄心勃勃的盛唐才子们当然也不可避免地被裹挟着卷进了历史的旋涡,开始了各自不同的身世沉浮。战乱爆发后,李白入永王李璘帐下,本来觉得大显身手时间到了,但永王谋反事败,李白也因之被系浔阳狱,转而流放夜郎,此时这位谪仙人已届暮年,后虽遇大赦重获自由,精神上的创伤、生活上的窘迫,令李白郁郁终老。李白的死至今没有定论,像余光中在《寻李白》中说的"失踪,是天才唯一的下场",不过,我们宁愿相信李白是醉酒捉月而死,因为也许只有这样归去才更配得上他的飘逸、浪漫和天才。从李白在安史之乱中的表现来看,他显然是在政治上站错了队。而因为在政治上站错队以悲剧收场的文人,古代又何止李白一个!再看杜甫,安史之乱爆发,潼关失守,杜甫把家安置在鄜州,独自去投肃宗,中途为安史叛军俘获,押到长安,后潜逃到凤翔行在,做了左拾遗。由于忠言直谏被贬华州司功参军。后因兵祸,已是半百之年的他再度漂泊,最后病死在衡州湘江上。一生忧国忧民、为天下苍生大声疾呼的诗人最后落得如此下场,怎不令人唏嘘。

诗人大都才学过人,但往往"有学士才,非宰臣器",才高八斗的曹植最终还是斗不过他那个心机重重的哥哥曹丕,古往今来这样的人都不下少数。辛文房在《唐才子传》中评说李白和杜甫时说:"能言者未必能行,能行者未必能言。观李杜二公,语语王霸,惜乎奇才并屈,徒列空言。"在今天的我们看来,当年高适断定永王必败、并坚决地跟随肃宗无疑是何等的明智!跟对了主子就等于奠定了日后飞黄腾达的基础。对比李白、杜甫二人与高适在安史之乱中的行动及最后的结局,高适无疑更是技高一筹的,所以《旧唐书》中称他因为"君子以为义而知变",才能成为有终唐一代诗人中的唯一达者。

古人说,"读万卷书不如行万里路",后人把这句话接下去,有"行万里路不如阅人无数,阅人无数不如听高手指路,听高手指路不如自己感悟。"毫无疑问,在这些人生关键的点与线,高适不但看得很准,更重要的是他在关键的时刻做出了正确的决定,在沧海横流中迎来了属于他的机遇……这一切都赖于他长久以来不肯低头在草莽的用世之心和多年不如意经历中逐渐磨砺出来的敏锐观察力和政治嗅觉。这些显然正是李杜身上所缺乏的，于是，李白和杜甫，只在文学的天地里成就了霸业；而高适，在经历了“几载困常调”后，终于“一朝时运催”，摇身一变，扶摇直上一飞冲天，加之他在边塞诗上的大手笔，可谓诗名与功名双丰收，这正是他高出于同时代其他诗人的地方。

何意千年后，寂寞无此人

提到高适，不能不提他那句震撼了无数怀才不遇者心灵的“莫愁前路无知己，天下谁人不识君”，这是高适于47岁时作的《别董大》，可谓千秋名作。董大为董庭兰，是一个曾名闻海内的胡琴师，两人短暂相遇之后转眼又各奔东西。临别，高适作诗相赠。《别董大》本有两首，此为第一首：“千里黄云白日曛，北风吹雁雪纷纷。莫愁前路无知己，天下谁人不识君！”当时高、董二人都处在困顿不达的境遇中，贫贱之遇更易产生同病相怜和惺惺相惜，但高适并没有沉溺于这种低哀的自伤与抱怨中，而是展现了堪与王勃“海内存知己，天涯若比邻”相媲美的豪迈与自信！把临别赠言表达得如此激昂慷慨，鼓舞人心，这要有何等博大的胸襟和对前路的踌躇满志！不难理解，这首诗是在鼓舞董大，更是在鞭策自己。“莫愁前路无知己，天下谁人不识君”，说得多好，47岁的高适大概自己也没有料到，当他吟诵出这首诗的时候，他离自己人生的转折点已不是太远。

高适留给我们最经典的是他的边塞诗，多写于蓟北之行和入河西幕府期间，这与他对自己的人生规划是分不开的，前面说过，50岁以前，高适是颇为不得志的，曾想通过从戎入幕而登仕途，在这种理想和热情的推动下，他不畏艰险两次北上蓟门，“北上登蓟门，茫茫见沙漠。倚剑对风尘，慨然思卫霍。”（《淇上酬薛三据兼寄郭少府微》），想象汉代大将卫青、霍去病那样在边塞立功封侯。特别是被哥舒翰起用，入河西幕府后，精神更是振奋，在《塞下曲》里，他说道：

万里不惜死，一朝得成功。
画图麒麟阁，入朝明光宫。
大笑向文士，一经何足穷。
古人昧此道，往往成老翁。

壮志满怀，雄心勃发，豪迈与自信见诸笔端，乍一看，颇有点李白“我本楚狂人，凤歌笑孔丘”的意味。

对边塞生活的实地体验和冷静观察，使高适在北上归来后，写下了极负盛名的、也是被后人称作边塞诗中的“压卷之作”的《燕歌行》：

汉家烟尘在东北，汉将辞家破残贼。
男儿本自重横行，天子非常赐颜色。
摐金伐鼓下榆关，旌旆逶迤碣石间。
校尉羽书飞瀚海，单于猎火照狼山。
山川萧条极边土，胡骑凭陵杂风雨。
战士军前半生死，美人帐下犹歌舞。
大漠穷秋塞草腓，孤城落日斗兵稀。
身当恩遇恒轻敌，力尽关山未解围。
铁衣远戍辛勤久，玉箸应啼别离后。
少妇城南欲断肠，征人蓟北空回首。
边庭飘飖那可度，绝域苍茫更何有。
杀气三时作阵云，寒声一夜传刁斗。
相看白刃血纷纷，死节从来岂顾勋。
君不见沙场征战苦，至今犹忆李将军。

诗歌的背景是北方的风物景观，诗人善于抓住地域特征，加以描写，“山川萧条”、“边庭飘飖”、“绝域苍茫”等句，写出了塞外的遥远和荒凉；“大漠穷秋塞草腓，孤城落日斗兵稀”，写出了雄浑壮美的意境。诗中对战争的诸多方面有生动表现。开篇从唐军出征落笔，创造出战争硝烟突兀而起的紧张气氛，接着写唐军一往无前、气吞万里的声势。当然，诗中更多的篇幅是写战争的残酷、战斗的激烈，以一个个具体的场景，给人身临其境的深刻印象。

该诗基调慷慨昂扬，表达的思想感情也是多方面的：它通过形象地概括整个时代的边塞生活，既抒发对士卒勇赴疆场的爱国热情及无私的献身精神的赞扬之情，又有对残酷战争给征人家庭带来痛苦的深切同情，更有对将领不负责任玩忽职守战前歌舞作乐的不满。且多处运用了两两相对、富于变化的对比手法。其中有敌我双方之对比，有征夫、思妇之对比，有战士、将军之对比，还有古今之对比。可以说，这首诗主题的步步展开、“感征戍之事”的含义的逐层深入，几乎都离不开对比手法的运用。

对该诗的主旨，《唐诗鉴赏辞典》认为是谴责在皇帝鼓励下的将领骄傲、荒淫失职,造成战争失败,使广大兵士受到极大的痛苦和牺牲。关于此诗讽刺的主要人物,大多数人认为是曾大胜突厥,以降服契丹之功而被加封辅国大将军、右羽林大将军,兼御史大夫的张守珪,也有人认为是曾任右丞相的张说。

不管讽刺何人,这首诗最为可贵的是:在历来“公义”与“私恩”这双重旋律之外,又加上了一个更加贴近当时战争现实、尤为发人深省的旋律。这一层含义,在唐诗中也是少有涉及的。诗人何以能够对当时战争有如此深刻的感受和见解呢?显然,诗歌基于诗人长期以来对边塞战争的深入了解和考察,杜甫就曾在诗中说他“总戎楚蜀应未全,方驾曹刘不啻过”,所以《燕歌行》中融入了诗人自己丰富的战争生活感受,以及怀抱民本思想而产生的对前线普通战士的体恤之情。《旧唐书·高适传》就记载了他揭发在西北战事中朝廷派出的监军太监与将领相互勾结、饮酒作乐,不恤军务,而普通战士却于盛夏季节苦战前线,食不果腹的惨况。所以,《燕歌行》概括出军中苦乐不均、将军腐败无能的主题,绝非得之于偶然。所以,《燕歌行》有唐代当时边防政策弊端的理智冷静思考,这是很可贵的,说明高适确有一定的军事才干,这是他日后不断得到提拔、重用的重要筹码。郑振铎在《插图本中国文学史》里这样写道:“他不谈苦空,不使酒骂座,不故为隐遁自放之言,不说什么上天入地,不落边际的话。他是一位‘人世间’的诗人”,原因大概也在此。

提到盛唐边塞诗,人们不约而同会想到两个人——高适和岑参,杜甫在《寄彭州高三十五使君适虢州岑二十七长史参三十韵》中说:“高岑殊缓步,沈鲍得同行。意惬关飞动,篇终接混茫。”高、岑并称大概始于此。

岑参与高适生活于同一时代,都是边塞诗的大手笔人物,且各有代表作,高有《燕歌行》,岑有《白雪歌送武判官归京》,都有名句传诵:高有“大漠穷秋塞草腓,孤城落日斗兵稀”,岑有“忽如一夜春风来,千树万树梨花开”,成就高低不论,只能说于高扬爱国主义旋律的统一主题下,二人各有侧重各有千秋:岑参以浪漫主义为特征“尚文主景”,擅长描写边塞雄奇壮丽的景观风情和唐军将士英勇奋战、建功立业的豪情壮志;高适则以现实主义为特征,“尚质主理”,概括整个时代的边塞生活,笔力雄健,气势宏大,苍凉肃杀,所以严羽在《沧浪诗话》中将其诗风概括为“悲壮”。①

安史之乱过后,或许是随着官位日高,公务繁忙,或许是有其他的原因,高适

① 何文焯:《历代诗话》,中华书局 1981 年 4 月版,第 698 页。

后期诗作不多,莫非真应了那句“鱼和熊掌,不可兼得”?但总归,以高适在政治上的显达和在边塞诗上的成功,当时,无人可敌。

前人评论高适是“有唐已来,诗中之达者”,《广雅》中有“达,通也”,泛指畅通,转义为明白事理;《古代汉语字典》中,“达”有多种义项,其中有“显达”和“达观”。显达,指达到显要的地位,如达官贵人;“达观”,有心胸开阔,考虑全面的意思。结合高适的65年的人生历程,我想,评价高适的这个“达”字,除了“显达、显贵”之意外,应该也有“达观”的意思在内吧。

李白:天上掉下个李太白

林语堂先生曾说过:“如果说宗教对人类的心灵起净化作用,使人对宇宙、对人产生出一种神秘感和美感。对自己的同类或者其他生物表示体贴和怜悯,那么以我所见诗歌在中国已经代替了宗教的作用。”(《吾国与吾民》)诗歌在盛唐,因缘际会,遂成绝唱。加之有李白——这个最富传奇的诗人仿佛就是为了盛唐而生的一般。他的一生闪耀出一个时代的光辉,他的妙笔生花描绘了盛唐的美好。盛唐的美就像洛阳的牡丹花一样有着华彩的面貌和贵重的气质。而这也正是李白的风采。对于李白,生在盛唐是他的幸运;对于盛唐,有了李白更添光彩。

石破天惊逗秋雨,名流惊呼谪仙人

李白的一生都带着“仙”味儿。

李白出生的时候就伴着美妙的神话传说:“惊姜之夕,长庚入梦,故生而名白,以太白字之。世称太白之精,得之矣!”母亲梦见太白星降落在自己的怀里,为他取名曰白,字太白。

李白之死又有水中捞月的传说。世俗多言李太白在当涂采石,因醉泛舟于江,见月影俯而取之,遂溺死,故其地有捉月台。俗传固然不足信。然联想到李贺之死有“天帝成白玉楼,立召李贺为记”的神话传说,则死亡亦因此而美丽温馨。有关李白的传说正适足见文学爱好者的虔诚。

李白的容貌举止大约也有如仙人,这是同时代人的评价。李白在《大鹏赋序》中颇为自得地说:“余昔在江陵,见天台司马承祯,谓余有仙风道骨。”这里的仙风道骨当是就容貌举止和周身气质而言。而魏颢《李翰林集序》曰:“故宾客贺公奇白风骨,呼为谪仙子。由是朝廷作歌数百篇。"这里肯定的是李白的仙才。以至当时朝中文人竞相写作谪仙歌,惜均不传。

此后的街谈巷议中,李白的仙人形象被重重落实:"斗酒诗百篇"和"天子呼来不上船"的说法出自同时期诗坛另一位重量级人物杜甫之口,自是十足可信。再加之御手调羹、力士脱靴等传说的普及,李白那仙人形象得以层层地确定下来。

余光中曾经深情地吟道:"一贬世上已经够落魄,再放夜郎毋乃太难堪。李白被从天际放逐,大唐多了一个诗人。李白被宫廷放逐,创作越发的喷薄,文字更添锦绣。至放逐夜郎时的诗人,仍是有着满腔未泯的热情,一生未尽的理想。只是生命的长度终究有限。""失踪,是天才唯一的下场。""凡你醉处,你说过,皆非他乡……樽中月影,或许那才是你的故乡。"

总之,李白出现在盛唐文坛更像是横空出世,"石破天惊逗秋雨",让贺知章等名流惊呼:谪仙人也!

李白早期受过很好的教育:李白自己说过"十五好剑术,遍干诸侯;三十成文章,历抵卿相。"看来是能文能武,据说李白真的曾"手刃数人",从《侠客行》中对侠客的描述来看:"赵客漫胡缨,吴钩霜雪明。银鞍照白马,飒沓如流星。十步杀一人,千里不留行。事了拂衣去,深藏身与名……"这种说法恐怕不是没有可能。此外李白还学过神仙道术之类。

这不算杂学旁收,实在的,中国古代完整的教育即是如此。早在"六艺"里提倡的就是身心全面发展。这也才是中古以前的士人形象,与明清之际的脆弱敏感不可同日而语。

李白从青年时期便不断出外漫游。公元725年,24岁的李白出蜀,"仗剑去国,辞亲远游"。42岁时,李白得唐玄宗召入京城,供奉翰林。不到三年,李白离开长安,游河南、山东、东南各地。公元755年安禄山叛乱,李白当时隐居在庐山。公元756年12月,李白为了平复叛乱,曾经应邀作为永王李璘的幕僚。永王触怒唐肃宗被杀后,李白也获罪入狱。后流放夜郎(今贵州桐梓县一带)。公元759年(乾元二年),李白在流放途中遇赦,此时他已59岁。李白的去世原因有多种说法,然而最终享年61岁却是肯定的。

李白的一生是多重的、矛盾的。李一身而集书生、侠客、神仙、道士、顽童、流浪汉、政治家、酒徒与诗人于一体。李白的多重身份与其复杂的文化思想有很大关系。综观他的一生,受到了道教、儒教、纵横家、游侠等各种思想的影响。龚自珍曾评价李白:"庄、屈实二,不可以并,并之以为心,自白始。"又说:"儒仙侠实三,不可以合,合之以为气,又自白始也。"

李白的一生就其个人规划而言是失败的。生逢盛世的他有着强烈的用世之心是再自然不过的了,然而李白于政治上是一个彻底的失败者。而他的失败可以说是一种必然,是主观与客观结合的必然结果。

从主观上来说,李白本人自视甚高,他不屑于按部就班的参加科举,渴望一步登天。就当时颇为开明的政治环境而言,这其实也并非完全不可能。然而入仕所为何来?李白自言是为了"使寰区大定,海县清一(《代寿山答孟少府移文书》)",志向可嘉。然而政治,看似容易成却不易。即如王安石,落实到变法实际中却只是更加的民不聊生。何况李白于政治,根本见解差到天真。

李璘割据东南,同时代诗人、名士如杜甫、高适、孔巢父、萧颖士等人即被胁迫从行尚谋半路逃走,而李白却真诚地以为是在为国家效力。李白附和李璘,后人多为辩解,李白自己也有"空名适自误,迫胁上楼船。徒赐五百金,弃之若浮烟。辞官不受赏,翻责夜郎天"的解释,然其于政治的天真毕竟可见。

何况李白那"戏万乘若僚友,视俦列如草芥"的傲岸性格其实既不符合官场政治,也根本有违皇权政治的本质。

李白迫切要求建功立业并不为势位富贵,像战国高士鲁仲连那样飘然归隐。这样理想化的人生设计也不是没有人可以实现,古时有张良,当时就有李泌。

然而李白虽于文学上有造诣,从政实非所长。

故而,当不成政客的李白被当作宫廷诗人对待。供奉翰林,这在明清之际的知识分子看来也算是一个体面的安排,然而在李白的观念世界里,"御用"是对个性追求与自由理想的摧残。"乍向草中耿介死,不求黄金笼下生。"(李白《设辟邪伎鼓吹雉子斑曲辞》)李白选择了决绝,离开长安,不再回头。

政治上的失意成就了文学上的李白。而李白以其诗歌造诣使得自我人生超越了世俗的定义和划分,他留给人们的光耀千秋、惊采绝艳的作品,这已经够了。

千秋万岁名,寂寞身后事

李白的游历里不能不提一下杜甫。

公元744年,44岁的李白与32岁的杜甫第一次见面,二人同游梁(今开封)、宋(今商丘)。次年,李白和杜甫又结伴共游山东齐鲁。不久后,另一名大诗人高适，也加入了他们的行列。多年之后，杜甫还常常会提到这段经历，怀念那些"醉眠秋共被，携手日同行"、"醉舞梁园夜，行歌泗水春"的日子。李白被流放夜郎期间，杜甫更是连做梦都记挂着他，有诗云："死别已吞声，生别常恻恻"，"三夜频梦君，情亲见君意"，想念之情溢于言表。

李白呢？他曾公开表态过："桃花潭水深千尺，不及汪伦送我情"、"吾爱孟夫子，风流天下闻"，然而对杜甫，诗作不多，杜甫给李白写过14首诗。李白只回赠过三首。且又带点戏谑：借问别来太瘦生，总为从前作诗苦。

对于这一点，后人有过无尽的猜测。

也许在李白而言，其为人向来是如此高蹈。即使是生死存亡的牵挂，也有庄子箕踞而歌的洒脱。再深厚的友情在他那里往往一个比喻句也就能解释尽了。

至于杜甫为什么崇拜李白，这个问题也适用于孔子为什么崇拜老子。也许是因为李白这样不世出的天才其骨子里自有一种神奇的人格魅力，即如《世说新语》中所谓"彼刚介有才气"，使人见之"不觉脚自屈，因跪再拜"。李白名震当世，本就拥有无数的粉丝。杜甫的加入也不足为奇。

二人相遇时的李白，已经在长安繁华和落寞江湖之间来往数遭，阅世既多，识见愈广；而杜甫则较为年轻、历世未深，见此"神仙似的人物"不能不倾倒。而难能可贵的是杜甫并非只倾倒于李白那潇洒举止，而是真正能读懂他内心的衷肠。

"不见李生久，佯狂真可哀！世人皆欲杀，吾意独怜才。敏捷诗千首，飘零酒一杯。匡山读书处，头白好归来。"——这样的诗句是知己才有的口吻。

事实上，从李白与杜甫的诗歌赠答来看，他们之间的默契和情意，已经远远超过了世俗的琐屑计较。当杜甫冬日有怀李白，写下"寂寞书斋里，终朝独尔思"时，千里万里之外的李白也正在沉吟："思君若汶水，浩荡寄南征。"

杜甫堪称是最知李白，他所作《春日忆李白》诗，可作李白诗的定论。

白也诗无敌，飘然思不群。
清新庾开府，俊逸鲍参军。
渭北春天树，江东日暮云。
何时一尊酒，重与细论文。

"清新"、"俊逸"也正是李诗最本质的特征。

谁说文人必定相轻，君子则最喜以文会友。对此闻一多曾经饱含激情地这样写道："我们该当品三通画角，发三通擂鼓，然后提出笔来蘸饱了金墨，大书而特书。因为我们四千年的历史里，除了孔子见老子（假如他们是见过面的），没有比这两人的会面,更重大,更神圣,更可纪念的。”

在后代杜诗渐受重视。这大约是因为李白属于不世出的天才,而杜甫属于后天的天才。杜诗有章可循,故追随者多。如黄庭坚的江西流派。李白之灵气则无法效仿。

千秋万岁名!李白和杜甫的名字注定永远紧紧相连,载入史册。

寂寞身后事!李白在后世时遭讥评。特别是到了宋代,批评者对李白诗歌的思想内容颇有指责,认为少有“爱国忧民之心如子美语”,宋人的讥评大约是从儒学标准出发,然处处强调现实事功,正可见宋人之单调。

一个时代和时代的天才是互相辉映的,李白的魅力征服了大唐,上至文化精英,下至普通市民,如一个叫魏万的人,为了一睹李白的风采,追寻李白几千里,终于广陵相会。即如汪伦以“千里酒家,百里桃林”的文字游戏骗邀李白,而临别以“桃花潭水深千尺,不及汪伦送我情”相赠的李白,这一幽默故事里展示出的是李白、汪伦和唐人所普遍具备的浪漫气质。而只有辉煌的时代,才能支撑这样的人物和这样的气质。

在批评和被批评中,唐宋两个时代的精神气质也有了高下之分。

李白的诗歌里有着永远新鲜的生活和活泼的生命。

李白“一生好入名山游”(《庐山谣寄卢侍御虚舟》),高山大川在他笔下格外形象雄伟,气势磅礴;“百步九折萦岩峦”的蜀道,“回崖沓嶂凌苍苍”的庐山,“君不见黄河之水天上来,奔流到海不复回”(《将进酒》)、“飞流直下三千尺”(《望庐山瀑布》)等。

李白的笔下不仅只有飞动之势,又能动静自如:“问余何意栖碧山,笑而不答心自闲。桃花流水杳然去,别有天地非人间。”(《山中问答》)“众鸟高飞尽,孤云独去闲。相看两不厌,只有敬亭山。”(《独坐敬亭山》)此二诗写“闲”与“静”,完全是天人合一后的无穷自在。

“雄剑挂壁,时时龙鸣。不断犀象,锈涩苔生。国耻未雪,何由成名。神鹰梦泽,不顾鸱鸢。为君一击,搏鹏九天。”是生命的有力跃动。“罗帷舒卷,似有人开。明月直入,无心可猜。”是生命的自由舒卷。

李白好酒。其实自古以来文人都对杯中之物情有独钟,然而无如李白能将酒化作佳作诞生最好催化剂。“人生得意须尽欢,莫使金樽空对月”,政治场上失意至极的他,在酒中得到些许安慰与解脱。“五花马,千金裘,呼儿将出换美酒”,人生有了如一碗美酒般的滋味醇厚。而月下独酌,对影成三人,更是将酒喝出了仙风，喝出了诗意。

李白的诗歌里不仅有自我，还有众生。李白本人高蹈远举，而其眼光却常关注“关于生民之大者也”。(《围炉诗话》卷四)他的笔下有农民、船夫、矿工、商妇、弃妇和宫女。代思妇写怨情，体察入微；写矿工是“炉火照天地”，安身立命，不躁不馁。写漂母，淳朴厚道，读来令人心中生暖。“田家秋作苦，邻女夜春寒”，诗人的叹息有着永远不灭的人性美。

李白的笔下有着永恒的人性。李白投赠友人的作品数量不少，写友情真挚动人。如《黄鹤楼送孟浩然之广陵》、《沙丘城下寄杜甫》、《闻王昌龄左迁龙标遥有此寄》、《忆旧游寄谯郡元参军》、《赠汪伦》等具有强烈的艺术感染力量。

李白的笔下歌颂那种热烈纯真的爱情。其乐府诗篇，又常常从女子怀人的角度来表达委婉深挚的爱情。不流于庸俗，更不带亵玩之意。

李白真正的天真。皇帝招他出山，他没有自命清高作不屑状，而是“仰天大笑出门去，我辈岂是蓬蒿人”，一副孩童般纯真姿态。

李白真正的潇洒。千金散尽还复来，今朝有酒今朝醉，不以外在萦怀，尽情享受生命。

李白真正的狂傲，“我本楚狂人，凤歌笑孔丘”，连提到圣人都似有若无的随意。柳永讲“才子词人，自是白衣卿相”，说到底还是以“卿相”为尊。李白说“安能摧眉折腰事权贵，使我不能开心颜”，竟一笔将王侯将相抹倒。

李白写游仙，仿佛是与神仙平起平坐的老朋友一般，“太白与我语，为我开天关”，从骨子里透出自我不俗的气质。

李白的诗里也时有人生若梦、及时行乐的虚无思想，也不乏求仙访道、炼丹服药的举止，然而这不能一概以封建糟粕和宗教迷信论之。范传正《唐故左拾遗翰林学士李公新墓碑序》里说道：“饮酒非嗜其酣乐，取其昏以自富；好神仙非慕其轻举，将不可求之事求之，欲耗壮心、遣余年也。”那只是发泄苦闷的举动，而苦闷也是生命正常的律动和人性常起的波澜。

李白也会发愁，但却不是“只恐双溪舴艋舟载不动”的柔弱，而是愁得气势磅礴，有如黄河、长江之水汹涌而来，化作流光溢彩的篇章。“五花马，千金裘，呼儿将出换美酒，与尔同销万古愁。”李白的连发愁都带有名士风流的味道。

后世学者对李白那燃烧的生命力有过分析，认为有两个原因，一个是他身上西域文化的因素，热烈、奔放、浪漫。另一个因素是中国传统文化尤其是道家自由超越精神对他的影响。

似乎是这样,又不全然是这样。

那有着勃勃生气和美好情感的生命气象,不独李白有,那是属于盛唐的气质。这种气质首先来自强大的国家实力,范文澜《中国通史》中说李白"他在生活方面,得到满足,完全依靠他的诗名和开元天宝时期统治阶级的富裕",也来自开明、先进的政治文化,来自各家思想的自由流行、互相渗透。盛唐人在这样的空气里难得的神采飞扬了一把,也正因此才能成就一个人的身上呈现出如此丰富的景观,呈现天人合一的自然和美。其实,美就是自然。万物皆自然,生于自然,归于自然。

是盛唐成就了李白,而又由李白奏响了唐诗的最强音。

俱怀逸兴壮思飞,欲上青天揽明月

中国是一个诗的国度,到唐代,更是高峰迭起。而李白就是那个永远无法达到的高度。因为有了李白,唐代其他诗人都只能甘拜下风,尽管他们之中任意一个放到别的朝代都可称霸称王。李白的出现让人们明白:原来诗还可以这样写……

李白带来的是诗歌的解放,其诗的解放首先又来于李白个体的解放。"俱怀逸兴壮思飞,欲上青天揽明月。"所谓逸兴,就是心灵的解放,是生命状态的解套。强调承担,这固然是士人的精英意识,但无处不在的强调会导致人生的重负和心灵状态的紧张。李白将自己解放出来,首先得到的是自我生命的自由。而生命格局的壮大带来的是更大的能量和更多的关怀。

李诗想人之所不能想,说人之所不敢说,不说绝后,至少空前。他的诗中有涵容宇宙人生的气魄:"吾将囊括大块,浩然与溟涬同科。"(《日出入行》)"黄河落天走东海,万里写入胸怀间。"(《赠裴十四》)又有着雷霆万钧的气势:"秦王扫六合,虎视何雄哉。"就连奉承都气势夺人:"生不用封万户侯,但愿一识韩荆州。"

自由的心灵带给了诗歌丰富的想象:他的"狂风吹我心,西挂咸阳树"(《金乡送韦八之西京》)、"我寄愁心与明月,随风直到夜郎西"(《闻王昌龄左迁龙标遥有此寄》)实在是想落天外。尤其是《襄阳歌》中写"遥看汉水鸭头绿,恰似葡萄初酦醅。此江若变作春酒,垒麹便筑糟丘台",把整个汉江都想象成了酒浆,新奇至极又着实可爱。

李白喜用夸张和比喻手法。所谓“白发三千丈,缘愁似个长”、“桃花潭水深千尺,不及汪伦送我情”(《赠汪伦》)的比喻,而“燕山雪花大如席,片片吹落轩辕台”(《北风行》)、“黄河捧土尚可塞”的夸张尤岂是一般的凡夫俗子所敢设想?

在形式方面,李白也多选择比较自由的古诗和绝句。

《古风》59首是他五古的代表作品。承接阮籍《咏怀诗》、陈子昂《感遇诗》而来,然较之前人之作又“以才情相胜,宣泄见长”(胡震亨《李诗通》)。

七言古诗除七言句外,可以兼采长短不齐的杂言句,形式最为自由,便于表现丰富复杂的思想感情,尤为李白所好。如《蜀道难》、《梦游天姥吟留别》则借助于神话传说,构造出色彩缤纷、惊心动魄的境界。《蜀道难》、《远别离》等篇章,更是迷离惝恍,“奇之又奇”(《河岳英灵集》)。那《将进酒》更是一望便知是李白手笔,他人如何做得此等语?

李白不爱写格律工整的律诗,但偶写也常为佳作:像《渡荆门送别》、《送友人》、《秋登宣城谢朓北楼》等,格律工整,情景交融。

不单文体,即语言到了李白那里都变得格外生动、活泼。或险绝奇绝如《蜀道难》,或平易晓畅如《静夜思》,仅仅20个最为普通的字,便明白晓畅地说透了人间的全部至情至性,抑或势若破竹畅如《将进酒》、《梦游天姥吟留别》。

“清水出芙蓉,天然去雕饰”,是李白自己提出的审美标准,而李白以自己的诗歌实践躬行了这一标准。日本学者松浦友久曾做过统计,李白在诗歌里面应用的色彩依次为:白463次,金333次,青291次,黄183次,绿128次,紫128次。都是亮色,果然是如清水芙蓉般的朱碧鲜明。

然而李诗明亮却并不刺眼,完全是不事雕琢般的自然,却又音节和谐流畅,如闻天籁。这应该说是得力于对汉魏六朝的乐府民歌的学习。历来学者常谓民间艺术进入文人殿堂的后果往往是因雕琢过甚而渐趋僵化死亡,然而到了李白手里,则是拔高。可谓是李白诗歌的语言特色写照。

李白的诗歌里充满了世间最美好的意象:

云想衣裳花想容,春风拂槛露花浓。
若非群玉山头见,会向瑶台月下逢。
一枝红艳露凝香,云雨巫山枉断肠。
借问汉宫谁得似,可怜飞燕倚新妆。
名花倾国两相欢,长得君王带笑看。
解释春风无限恨,沉香亭北倚阑干。

《清平调》三章,虽是奉命拍贵妃的马屁,然而李白的眼中王国的首席贵妇人只是一个纯粹的美女,如花般的惹眼而已。——只是对美的礼赞。也正因此,清平调三首超越了六朝所有的宫体诗,赢得世人的交口称赞,称其为"语语浓艳,字字葩流"(周口《唐诗选脉会通》),清人沈德潜也说:"三章合花与人言之,风流旖旎,绝世丰神"(《唐诗别裁》)。

五陵年少市金东,银鞍白马度春风。
落花踏尽游何处,笑入胡姬酒肆中。

《少年行》写春风、少年、欢乐,我们现在都还似乎从诗中听得到诗人从那历史深处传来的笑声。

长相思,在长安。
络纬秋啼金井阑,微霜凄凄簟色寒。
孤灯不明思欲绝,卷帷望月空长叹。
美人如花隔云端,上有青冥之高天,下有渌水之波澜。
天长路远魂飞苦,梦魂不到关山难。

《长相思》是对一切美好物事的念想,也是最纯情的叹息。

最美意象要数月。月是他的灵感源泉。

古朗月行

小时不识月,呼作白玉盘。
又疑瑶台镜,飞在青云端。
仙人垂两足,桂树作团圆。
白兔捣药成,问言与谁餐?
蟾蜍蚀圆影,大明夜已残。
羿昔落九乌,天人清且安。
阴精此沦惑,去去不足观。
忧来其如何,恻怆摧心肝。

月是他少年时代的美好想象,是纯真心灵的象征,也是长大后面对理想沦亡而忧伤时的慰藉。

月是他的灵魂家园:

月下独酌

花间一壶酒,独酌无相亲。
举杯邀明月,对影成三人。

月既不解饮，影徒随我身。
暂伴月将影，行乐须及春。
我歌月徘徊，我舞影凌乱。
醒时同交欢，醉后各分散。
永结无情游，相期邈云汉。

在人心与月亮的对语中，生命的热情被从内心深处唤起，使得灵魂不再寂寞孤单。

把酒问月

青天有月来几时，我今停杯一问之。
人攀明月不可得，月行却与人相随。
皎如飞镜凌丹阙，绿烟灭尽清辉发。
但见宵从海上来，宁知晓向云间没？
白兔捣药秋复春，嫦娥孤栖与谁邻？

是领略了天地自然法则之后对自我生命的沉思。

我欲因之梦吴越，一夜飞渡镜湖月。
湖月照我影，送我至剡溪。……
安能摧眉折腰事权贵，使我不能开心颜！（《梦游天姥吟留别》）

诗人于山水明月中自由往来，飘然若仙。大有王子猷访戴之夜的味道。

“清风朗月不用一钱买”（《襄阳歌》），在澄明的月光下，李白的身心得到大安静。

关山月

明月出天山，苍茫云海间。
长风几万里，吹度玉门关。

“明月照天山”展示的是足以媲美“海上生明月”的庄严气象。

“长安一片月，万户捣衣声”、“只今惟有西江月，曾照吴王宫里人”、“今人不见古时月，今月曾照古时人”，李白与明月与诗一齐永垂不朽了。

……

事实上要想完全对李白诗歌的风格作透彻分析是比较困难的，这首先是因为李白之诗歌率性而作，“但贵乎适其所适，不知夫所以然而然。”对此唐人有过巧妙的做法，他们使用有着浓厚的文学味的语言来评价李诗，如殷璠评盛唐诗：“兴象风骨始备。”杜甫评李白诗：“笔落惊风雨，诗成泣鬼神。”张碧比较李贺、李白诗：

“(李贺诗)春拆红翠,辟开蛰户,其奇峭者不可攻也。及览李太白辞,天与俱高,青且无际,鲲触巨海,澜涛怒翻。”这样的描述与李诗参照来看,格外有味。

李白的诗歌,是古典中国最好的时代里盛开的最美的花。在李白诗歌面前,也许,一切功名和喧嚣都变成了过眼烟云。心中只有圣洁和美丽。然而那样的诗、那样的人和那样的时代,终究是一去不复返了。幸有诗歌以文字的形式继续流传,让后人得以感受真正的盛唐之音,了解那个时代里人类所具有的精神高度,给予背负传统继续前行的人们以光和亮的照耀。

杜甫:安得广厦千万间,大庇天下寒士俱欢颜

还记得高耸入云、造化神秀的泰山吗?“荡胸生层云,决眦入归鸟。”山中白云层生,飘荡在登山人周身,涤荡凡人心胸,群集的归鸟滑翔而来,带来极大的视觉冲击。如此绝美的景象,难怪会让意气风发、裘马清狂的杜甫发出“会当凌绝顶,一览众山小”的豪言壮语……

还记得春日里锦官城外的武侯祠吗?徒有黄鹂好音、碧草映阶,寂寥冷落的祠堂提醒着世人那些已经逝去的悲壮。“出师未捷身先死,长使英雄泪满襟。”壮志难酬、抱憾而终是多少失意文人武者的悲痛,一时的感慨竟成了杜甫难以摆脱的宿命,这究竟是他对命运的担忧,还是看破?别说英雄,这如何不让所有闻者泪满襟……

还记得寒冬洞庭湖上委身的那一片孤舟吗?“水乡霾白屋,枫岸叠青岑。”冬日细雨绵绵、烟水茫茫,岸边茅屋隐约在这氤氲之中,枫林与青色的山峦交相掩映,“战血流依旧,军声动至今。”于杜甫而言,对国事民生的关照,如同呼吸一般分秒相伴至死不渝,最后的冬天如此悲壮凄美……

致君尧舜上,再使风俗淳

生长在盛唐繁华中的杜甫,不仅出身书香门第,也是个官二代。父亲杜闲官至兖州司马,祖父杜审言进士出身,官至洛阳丞。杜审言大力创作律诗,是唐代近体诗的奠基人之一,名气不菲。有这样的祖父从小熏陶,也就不奇怪杜甫在诗词艺术上所达到的高度了。

孩提时代小康之家物质的充裕、诗词先驱“奉儒守官”的传统教养与强大而具

有恢宏气度的盛唐社会,为他日后的建树铺垫下坚不可摧的基石,但同时也在他的身体里埋下了一颗永远剔除不了"毒瘤"的种子——这"毒瘤"对他的折磨至死不休。

24 岁那年,科举落第,但他并没有因此沉沦——繁华盛世,科举考试绝不是出仕为官的唯一途径。"忤下考功第,放荡齐赵间。"他从遵循"读万卷书"的教诲转而踏上"行万里路"的漫游生涯。在"致君尧舜"前,充实与丰富自己更为重要,这一观念与当今流传颇广的一句小资名言正好暗合——"要么旅行要么读书,身体或心灵,总要有一个在路上。"也正是这个时期,他遇见了知己——李白。二人畅游齐鲁,访道寻友,谈诗论文,有时也议论时事,结下深厚的友谊。次年秋,他们在兖州分手,此后没有再会面。"笔落惊风雨,诗成泣鬼神。"这是他对李白诗歌的评价。文人墨客的佳话,不用多述。

而立之年,他来到长安再次应试,却依旧落第告终。他的人生开始发生质的转变。"朝扣富儿门,暮随肥马尘。残杯与冷炙,到处潜悲辛。"向权贵献赋、投赠,才使他得到右卫率府胄曹参军的小官(看管兵器仓库的小职位)。可这时他的小儿子却因贫饿死家中。中年丧子,何其悲乎!然而"里巷亦呜咽",周遭百姓的生活更悲惨,"牵衣顿足拦道哭,哭声直上干云霄。""或从十五北防河,便至四十西营田。去时里正与裹头,归来头白还戍边。边亭流血成海水,武皇开边意未已。君不闻汉家山东二百州,千村万落生荆杞。"种种情景让他"默思失业徒,因念远戍卒。忧端齐终南,倾洞不可掇。"那忧愁高得和终南山平齐,深不见底,他是忧家忧民、更是忧国。

在十年困居长安的年岁中,政治失意、官场腐败、黎民疾苦、悬殊的贫富差异等等,如同夏夜流火一般在生命的缓流中无情地冲击着他。胸怀"致君尧舜上,再使风俗淳"之志,却在求索之路上遍尝世间苦难、人世艰辛。可是他依旧把对社稷、百姓的关怀放在首位。于是,"朱门务倾夺,赤族迭罹殃"、"朱门酒肉臭,路有冻死骨"的悬殊则像一记重重的巴掌,抽打在他的灵魂深处。因为,好学为国、兼济天下的儒家观念早已深深扎在他的骨髓里,"盖棺事则已,此志常觊豁",对于"致君尧舜"志向虽死不悔。于是,文人的秉性、对理想的执着与残酷的现实之间不可调和的矛盾,相互纠缠,生发出让他无法自拔、悲凉一生的"毒瘤"。

而这个"毒瘤"却成就了他成为诗史、诗圣的宿命,事实也证明官场并不适合他。安史之乱的爆发,意外给了他走进权力中心的机会。叛乱发生后,他在长安被俘,但因官微位卑得以逃脱。"麻鞋见天子,衣袖露两肘。"他的拳拳之心感动了唐肃宗,被任命为比较显要的左拾遗。可是上任一月,他因上疏营救房琯(时为宰相),卷入高层斗争,差点被赐死,之后屡遭贬斥。他的政治生涯最高峰就此画上句号。政治,绝非率直、执着文人的掌中物,自古以来皆如此,更何况是这样一个"窃比稷与契"的"乾坤一腐儒"。

可是这位十足的"腐儒"却最终弃官而走,投奔西南的老友严武而去。也许弃官是源于对官场、现实的看破吧——即使继续委身于处处受排挤的官场,对于他的理想不再有任何裨益。"支离东北风尘际,漂泊西南天地间。"人生苦短,对于进取性人格的人来说,停滞不前便是虚耗生命——他便是这样的性子。

还记得寂寥冷落的祠堂里,"出师未捷身先死,长使英雄泪满襟"的声声悲叹吗?虽是有感于古人,可细看来,不也是他对自己命运无奈与无望的感慨吗?年过半百的他早已知天命,却总不愿、也不忍直面残酷的事实。

然而,这一时的看破确实给他沉重的生命带去了些许阳光。可以说,在严武的庇护下,半年独闲的时光暂时点亮了他的生活。如今快被踏破门槛、闻名国内外的杜甫草堂,便是当时独属他的一小块乐土。可是外界清幽的排遣如何能剜走那颗"毒瘤"?他的心依旧是苦的。严武去世,他再次踏上贫苦漂泊的旅途,而这次漂泊没有终结,终结的是他的生命。在湘江的扁舟上,他带着忧国忧民的愁思,永远离开了这个有着多少牵绊的人世。

纵观杜甫一生,最让其牵绊的只二者:一是"致君尧舜上,再使风俗淳"的至高理想,另一则是对国对民的忧思。而后者却也是前者在现实中的延伸。于是,一切的一切都归结为一句——"致君尧舜上,再使风俗淳"。

江汉思归客,乾坤一腐儒

从盛唐气象的繁华锦簇到安史之乱的生灵涂炭,从文人世家的衣食无忧到漂泊无依的生计之困,从"含笑看吴钩"的剑气豪情到"衰病已成翁"的不遇之悲,这些落差构建了杜甫多舛命运的图式。但也只有这样的极端落差,才能孕育出华夏文学中举足轻重的文学大师——孔子、鲁迅无一不如此。

《新唐书》言:"甫又善陈时事,律切精深,至千言不少衰,世号诗史。"对于这一名号,不管是从艺术成就、还是在作品内容的广度、深度等方面,杜甫都当之无愧,也因之背后付出了诸多代价。

他一生创作1400余首诗作,其中1000余首写于最后的11年中。他的这些暮年诗作是最能代表其思想境界、艺术成就的篇章。其发情处既不是“绿肥红瘦”的细腻感伤,也不是生活在别处的狷狂,而是对众生的关照、对梦想的锲而不舍。他的诗像一帧帧电影画面,记录下那个时代的血雨腥风。清人浦起龙评价说:“少陵之诗,一人之性情,而三朝之事会寄焉者也。”回顾一下他的《兵车行》:

车辚辚,马萧萧,行人弓箭各在腰。

耶娘妻子走相送,尘埃不见咸阳桥。

牵衣顿足拦道哭,哭声直上干云霄。

兵车疾行、战马嘶鸣,换上戎装的穷苦百姓正开赴前线。亲人们向队伍里寻找、呼喊着奔跑送别,这浩大的队伍扬起尘土,遮天蔽日。亲人们扯着征夫的衣衫,顿足捶胸,哭声震天,响彻云际。

短短几句记录下了征夫离家时的悲惨画面,这不是送别而是绝别,注定了各自“白骨无人收”、“千村生荆杞”的凄凉结局。全诗弥漫着一种撕心裂肺的疼痛感。“愁极本凭诗遣兴,诗成吟咏转凄凉。”(《至后》)眼前的现实不断倾轧着他焦虑的内心,转而化成诗句中的凄凉。

杜甫敏锐细腻的笔触源于对国、对民的关怀。孟子“穷则独善其身,达则兼善天下”的思想,在他这里得到了极端化的发展——无论是“穷”是“达”,无论是在朝为官,还是寄人篱下,积极入世的思想都是他一生主轴。所以他始终没有李白“人生在世不称意,明朝散发弄扁舟”的放达,也没有纳兰“知我者谓我心忧,不知我者谓我何求”的小我感伤。他对才华的自负、对理想的执着,对现实的看破,使他暮年更加心苦肠愁。这种在无望中坚持的矛盾心境体现在诗歌创作中,情感深沉蕴藉,笔法曲折委婉,思想沉重深刻——沉郁顿挫。

也有后来人用“忧愤深广,波澜老成”①八字来阐释杜甫中年以后的“沉郁顿挫”——诗歌反映广阔、深刻的现实,表现出浓厚的忧郁色彩和悲剧气氛,其手法则是由于内心郁结而自然产生的跌宕转折、拗怒不平的开阖变化。这样的描述是精准的。

拿他的组诗《后出塞五首》来说,诗中叙述了一名热血青年从主动应募到逃离边塞的故事。与其说这是对从军者边塞梦破灭的描写,不如说是他追求梦想却不得的倾诉。整组诗格调由激昂变为敬肃,最后转向悲凉。组诗第一首:

---

① 安旗:《杜甫研究论文集(第三辑)·“沉郁顿挫”试解》,中华书局1963年版。

男儿生世间，及壮当封侯。
战伐有功业，焉能守旧丘。
召募赴蓟门，军动不可留。
千金装马鞭，百金装刀头。
闾里送我行，亲戚拥道周。
斑白居上列，酒酣进庶羞。
少年别有赠，含笑看吴钩。

一个意气风发、胸怀壮志的青年形象跃然纸上，众亲饯别的场面轻快热烈。这不正是当年杜甫离家远游、渴望建功立业的写照？

可在看到“落日照大旗，马鸣风萧萧”、“令严夜寂寥”的边塞军营生活后，之前“及壮当封侯”的慷慨气魄却转而变成“悲茄数声动，壮士惨不骄”的敬畏心态。接着，在第三、四首诗中，作者揭露了战争本质——权贵博取富贵的手段，以及安禄山“主将位益崇，气骄凌上都”的骄纵丑态。这些不正是杜甫接触官场后对政治失望的原因？最后一首是整组诗的点睛之笔：

我本良家子，出师亦多门。
将骄益愁思，身贵不足论。
跃马二十年，恐辜明主恩。
坐见幽州骑，长驱河洛昏。
中夜间道归，故里但空村。
恶名幸脱免，穷老无儿孙。

安禄山叛乱，黄河、洛水流域戎马纷驰。杜甫不愿辜负明君，半夜逃离叛军巢穴。可是回到家乡才发现，亲友邻里都已经葬身此次浩劫中，只剩他孑然一身，孤老穷苦。一位热血青年的梦彻底被现实碾碎。这些不正是杜甫壮志不得，困苦孤独的境况？

杜甫将自己对君主的拳拳忠心赋予了故事的主人翁，即使经历了战场、看清了官场，仍“恐辜明主恩”。也许有人诟病这是儒家迂腐的愚忠，可是站在当时时代局限性来看，这只是执着于理想的外化而已——对于这样一位“肠内热”的老者，又何必过多的苛刻。对于自己的执着，杜甫也有自知之明，他在《江汉》中写道：

江汉思归客,乾坤一腐儒。
片云天共远,永夜月同孤。
落日心犹壮,秋风病欲疏。
古来存老马,不必取长途。

仇兆鳌说:“思归之旅客,乃当世一腐儒,自嘲亦复自负。”且不论自嘲、自负,这位流落江湖的漂泊客,即使身病心苦,依旧壮心不改、矢志不渝。

“杜陵有句皆忧国”,这是历代评论家的共识。纵使政治上不得志,纵使晚景凄凉、颠沛流离,杜甫从来没有改变对国事民情的关注和对社会动荡的忧虑,更不曾动摇“穷年忧黎民,叹息肠内热”的本真。也许正是这样的“腐儒”才能俯仰在宽阔的天地间,长存于文化的长河中,使后人们在感受他所陈之史、所传之情时,无不为之动容。同时,在物质繁盛的快餐时代,感受杜甫更是一种灵魂的净化。

星垂平野阔,月涌大江流

“诗是吾家事”,杜甫把诗看作是他终生的事业。“新诗改罢长自吟”是他的创作态度。“语不惊人死不休”是他的创作追求。何曰愈《退庵诗话》言:“子美以学力胜。”深而广的学识、严谨的态度,再加上不拘一格的创作理念,是其达到诗歌艺术高峰的重要保证。

他从不拘泥于体例形式,而是任凭情感倾斜。《兵车行》采用杂言体——五言急促短暂,七言深沉哀婉,将音节与感情相统一,二者相辅相成,虽是不同句式的杂糅,但却给人浑然一体之感。

他对文字、诗律的驾驭如行云流水,不仅有《兵车行》、《三吏》、《三别》这些将历史画面纳入诗的作品,也有五言:“竹凉侵卧内,野月满庭隅。重露成涓滴,稀星乍有无。”(《倦夜》),七言:“岁暮阴阳催短景,天涯霜雪霁寒宵。五更鼓角声悲壮,三峡星河影动摇。”(《阁夜》)等诸多严整工丽的律诗。

他的视角、对文字的选用独具匠心,常有不寻常的语言搭配与修辞手法。他总能选取独特的角度把常人无法用言语描述的景物和感受表现得淋漓尽致。“细草微风岸,危樯独夜舟。星垂平野阔,月涌大江流。”(《旅夜书怀》)“荡胸生层云,决眦入归鸟”,绝对是他对“语不惊人死不休”的亲身实践。日常琐事在他的笔下也显得诗意盎然。如《江村》:

清江一曲抱村流，长夏江村事事幽。
自去自来堂上燕，相亲相近水中鸥。
老妻画纸为棋局，稚子敲针作钓钩。
但有故人供禄米，微躯此外更何求？

初夏，清澈的浣花溪绕村而流，让人觉得恬淡幽静。堂上的燕子自由飞翔，江上的群鸥相亲相近。妻子在纸上画着棋盘，幼子用细针做着钓钩。这是多少人梦中的期盼，俨然一派桃花源之景。只是，这一切美好建立在“故人供禄米”的基础上。对于曾经“窃比稷与契”的他，这些美好却也无法排遣内心的苦楚。

杜甫“学力胜”而善于用典，借史抒情，蕴藉深远——既有对历史的回顾、评价，也承载了他的沉郁之气。《蜀相》里：

三顾频烦天下计，两朝开济老臣心。
出师未捷身先死，长使英雄泪满襟。

孔明竭尽心力辅佐两代君王，不曾有任何私心。杜甫敬仰他的才华与人品，钦慕其与先主融洽的君臣关系，叹息他一统之志未得而“身先死”的遗憾。孔明的人格魅力感动着一代代有志之士。而想到自己这一路走来的坎坷辛酸，以及仕途无望、壮志难酬的未来，杜甫怎能不老泪纵横？他的泪并不在于执着而不洒脱——执着已是他生命力的原始力量之一，推动他顽强地活着。他的泪是因为他对命运的看清，却无力改变。

“哀伤同庾信，述作异陈琳”，则是借羁留北方不得归江南的庾信来表述自己颠沛流离、漂泊零落之感。只不过，不同的是庾信在高官美宦中绝望凄怨，而他却是在困苦穷顿中不忘初心——“冯唐虽晚达，终觊在皇都”，即使身老力衰，他依旧希望像冯唐那样，晚年仍可得到重用。

像多数名家一样，杜甫在世时，诗歌并不被重视。逝世40多年后，才始见重于韩愈、白居易、元稹等人。他艺术主张、行文风格被后人继承发展。杨伦说：“自六朝以来，乐府题率多模拟剽窃，陈陈相因，最为可厌。子美出而独就当时所感触，上悯国难，下痛民穷，随意立题，尽脱去前人窠臼。”杜甫在继承汉魏乐府“感于哀乐，缘事而发”精神的同时，摆脱乐府古题的束缚，创作了不少“即事名篇，无复依傍”的新题乐府，如著名的《三吏》、《三别》等，促成了中唐新乐府运动的发展。文天祥被囚居狱中，用杜甫五言诗句集诗200首，在《集杜诗·自序》里写道：“凡吾意所欲言者，子美先为代言之。”

杜甫以饥寒之身永怀济世之志，处穷困之境而无厌世之思。他的困顿与坚持，他的苦闷与成就，一对对看似矛盾却相辅相生的概念，蕴含在一首首作品中，流传千古，影响一代代文人志士。突然想起《茅屋为秋风所破歌》：

安得广厦千万间，大庇天下寒士俱欢颜，风雨不动安如山！

呜呼！何时眼前突兀见此屋？吾庐独破受冻死亦足！

宁“受冻死亦足”，愿“寒士俱欢颜”。他用坚韧与自我牺牲，为后人建起一座精神广厦，而他的爱更是早已超越时间、空间。

白居易:非贤非愚非智慧,不贵不富不贱贫

若游杭州,必去西湖。“未能抛得杭州去,一半勾留是此湖。”道出多少西湖游客的心声。

“湖上春来似画图,乱峰围绕水平铺。松排山面千重翠,月点波心一颗珠。”湖、峰、松、月,相互点缀、交相呼应,简单的勾勒却是唯美的图画。

平实质朴的言语,白居易如同信手拈来,却总能组合出脱俗的意境。他笔下的西湖时光,悠然闲适。

然而提及白居易,大多数人联想到的却是初中课本里卖炭翁的形象——他的讽喻诗,对下层民众的关怀、对社会问题的披露。白居易共有2916首诗作,其中讽喻诗不过只有172首,所以这样的印象并不完整。

他是著名诗人,却能官至二品;他16岁成名,在之后59个年头里更是佳作倍出;他37岁才步入婚姻,而后半生却以蓄妓为乐;他享年75岁高龄,远超过同时代的李白、杜甫等;他的声名不及李、杜二人,甚至有负面评价,但在国外却受到极大的推崇,影响颇广;他……

始得名于文章,终得罪于文章

张爱玲说:“出名要趁早,来得太晚的话,快乐也不那么痛快。”除了痛快的快乐,在特定的时代,早早出名还会带来更多。

白居易,字乐天,5岁学诗,9岁熟悉声韵。16岁时,白居易初举,名未振,以歌诗投顾况。顾况戏之曰:“长安物贵,居大不易。”但当他披卷阅得《赋得古原草送别》中“离离原上草,一岁一枯荣;野火烧不尽,春风吹又生”时,顾况立刻一改前

态,说道:“有句如此,居亦何难? 老夫前言戏之耳。”顾况为之延誉后,他开始结交一些诗人,不断有佳作问世,名声也越来越大。

32 岁那年春天,白居易被授校书郎,正式步入仕途。到 35 岁时,授周至县尉。也正是在这个时候,他创作了流传千古的名作《长恨歌》,此后的短短八年的时间,他从周至县尉(正九品下)升到了左赞善大夫(正五品上)。“十年之间,三登科第,名落众耳,迹升清贵。”不可否认,他的仕途至此是一帆风顺,这与其显赫名声也有一定关系。

这意气风发的十年,他关心社会生活,着力改造诗风。他不断向皇帝进谏,极力主张改革时政,“篇篇无空文,句句必尽规”、“唯诗生民病,愿得天子知”(《寄唐生》)。针对当时诗歌内容狭隘、语言过分雕琢的诗风,他提出“文章合为时而著,诗歌合为事而作”的口号,主张“为君、为臣、为民、为物、为事而作,不为文而作”。

在目睹黑暗现实后,他创作大量讽喻诗,“丈夫贵兼济,岂独善一身。”诸如《卖炭翁》、《杜陵叟》、《紫毫笔》、《采诗官》、《寄唐生》、《秦中吟》等等。可是“成也萧何败也萧何”,这些讽喻诗却成了他仕途路上的毒药。

很快,他生命中第一个政治高峰戛然而止。初任拾遗时,他上疏《论制科人状》,极言宰相不应任意贬黜,因此得罪权贵,不幸陷入政治斗争的漩涡中。而他的讽喻诗也引来了在位者的不满,“始得名于文章,终得罪于文章。”(《与元九书》)后被指越权而连续被贬,最终落得个江州司马的职务。

他又一次上演文人在官场中的惨烈遭遇——古有屈原、前有杜甫,他们共同的错误在于,没有意识到政治与文人本就是两极相斥的事物,文人是持着关怀众生之心、去探求生活永恒的本质;而政治则是统治者的游戏,是众生的牺牲。

在经历了一场场政治斗争与贬罚后,白居易的作为发生了极大的变化。后代评论家们对此看法一致,将白被贬为江州司马这一事件作为其人生分水岭,前一段为“兼济天下”时期,而之后则是“独善其身”。但是,纵观其一生,仅仅看到“兼济”向“独善”的转变未免过于表浅。

被贬江州后,他在香炉峰下建草堂,经他精心设计,草堂周边石涧古松,有山有池,养鱼种莲自乐。更有不少咏此地此趣的诗歌,且看《草堂前新开一池养鱼种荷日有幽趣》:

淙淙三峡水，浩浩万顷陂。
未如新塘上，微风动涟漪。
小萍加泛泛，初蒲正离离。
红鲤二三寸，白莲八九枝。
绕水欲成径，护堤方插篱。
已被山中客，呼作白家池。

可见，他并没有像大多数人那样苦闷、激愤，而是处处透着生活情趣，享受山水闲居带来的益处。而之前的种种，正如刘宁在《唐宋之际诗歌演变研究》中所指出的，其皆出于白居易的“职责意识”——在其位谋其政。他在左拾遗（谏官）的职位上对朝政激昂论列，皆因职责所在。他在《论制科人状》里说：“臣职为学士，官是拾遗，日草诏书，月请谏纸。臣若默默，惜身不言，岂惟上辜圣恩，实亦下负神道。”他在任职之上“正色摧强御，刚肠嫉喔呼。常增持禄位，不拟保妻儿。养勇期除恶，输忠在灭私！”（《代书诗一百韵寄微子》）因此，“有阙必规，有违必谏，朝廷得失无不察，天下利害无不言。”（《与元九书》），刚入仕途，锋芒毕露，得罪权贵也就是在所难免之事。

当他离开左拾遗这个位置后，也就不再或很少对朝政大发议论了，这也证明之后其诗歌内容转向，深层原因在于职责意识，而绝非其志改变。

除了“职责意识”，贯穿其一生的则应属“务实意识”，他认为“补察时政、泄导人情”是诗歌的政治使命，目的是“救济人病、裨补时阙”。“篇篇无空文，句句必尽规”、“唯诗生民病，愿得天子知”（《寄唐生》）、“欲开壅蔽达人情，先向诗歌求讽刺”（《采诗官》）。不论穷达，都是秉承不因外物悲喜的状态。在他所能企及的范围内，尽可能地寻求内心与身体的最佳状态。被贬之后，为避祸远嫌，他“不复谔谔直言”，“世事从今口不言”。在江州，他自称为“天涯沦落人”，以游历山水、作诗为事，慕起陶渊明来，希望作个隐逸诗人，并转而事佛，企图从佛教中求得解脱。如果说杜甫活在理想里，纳兰生活在别处，那么白乐天则是认真地活在当下。

职责与务实也注定了他之后的作为。宪宗崩，穆宗继位。授中书舍人，后又拜尚书主客郎中，知制诰，加朝散大夫，转上柱国。白居易精神重又振奋，诗云“得水鱼还动鳞鬣，乘轩鹤亦长精神”。但是经历过朋党之争的官场，他深知这浑水蹚不起，以他的才智性情不但无法有所作为，而且想要保全自己也将会“终日多忧惕”，他更是感叹“高有罾缴忧，下有陷阱虞”。于是他请求外任，出任杭州刺史。他在杭州的时间里，治理西湖，大力兴修水利，解决民用淡水短缺的问题，这也是

“白堤”得名的原因。

而余秋雨说白居易是“仅仅因辞章而入选为一架僵硬机体中的零件,极偶然地调配到了这个西湖边,搞了一下别人也能搞的水利”。但是如若按照他的思路,又有谁不是所生存社会中的一个零件?至于水利工程是否谁都能搞,至少应该读史才能明鉴。带领民众大规模治理西湖的“刺史”级别的官员,白居易可以算是史上第一人。史传白居易的主张遇到重重阻力。好在他事先做过调查,面对非难,他一一据理据实反驳。白居易责问这些漠视民生的官吏:“鱼龙与生民之命孰急?茭菱与稻粱之利孰多?”余老先生的口气未免轻薄。

心足即为富,身闲乃当贵

除了前文的“第一人”,白乐天还有不少开拓性的作为。

安史叛乱带来的社会残破和精神打击,使乱后的许多诗人心上蒙上了一层阴翳。而乐天生活的时代,“盛唐气象”成为往事,昔日的繁华已经消逝,中晚唐文学大都不再像初盛唐时期一样写自己锐意进取的抱负,而是写自己及周围的世俗生活,写自己在世俗生活中的切身感受,表现一个普通人所体验和追求的人情味。

文学从雅到俗是时代的必然进程,而乐天并不拘泥于传统,首先走上了一条不同于前辈的文学之路,“在中唐元和年间,诗坛上兴起了一种多写身边琐事、吟咏日常生活的创作倾向,而开这种风气之先的领袖人物就首推白居易。”

他将自己的诗歌分为四类,即讽喻诗、闲适诗、感伤诗、杂律诗。而这些诗作的内容都是其生活中的真切存在。相传他写诗时,先读给老婆婆听,“妇曰解,则录之,不解,则易之。”①就算是当代人再读其作,理解上并无多大难度,如《大林寺桃花》:

人间四月芳菲尽,山寺桃花始盛开。
长恨春归无觅处,不知转入此中来!

简单的词句里,却依旧情景交融、动静相宜,生活中极为普遍的现象顿时充满诗意。难怪也有人说乐天是多情的,他的情在于生活情趣、在于对人和物的关照,也在于对爱的执着。

---

① 萧瑞峰、彭万隆:《刘禹锡白居易诗选评》,上海古籍出版社2002年版。

《长恨歌》之所以流传甚广最重要的原因,在于其中描述的爱情悲剧——至死不渝却人鬼殊途——爱情是人类永恒不变的生命主题。“在天愿做比翼鸟,在地愿为连理枝。天长地久有时尽,此恨绵绵无绝期。”如果不是多情之人,如果没有经历过刻骨铭心的爱恋,这些情话、誓言怎会在千年之后依旧如此深入人心?

好友陈鸿在其《长恨歌传》中写道:“意者,不但感其事,亦欲惩尤物,窒乱阶,垂于将来也。”不少研究者根据这一段文字,认为《长恨歌》的主旨在于讽喻。但乐天将其归于感伤诗一类,大抵是“事物牵于外,随感遇而形于叹咏”(《与元九书》),所谓的“情理动于内”便是曾经那段无果而终的感情经历。

17岁的乐天与湘灵在宿州符离相识、相爱,他们见证了彼此最珍贵的十年青春时光,但因为当时门第、等级等世俗观念,相爱却不能相守,只剩相思、相离。这段爱恋怎能不刻骨?当与湘灵分别时,乐天彻夜难眠,写下《潜别离》赠给心上人:①

不及哭,潜别离;不及语,暗相思。两心之外无人知。
深笼夜锁独栖鸟,利剑春断连理枝。
河水虽浊有清日,乌头虽黑有白时。
惟有潜离与暗别,彼此甘心无后期。

在《长恨歌》完成两年后,37岁的他还是向现实低头,放下过去,娶妻生子。也许诗歌除了为事而作之外,也是他情感宣泄的途径,是平衡内外的重要工具——只有将内心中的郁结凝注到诗词中去,才能平和地去面对现实。

只是,每逢伤感之景、时节时,这愁却又上心头。藏起来的伤怎会消融呢?乐天为湘灵写下诸多诗篇,《寄湘灵》、《冬至夜怀湘灵》:

泪眼凌寒冻不流,每经高处即回头。
遥知别后西楼上,应凭栏干独自愁。
艳质无由见,寒衾不可亲。
何堪最长夜,俱作独眠人。

当年至耄耋,乐天心中依旧对这段恋情无法忘怀,写下《寄远》以藏其情②:

① 娄天劲:《白居易与符离村姑湘灵的“长恨歌”》,诗歌月刊2006年版。
② 《宿州文物》编写组:《宿州文物》,文物出版社2008年第1版。

欲忘忘未得，欲去去无由。
两腋不生翅，二毛空满头。
坐看新落叶，行上最高楼。
暝色无边际，茫茫尽眼愁。

人至暮年，忧愁却无法忘怀，可见用情之深。但是，“务实”的本性，使他不会总是深陷其中，追求当下的精神自由与平和才是他的根本理念。生命本就不易，盛世后的大浩劫更让世人看到生命的宝贵。乃至一花一池、一酒一友也可以是最佳境界，且看以下两首：

草堂前新开一池养鱼种荷日有幽趣

淙淙三峡水，浩浩万顷陂。
未如新塘上，微风动涟漪。
小萍加泛泛，初蒲正离离。
红鲤二三寸，白莲八九枝。
绕水欲成径，护堤方插篱。
已被山中客，呼作白家池。

问刘十九

绿蚁新醅酒，红泥小火炉。
晚来天欲雪，能饮一杯无？

进可写讽喻、勇进谏、兴水利，为君为民；退可建草堂、赏花鸟、听琴弦管竹，以乐其志。有学者说正因为乐天能“在个人生活与政治生活之间保持一种平衡”，因此能“保留足够的忠诚和热忱参与政治或行政活动”。① 在“务实”的原则下，不论进退，他总能找到内与外、公与私的平衡，利用身边的优势来让自身价值得到最高体现，这也是为什么他长寿且能官至二品、还能留下名作传千古的内在原因。

对于“闲适诗”，他自评：“又或退公独处，或卧病闲居，知足保和，吟玩性情者一百首，谓之闲适诗。”（《与元九书》）“知足保和”的心态只是“务实”原则的延伸，白居易在《咏怀》中说：“穷通不由己，欢戚不由天。”人力之小无法把握自己的命运，但是心情却由自己，这与现代心理学的认知派的观点颇为相近，如果当时有情商测试的话，想必乐天必是高分得主。

---

① 谢思炜：《白居易集综论》，中国社会科学出版社 1997 年第 1 版。

闲居

心足即为富，身闲乃当贵。

富贵在此中，何必居高位？

开元法曲无人记，一曲琵琶说到今

白居易在编集自己的诗作时说："世间富贵应无分，身后文章合有名。"其实不然，好友元稹道出了实况，"二十年间、禁省、观寺、邮候、墙壁之上无不书，五公、妾妇、牛童、马走之口无不道，至于善写模勒，街卖于市井，或挂之以酒茗者，处处皆是。"①乐天的诗作语言通俗、内容贴近生活，深受下层百姓的喜爱，也就不以为怪了。

除了语言、内容的特点，诗作中传递的生活情趣、人生态度以及物我融洽的境界，应该也是流传后世的原因之一。他描写西湖最出名的《钱塘湖春行》：

孤山寺北贾亭西，水面初平云脚低。

几处早莺争暖树，谁家新燕啄春泥。

乱花渐欲迷人眼，浅草才能没马蹄。

最爱湖东行不足，绿杨阴里白沙堤。

再如《友人夜访》：

檐间清风簟，松下明月杯。

幽意正如此，况乃故人来。

西湖早春的景色在他的描写中显得生意盎然、恬静闲适。他并没有因为早春的冷清而忽略它独特的美，而是独具慧眼地发现它的动人之处，真正享受到大自然赐予人类的这一人间天堂。而《友人夜访》中清风、明月、屋檐、青松，再加友人相聚，何等惬意。他又一次证明了"世上不缺少美，只是缺少发现美的眼睛"，他用诗句把我们周遭的生活变得美好。

白居易诗里这种乐天达观的人生态度，以及生活情趣对后世文人影响极大。宋代苏轼有诗云："出处依稀似乐天，敢将衰朽较前贤。"而宋人所取名号有不少来源于白居易，"醉翁、迂叟、东坡之名，皆出于白乐天诗云"。由此可证，"白居易是

① 元稹撰：白氏长庆集序转引自《白居易诗选评》，霍松林译注，百花文艺出版社 1959 年版。

中国后世文人的又一个精神家园。”①

时至清朝,“‘童子解吟长恨曲,胡儿能唱琵琶篇。’宣宗赞叹今犹在,二语能将白傅传”(冯继聪《论唐诗绝句》)。白居易的读者上至皇帝、下至孩童,更不用说后世文人。诗人张维屏中年宦游江州,游览“琵琶亭”时,不禁吟诗一首:“枫叶荻花何处寻,江州城外柳阴阴。开元法曲无人记,一曲琵琶说到今”(《松心诗集·琵琶亭》)。

他以诗人的情怀,“务实”的生活准则,活在一个“感伤的时代”②,“一足任它为外物,三杯自要沃中肠。头风若见诗应愈,齿折仍谈笑不妨。”正是这种淡泊豁达的心态,让他没有像历史上其他文人墨客那样,悲悲戚戚、伤情损身。

他对自己的评价是,“非贤非愚非智慧,不贵不富不贱贫”。其实,却是大智慧。

---

① 袁行霈:《中国文学史·第二卷》,高等教育出版社 1999 年第 1 版,第 356 页。

② 薛亚康:《唱尽人间感伤情——读白居易的〈长恨歌〉》,《名作欣赏》2000 年第 2 期,第 45 页。

刘禹锡:一代诗豪,其锋森然

古往今来,多少文人骚客在历史的巨砚里,一任千年的研磨,方才挥笔,在天地之间留下一篇篇不朽诗篇,刘禹锡亦是其中杰出的一位。本是怀着一片赤诚的报国心,但命运却使得他最终逃不开一生的远行。在秋风瑟瑟的季节里,他开始了23年的巴山楚水凄凉之旅。巴蜀荆楚一带,虽说被认为是朝廷发配罪臣的恶地,但在他的笔下,却没有阴森、凄凉和晦暗,反而充满了未曾有过的清丽、灵秀和开阔。

刘禹锡的一生,是战斗的一生,更是辉煌的一生,这只是因为他有一颗"勇敢"的心。曼德拉说得好:"生命中伟大的光辉不在于永不坠落,而在于坠落后能再度升起。"

感时江海思,报国松药心

他出身于书香门第,深受儒学熏陶。父亲刘绪,因为避"安史之乱",跟着整个家族向东迁移,在苏州定居下来。"安史之乱"爆发以后,北方大部分地区沦为战场,大批的文人墨客迁居江南,促进了南北文化的交流和融合。江南地区物华天宝、人杰地灵,永贞革新中的核心人物王叔文、王伾都乃江南人氏。江南地区发达的经济和文化,也为刘禹锡的成长提供了良好的条件。与刘禹锡齐名的白居易,少年时代也是在江南度过的。少年时期,刘禹锡与邻居裴昌禹意气相投,十分要好,两人在春暖花开的时节曾一起到水边钓鱼,后来他在《送裴处士应制举》中写道:"……忆得当年识君处,嘉禾驿后联墙住。垂钩钓得王馀鱼,踏芳共登苏小墓。此事今同梦想间,相看一笑且开颜……"他对这段美好的岁月和风景如画的江南都充满着深情,所以说少年时代的刘禹锡深受江南名城自然环境和人文环境的熏陶。

刘禹锡生活的时代,士大夫家庭为了使自己的孩子能够考上进士科或明经科,总是很早就开始让他们诵读儒家经典,学作诗赋。刘禹锡自幼勤奋好学,资质不凡。他的前辈权德舆早年在江南做官,曾对他的童年作了这样的描绘:"始予见其丱,已习《诗》、《书》,佩觿,恭敬详雅,异乎其伦。"①儒学的入世品格和刚健精神使他从小便志存高远,渴望辅时济世,澄清天下。这种责任感和使命意识使他始终高度关注国家社会的安定与变革。在他入仕以前,自称"道未施于人,所蓄者志",《华山歌》可说是他的"明志"之作。

"永贞革新"恰好就给他提供了这样一个施展才华的平台。贞元九年(公元793年),22岁的刘禹锡登进士第,而唐代文人也最看重进士科,把进士及第看作是莫大的荣耀。刘禹锡曾经在《送张盥赴举》中回忆当时愉快的心情:"……永怀同年友,追想出谷晨。三十二君子,齐飞陵烟旻……"但按照当时唐代的科举制度,考中进士不能立即授官入仕,只有通过吏部取士科考试合格的,才有官做。贞元十一年(公元795年),刘禹锡吏部取士科考试合格,授太子秘书。虽然这是个品级很低的官职,但是可以接触大量书籍,这对刘禹锡来讲无疑更有吸引力。此时距"安史之乱"被平定已经30多年了,朝廷表面看似平静,但实际已经到了危机四伏的时刻,当时内部宦官专权跋扈,外部藩镇割据,对抗朝廷。贞元末年,朝廷的政治空气之险恶,据白居易在《论左降独孤朗等状》说,已经到了"人家不敢欢宴,朝士不敢过从"的地步。但另一方面,复兴唐室,也自然成为一种社会要求。

现实的忧患亦能激发文人的使命感,也给文人们提供了施展抱负、革除弊政、力挽狂澜的机会。刘禹锡处在这样一个时代,他期望自己可以有所作为,实现自己从小就有的拯世济民的人生抱负。"感时江海思,报国松药心"(《和武中丞秋日寄怀简诸僚故》)可以说是他政治人格的写照,也是他的座右铭。刘禹锡还认为自己是汉景帝之子中山王刘靖之后,再加上自小就才华出众,这些都赋予了他极高的自信心。正是在这样自信的人格趋势下,步入仕途不久,他便参与了永贞改革,并终日忙碌,单单给人回信,就已到了"日用面一斗为糊,以供缄封"(唐·冯贽《云仙杂记》引《宣武盛事》)的程度,此时他对自己所从事的事业充满了热情,这

① 权德舆:《全唐文·卷491·送刘秀才登科后侍从赴东京勤省序》,上海古籍出版社1986年版,第2221页。

是他政治人格高涨的重要阶段。

但这次革新运动,由于触犯了专权的宦官、割据的军阀和一些守旧的士族官僚的利益,遭到他们的极力反对和抵制。他们趁顺宗身患中风之际,结成反对势力,逼迫顺宗禅位。宪宗上台后,宦官和大贵族官僚又一次掌权,他们不仅废除新政,还对参加这次革新运动的人进行了残酷的迫害和打击,刘禹锡被贬为远州司马。

为了自己的人生信念和追求,刘禹锡付出了在巴山楚水之间颠沛流离20多年的代价,但同时这也给了他接近地方风情民俗的机会。从此以后,刘禹锡的思想、文学创作以及人格都发生了巨大变化。

世道剧颓波,我心如砥柱

被贬朗州是刘禹锡政治生活的一大转折,从以前的政治核心人物到司马这样的闲官,他的心情虽然很失落但却没有消沉,心中始终怀有希望。唐代官吏贬谪有一定的期限,期满后可酌情移往比原贬谪地距离京城较近的地方任职,新职品级一般比旧职有所提高。因此诗人时刻等待着自己政治生涯的春天能够早些到来,但等来的却是无尽的归期。

据《旧唐书·宪宗纪上》记载,元和元年宪宗诏书有言:刘、柳诸人"纵逢恩赦,不在量移①之限"。诗人居朗州十年未得量移,这在政治较为开明的唐代实属罕见。

直到元和十年(公元815年),刘禹锡终于与柳宗元等人一起承召回京,但又因《元和十年,自朗州承召至京,戏赠看花诸君子》一诗"紫陌红尘拂面来,无人不道看花回。玄都观里桃千树,尽是刘郎去后栽"中把那些通过"永贞革新"而爬上政治舞台的小人比作"轻薄桃花",进行了辛辣的讽刺,触怒了权贵和宦官而再次被贬到了更为偏远的连州,但这种打击却没有让他产生丝毫的妥协之意。14年后,当他由东都主客郎中调回长安时,他又写了《重游玄都观绝句》:"百亩庭中半是苔,桃花净尽菜花开。种桃道士归何处?前度刘郎今又来。"诗人的乐观自信的斗争精神显露无遗,完全是一个凯旋的胜利者姿态。诗人愈挫愈勇,又写了《百舌

---

① 量移:唐、宋公文用语。官员被贬谪远方后,遇恩赦迁距京城较近的地区。

吟》、《聚蚊谣》、《华佗论》等诗文来讽刺政敌对革新实力的残酷迫害。以后又迁谪夔州、和州等地。“巴山楚水凄凉地,二十三年弃置身。”长达23年的贬谪生涯刷新了中国古代文人贬谪时间的纪录。

正如司马迁在《报任安书》中所言:“盖文王拘而演《周易》;仲尼厄而作《春秋》;屈原放逐,乃赋《离骚》;左丘失明,厥有《国语》;孙子膑脚,《兵法》修列;不韦迁蜀,世传《吕览》;韩非囚秦,《说难》、《孤愤》;《诗》三百篇,大抵贤圣发愤之所为作也。此人皆意有所郁结,不得通其道,故述往事,思来者。”无罪而遭贬,诗人心中自然郁郁不平,但作为世人眼中的罪人,诗人只能选择比较隐晦的方式来发泄心中的不满,而咏史诗是各体诗歌中最容易与现实政治和仕途命运相联系的一种诗体,因此成为诗人的首选。刘禹锡的咏史怀古诗不仅数量众多,而且质量亦高,很受后代评论家的赞誉。他的《西塞山怀古》、《荆州道怀古》、《金陵怀古》、《姑苏台》、《金陵五题》等咏史怀古诗,纵横千古,涵盖古今,贯穿着厚重而不失坚韧的精神气脉,雄浑刚劲,沉着痛快,读后令人感慨犹深。在他的笔下,古今是相通的,历史又是和现实紧密联系在一起的。

刘禹锡贬谪后期所在地夔州、和州也都有着很深厚的历史文化底蕴。夔州是三国时吴蜀交战的边界,夔州至和州的长江沿线一带就像一幅波澜壮阔的历史画卷,曾有多少惊天动地、令人荡气回肠的故事在这里发生。历经磨难的诗人一路走来自然会感慨万千,并将满腔激情形诸诗篇。唐穆宗长庆四年(公元824年),刘禹锡由夔州刺史调任和州刺史,其所走路线恰好与当年西晋大军攻打吴国时的路线完全相同,行经湖北大冶县附近时,刘禹锡写下了著名的《西塞山怀古》:

王濬楼船下益州,金陵王气黯然收。
千寻铁锁沉江底,一片降幡出石头。
人世几回伤往事,山形依旧枕寒流。
今逢四海为家日,故垒萧萧芦荻秋。

此诗前则怀古,后则慨今,表达了作者渴望国家统一、反对藩镇割据的强烈愿望。并希望当朝统治者能够以六朝的相继覆灭为鉴,不要走“后人哀之而不鉴之,亦使后人而复哀后人也”的老路。并警告那些拥兵自重的割据势力:国家统一是不可抗拒的历史潮流。这一主题在当时割据势力再次反叛的情况下,具有很强的针对性和积极的现实意义。

高超的艺术表现手法和意蕴深厚的思想,富有哲理的反思与深沉悲凉的感慨相互补充,大大深化了刘禹锡怀古之作的格调境界。据说当时此诗为刘禹锡、白居易等人的同题竞赛之诗，刘诗先成，白赏刘诗之后罢作，并感叹道："四人探骊龙，子先获珠，所余鳞爪何用耶！"

七绝中的《金陵五题》，为刘禹锡任和州刺史时所作，以六朝故都金陵的五处具有代表性的景物为题来总结历史教训，以前三首最负盛名。白居易对《石头城》一诗低头苦吟，叹赏良久后道："吾知后之诗人，不复措辞矣。"

石头城

山围故国周遭在，潮打空城寂寞回。
淮水东边旧时月，夜深还过女墙来。

乌衣巷

朱雀桥边野草花，乌衣巷口夕阳斜。
旧时王谢堂前燕，飞入寻常百姓家。

台城

台城六代竞豪华，结绮临春事最奢。
万户千门成野草，只缘一曲《后庭花》。

这三首诗中的很多句子为后人化用到他们的怀古诗中。仅此一点，亦可见其享誉之深远。非为大才，焉能如此？

与咏史怀古诗同样杰出的，还有刘禹锡的风土民情诗，其中，最值得注意的是他在夔州任刺史时关于《竹枝词》的创作。《竹枝词》原是三峡地区一种与音乐、舞蹈相结合的民歌，具有"含思宛转"的特色，多用于抒发愁绪和歌唱爱情。民歌《竹枝词》由于是劳动者创作，其词没有进入高雅的文林，故也未能流传开来。经过岁月的流变，我们已无法看到其最初轻歌曼舞的全貌，但从刘禹锡等人经过采录和润色后所创作的竹枝词中，我们仍可感受到其昔日婀娜多姿的风采。翁方纲在《石州诗话》中说："刘宾客之能事，全在竹枝词。"

如《竹枝词》九首之二，诗人先描绘了一幅山恋水依的图画，并以此来比兴，用"花红易衰"，喻郎的薄情，用"水流无限"，喻侬的多愁。自然界的变幻在诗人笔下也具有了人类的相思哀怨，少女真挚而炽热的恋情和桃花的灿烂、江水的浩渺有机地结合在一起。《竹枝词》也常用双关手法，使诗歌更加含蓄，富有韵味，如"东边日出西边雨，道是无情却有情"，就是根据汉语谐音的特点而形成的表现方式，这在历代民间情歌中也有所体现。"晴"喻"情"连用，明写的是景物的变化，暗指的却是人的情思，看似说天，实则写人，贴切自然，巧丽别致。

重叠回环的咏叹方式，也给刘禹锡的《竹枝词》带来了流美婉转的情韵。通过回环咏叹,多能收到荡气回肠的特殊效果。在刘禹锡的《竹枝词》中,重叠回环的咏叹方式,主要表现为大量的“排比”“重叠”和“反复”的交叉运用。排比的运用如“白帝城头春草生,白盐山下蜀江清”,等等。重叠的运用如“杨柳青青江水平,闻郎江上踏歌声”等。这些表现手法的交叉使用,不仅使诗歌具有了结构上的回环之美,也使其加强了言情效果。

刘禹锡《竹枝词》的艺术魅力,还得力于其精湛的音乐修养。这和其本人爱好音乐、擅长歌唱是分不开的,白居易在《忆梦得》一诗的注中曰:“梦得能唱《竹枝》,听者愁绝。”王灼《碧鸡漫志》记载:“古人善歌得名,不择男女,唐时男有李龟年、米嘉荣、何戡、田顺郎。女有穆氏、念奴、张红红、张好好。”而刘禹锡与其中的米嘉荣、何戡、穆氏都交情甚好,并专门写诗赠予他们。诗歌与音乐的紧密结合,使之更易于普及和流传。刘禹锡的《竹枝词》极富音乐美,深受人们的喜爱,早在唐朝就曾被王公贵族及庶民百姓争相传唱,直至宋代仍经久不衰。胡仔在他的《苕溪渔隐丛话》中也提到了刘禹锡的《竹枝词》:“予尝舟行苕溪,夜闻舟人唱吴歌,歌中有此后两句,余皆杂以俚语,岂非梦得之歌,自巴渝流传至此乎?”此时距刘禹锡去世已有300年左右的时间了,刘氏《竹枝词》的强大生命力由此可见。

毫无疑问,刘禹锡《竹枝词》所具有的独特魅力,使他在文坛取得了引人瞩目的成就,与此相似的,还有他的《杨枝词》、《杨柳枝词》、《浪淘沙词》等乐府民歌体小诗,也往往格调清新、志趣高远。

人世几回伤往事,山形依旧枕寒流

刘禹锡的诗歌“祖《风》《骚》,宗盛唐”,而且有所创新和超越,形成了自己的独特艺术风格。《诗经》中的《国风》体现了古代诗歌的现实主义创作手法,刘禹锡的讽刺诗深得“国风”精髓。他用辛辣的语言、比兴的手法对于一切庸俗、丑恶的事物进行讽刺和批判。刘禹锡的诗歌也深受屈原《楚辞》的影响,他们遭遇类似,都有远大的政治抱负,并为改变衰颓的社会现状积极投入政治变革中去,最终都以失败告终。

千年之前三闾大夫屈原的孤独身影曾游走于这荒芜凄凉的楚地,他是否知道千年之后在他“行吟”的地方又出现了另一位诗人——刘禹锡的游走形迹。刘禹锡至朗州后,就住在了后人为纪念屈原而建的招屈亭附近,近距离的接触使他对屈原有了进一步的了解，并决心要像屈原那样与黑暗世俗抗争，《学阮公体三首》亦可表此心志。刘禹锡能在23年的贬谪生涯中始终坚持自己的人生信念，与其对屈原的理想人格、政治抱负的认同有很大关系。这就使得他对屈原骚怨精神的理解深深地渗透到了其作品中去。但是，屈原对“信而见疑，忠而被谤”的现状是哀怨又彷徨，并且偏执于自己的理想，最终选择了自沉于汨罗江。而刘禹锡却没有被逆境和苦难挟持，他对生活始终充满豪情壮志。身处蛮夷之地的荆楚巴蜀一带，但却始终持有积极乐观、昂扬豪迈的精神和斗志，从容应对人生挫折。

《浪淘沙》第八首

莫道谗言如浪深，莫言迁客似沙沉。

千淘万漉虽辛苦，吹尽狂沙始到金。

此诗约作于大和元年（公元827年），是诗人回顾23年贬谪生涯之作，他自豪断言：流言蜚语、贬谪流放都不能使他消沉，虽经千辛万苦，但终究胜利是属于自己的。

刘禹锡共有《竹枝词》11首，虽是有感于屈原的《九歌》而作，但不同于《九歌》在内容上侧重于政治抒情，主要表现巴蜀一带明丽清新的自然景物和风俗民情。

刘禹锡之所以面对生活的苦难能够从容面对，除了自身所具有的达观、豪放的优秀品格外，与他周围的“那些人、那些事”分不开。

首先，他是一个很重亲情的人。他很孝敬母亲，在多年的贬谪生涯中，老母亲陪同自己颠沛流离，远离家乡，对此，刘禹锡深感愧疚。他娶福州刺史薛謇的大女儿为妻，薛氏是刘禹锡在寂寞的贬谪生涯中的伴侣，她与刘禹锡患难与共，感情深厚，但在刘禹锡41岁时就不幸去世，刘禹锡极度悲痛，先写《伤往赋》以示悼念，后来又写了《谪居悼往二首》抒发悲怀。刘禹锡十分重视对子女的教育，还抚养教育朋友和柳宗元的儿子，他的教育是很成功的，他的两个儿子都成才，韦执谊的韦绚因得刘禹锡亲授学问，后来也仕途通达，并把以前向刘禹锡问学的笔记编成《刘宾客嘉话录》，其中保存了大量唐代文献资料。

刘禹锡虽遭贬谪，但其朋友仍然很多，如儿时朋友裴昌禹，志同道合的革新同志柳宗元、韦执谊、韩泰、王叔文等，诗文同道的韩愈、白居易、元稹等，佛教界师友皎然、灵澈等，歌者米嘉荣、何戡，甚至政敌武元衡、窦群等等，无论贬地如何荒凉，刘禹锡总是努力与朋友保持书信、诗文联系。柳宗元是他风雨同舟的患难之交，世称“刘柳”。他们同登进士科，共事于京兆府、御史台。他们的人生追求、兴趣爱好很相似，曾一起跑去听施士丐讲《诗经》、一起向皇甫阅学书法、一起提倡古文运动，他们还一起参加了永贞革新，甚至最后一起被贬。此后，他们始终互相鼓舞，共同探讨哲学、历史、书法、文学等方面的问题。

元和十年（公元815年），刘禹锡被贬地处荒凉的播州，而刘禹锡老母已经80多岁，怎能经受长途跋涉，此时，柳宗元提出把自己的贬地柳州换给刘禹锡。元和十四年（公元819年），刘禹锡护送母亲灵柩北还，忽闻柳宗元死讯传，他"惊号大叫，如得狂病"，哀伤至极。刘抚养柳宗元托付的遗子，并编辑整理他遗留的作品，他与柳宗元之间的深厚友谊被世人传为佳话。

在失意落寞的"逐臣"生涯中，他以自己的爽朗热情影响着朋友，同时，朋友的理解支持与帮助给予他心灵无限慰藉，虽然无法帮助改变当权者的偏见，也不可能根本上改变自己艰难的处境，但朋友的情谊使他内心郁积的愤慨不平之气有了输导释放的途径。

另外，刘禹锡还具有热爱生活、珍爱生命的自然情怀和普度众生的人文情怀。他热爱大自然。在刘的诗集中，歌颂大自然之美的诗篇很多，清新爽朗的秋天、旖旎明媚的春天、雄奇壮丽的高山、涛声怒吼的黄河、明月、杨柳……甚至连乡村的田野，都是那么值得歌颂。在他的笔下，自然是如此美好，在大自然中，他的心灵一下子也轻松了许多，他的羁旅愁情得到了陶冶和升华。

贬谪生涯并没有消磨他的意志，他依然决心为国计民生而有所作为。如他本着"医拯道贵广"的博爱的情怀收集医方，最后汇编成《传信方》一书，在百姓中进行推广，他还主张把药方推广到国外，让更多的人从中获益，解除病痛。

大和五年（公元831年），苏州遭到特大水灾。第二年刘禹锡上任苏州刺史，他深入民间，了解灾情，"夙夜竭诚"地想办法救灾。于是，苏州地方虽然"二年连遭水潦"，但"百姓幸免流离。交割之时，户口增长"。① 刘禹锡的努力没有白费，他的灾后重建工作成绩斐然，老百姓对他充满感激，朝廷还赐予他紫金鱼袋。他卸任后，苏州人民为了表示对他的怀念还建立祠堂。刘禹锡告别苏州吏民时，写了《别苏州二首》，可见其深受百姓爱戴。其一：

流水阊门外，秋风吹柳条。
从来送客处，今日自魂销。

在长达23年的贬谪中，他走到哪里都不忘社会责任，在逆境中没有沉沦、萎靡，没有如一般文人那样只走向自己狭小的心灵世界，只在自我营造的精神世界

① 卞孝萱等：《刘禹锡集》，中华书局1990年第1版，第191页。

中徜徉和寻求寄托,所以他才能乐观面对人生。

李泽厚曾说:“盛唐以其对事功的向往而有广阔的眼界和博大的气势;中唐是退缩和萧瑟;晚唐则以其对日常狭小生活的兴致,而向词过渡。”①而被尚永亮先生称为“中唐五大贬谪诗人”刘禹锡却把贬谪生活视若等闲,显示出一种乐观主义精神和坚定豪迈的英雄气概,而且这种乐观豪迈精神在他的人生中是一以贯之的。这不仅在中唐时期,甚至在历代文人中也是少见的,难怪白居易评价:“彭城刘梦得,诗豪者也。其锋森然,少敢当者。”

---

① 李泽厚:《美的历程》,天津社会科学院出版社 2001 年版,第 87 页。

李商隐：心心复心心

李商隐，字义山，号玉谿生，他与千百年来中国的大多数知识分子一样，无可奈何地度过了“失败”的一生：报国无门，腐烂的晚唐不需要他的热忱与智慧；济民无力，体制与权力已经将他压榨得窒息；无心于派系利益的纷争，却因对政治风候的反应迟钝被迫卷入党争旋涡；将爱情视为黯淡生命中的一抹明艳，爱情却成了生命中最悲情的叹息。身世是悲剧的，经历是凄凉的，爱情是落寞的，心境是绝望的，李商隐却在其短暂不如意的人生中，创作出了诸多文辞清丽而又意韵幽深的诗篇。那些在权力场中无限风光的人如今早已湮没在历史的灰飞烟灭中了，玉谿生却成就了不朽与恒久，成功与失败之间又有什么样清晰的界定呢？

欲问孤鸿向何处，不知身世自悠悠

李商隐的若干世之前的先祖是李唐王室的旁枝末叶，然而传至李商隐时家境早已衰微不堪了，祖辈几代官职不过县令，父辈也只是地方的小官吏，并辗转幕府谋生。义山幼时跟随父亲漂泊江浙，本来应该是在父亲温暖的怀抱中享受关爱的年龄，父亲却离开了人世。他随母还乡中原，江南成了童年的记忆。

他在《上崔华州书》中自谓：“五岁诵经书，七年弄笔砚。”回乡后跟随“味醇道正，词古义奥”的堂叔受经习文，练就得文采斐然。文宗大和三年（公元 829 年）移居洛阳，结识了白居易、令狐楚等前辈。白居易一直非常欣赏李商隐，他懂得李商隐的价值，他甚至希望来世可做李商隐的儿子，李商隐后来得子小名也就唤作“白老”，只可惜“白老”智商平平，才情平平。令狐楚更是对李商隐的才华赞叹不已，让他和自己的公子令狐绹一起，亲授骈俪章奏之学，予以他经济上的资助，后来又聘请他幕府做巡官。令狐楚不仅对他有知遇之恩,而且还更像一位父亲一样的角色引导着他的成长。他对令狐楚也甚为感激,他认为令狐楚的教导比功名更有意义。

大和六年(公元832年)二月,令狐楚任河东节度使,李商隐随之入太原幕府。大和七年(公元833年)六月,令狐楚调任京职为吏部尚书,李商隐返乡,学道玉阳山。在这里,他和一位娇艳的女子相爱了,这是他付出了全部身心的初恋,相爱却不能长相守,在他的生命中留下了永远的烙印,也留下了持久的伤痛。

这时的他毕竟还是年轻,年轻的好处在于还有幻想,功名排山倒海的诱惑力毕竟还存在着。开成二年(公元837年),他又一次上京应试了,这一年,恰巧的是礼部侍郎高锴为主考,令狐绹为左补缺。高锴向令狐绹询问:"八郎之友,谁最善?"令狐绹说了三次"李商隐",李商隐也借此金榜终有名。不幸的是,如李商隐父亲一般的令狐楚也在这一年病逝。进士及第本来应该成为李商隐命运的转折,为他提供了一个才华可能被施展的平台;然而令狐楚的故去更是他命运的转折:如果令狐楚还在,那么李商隐后面的尴尬境遇也许可以避免,李商隐的悲剧命运也许会有稍许的改观,然而历史已经不能重新书写了。

开成三年(公元838年),泾原节度使王茂元聘请李商隐入幕,李商隐答应了。由于欣赏李商隐的才华,再加上进士及第的文人被时人视为前途无量,王茂元将妾生之女嫁与李商隐。一个是家族孤寒却被看好的青年才俊,一个虽是地方长官之女但系庶出,这门婚姻李商隐不能算是高攀的。王氏之所以在研究李商隐的生平中那么显眼,除了李商隐为其制作的一些悼亡诗之外,最大的缘由就是因为她使得李商隐在不经意间触犯了党争的禁忌,政治性因素占了很大比重。李商隐在王氏之前已经经历过一场生死离别的爱情,李商隐虽未能够明媒正娶那位女子,但那位女子在他心目中已经是自己的第一位妻子了,"曾经沧海难为水,除却巫山不是云。"王氏应该是长相还可以,年纪较李商隐年轻不少,通情达理,还为他生下了一双儿女,又及早地离开了人世。日久是会生情的,敏感而又善良的李商隐,从来没有抱怨过这段将他的政治前途宣判为死刑的婚姻。

从文宗开成三年(公元838年)到武宗会昌六年(公元846年),是他牵涉到牛李党争的一段时期。当时党争尖锐,旧幕主令狐楚与其公子令狐绹属牛党,皆有恩于李商隐;而李商隐再次入幕的王茂元却被视为是李党的。也就是说,作为令狐门人身份的李商隐又与王氏结为姻亲,他也自然被视为"背恩""无行"之徒。进士及第后还需经过吏部考试方能授予官职,当他去考博学宏词科的时候,本来是已被录取了的,但在吏部报中书省复查时他的名字又被删去了,理由是"此人不堪"。

武宗时代李德裕为相,李党得势,宣宗即位之后,李党屡遭贬谪,牛李党争也随着李党首领李德裕被贬崖州、死于寓所而告终结。宣宗大中二年(公元848年),令狐绹知制诰,为翰林学士;四年,令狐绹任宰相;五年,令狐绹兼礼部尚书。李商隐屡次向他陈情,表白立场,希望得到援引,但令狐绹"以商隐背恩,尤恶其无行"。在宣宗大中年间,李商隐在三次离家远游做幕僚中度过了生命的最后十几年。大中元年到二年间入桂林郑亚幕;大中三年至五年春入徐州卢弘止幕;大中五年冬到十年在四川梓州柳仲郢幕府。大中十二年(公元858年),李商隐因病去职回归故里。

他沉沦幕僚,他奔波宦海;他真诚永毅,但他无能为力;他满腹的理想才情,换取的是穷愁潦倒的生命哀音;他"笑啼俱不敢,几欲是吞声";他官不挂朝籍,进士释褐,两为俗吏,三入幕府,陈情依人。

最终,或是在大中十二年(公元858年)岁末,抑或是在十三年(公元859年)年初,李商隐寂寞地死去,带着他的半世怅惘与一生遗恨。

"虚负凌云万丈才,一生襟抱未曾开",崔珏用他这广为流传和征引的诗句注解了李商隐悲苦而短暂的生命。

不久,大中十三年(公元859年)十二月裘甫反唐,中和四年(公元884年)黄巢义军被镇压,大规模的农民起义先后长达25年之久。

公元907年即唐哀帝天祐四年,唐亡,国祚275年,结束了它曾经脆弱的辉煌和经由粉饰的太平。

鸡声茅店月,人迹板桥霜

李商隐的诗中有很大一部分,反映了下层民众贫彻骨的生存现状和矛盾丛生、危机四伏的社会现实。尤其是现身说法,通过对自己身世境遇的慨叹,深刻地揭示出当时整个知识分子阶层的精神苦闷和心灵上的悲愤,从而传递出荒凉清冷的晚唐气息。

他在抨击时弊的同时表达出了深广的忧愤,从《杜工部蜀中离席》、《行次西郊作一百韵》、《淮阳路》、《汉南书事》等诗歌中可以明显地看到杜甫的影子。其五

言古诗《行次西郊作一百韵》在主题风格方面,直可与杜甫的《北征》相匹比。他展示了一幅令人触目惊心的画面:

高田长槲枥,下田长荆榛。

农具弃道旁,饥牛死空墩。

依依过村落,十室无一存。

存者背面啼,无衣可迎宾。

京郊农村是何等的凋敝荒芜,农民生活是何等的凄惨悲苦。敏锐地触及了宦官专权、藩镇割据、民生疾苦、盗贼横行等社会问题,他还深刻地警示出官逼民反的现状,提出治乱"系人不系天"的进步观点。

他揭露统治者的骄奢淫逸和昏聩庸弱时,无情辛辣的嘲讽直指帝王。如《骊山有感》、《马嵬二首》、《华清宫》等直接讽刺批评了唐玄宗;《富平少侯》和《陈后宫》等讽喻唐敬宗的荒嬉无知;《华岳下题西王母庙》谴责了唐武宗的求仙行径:

神仙有分岂关情,八马虚随落日行。

莫恨名姬中夜没,君王犹自不长生。

他痛恨藩镇割据的状态和朝廷对藩镇姑息纵容的态度,他在反对藩镇叛乱时义正词严,与此同时他不遗余力地歌颂平叛英雄。《随师东》虽为少作,却也显出了作者的不凡气度:"东征日调万黄金,几竭中原买斗心。"他在《韩碑》中赞扬了中兴贤相裴度,在《复京》中称赞李晟将军。他在甘露之变后以饱含悲愤的心情写下了《有感二首》、《重有感》等诗作,展示了各方力量之间的错综复杂的矛盾与斗争,表达了"安危须共主君忧"的愿望。他还更进一步探析兴亡的缘由,思索治乱之关键,总结出勤俭兴邦、奢逸亡国的历史教训:"历览前贤国与家,成由勤俭破由奢。"(《咏史》)

现实是无情的,苦难是沉重的,情感的压抑,理想的落空,脆弱的个体在无助中寻求心灵最佳的避难所,义山向佛便不在意料之外了。他在与佛僧酬唱中讴歌自然之性灵、寄托自己的心绪。在《别智玄法师》中,他感叹"东西南北皆垂泪"。《奉寄安国大师兼简子蒙》在"忆奉莲花座,兼闻贝叶经"的背景下,抒发的是"日下徒推鹤,天涯正对萤"的情怀。《高松》更是别有一番俗人不及之雅致:"高松出众木,伴我向天涯","有风传雅韵,无雪试幽姿"。《暮秋独游曲江》虽是一首悼亡之作,但"荷叶生时春恨生,荷叶枯时秋恨成"已经深深地浸染着禅宗的韵味了。

王安石这样高度赞赏地点评他:"唐人知学老杜而得其藩篱者,唯义山一人而已。"南宋葛立方在《韵语阳秋》中说:"(义山诗)富于才调,兼极雅丽,包蕴密致,演绎平畅,味无穷而炙愈出,钻弥坚而酌不竭,曲尽万变之态。”张采田曰“隐词诡寄”。刘熙载评论义山的风格时用了“深情绵邈”四个字。叶燮认为李商隐的诗“寄托深而措辞婉”。冯浩在为李商隐注解时说他“埋没意绪”。朱长孺指出了义山诗歌内容和用词方面的特色:“纤曲其旨,诞漫其词。”鲁迅的评价亦颇中肯綮:“玉谿生清词丽句,何敢比肩,而用典太多,则为我所不满。”

《幽居冬暮》是他的临终绝命诗:

羽翼摧残日,郊园寂寞时。
晓鸡惊树雪,寒鹜守冰池。
急景倏云暮,颓年寖已衰。
如何匡国分,不与夙心期。

自己已是衰暮颓年了,如同羽翼被摧折的鸟儿,再也无法展翅高飞了。幽居在寂寞的郊园,目触的景致是雪和冰,这是一个生命的严冬。时光疾驰,暮年已至,然而匡正国家仍是平素之心愿。这是与一个帝国休戚相关的冬天与日暮,只可惜了一位卑微知识分子徒劳地哀叹,这该是何等凄冷的感受和寂寞的心情?

春心莫共花争发,一寸相思一寸灰

在李商隐曾经学道的玉阳山,有两座道观:玉阳观和灵都观。李商隐住在玉阳观,灵都观里有一位年轻、美丽、聪慧、机敏、坚毅、歌舞兼擅的宋姓女子,她一顾倾人城,再顾倾人国。这一对璧人很快地相爱了,这是彼此的初恋,他们付出了自己全部的真诚与热情,这是无人能够取代的,也是至死不能忘记的。这位女子的身份原本是侍奉公主的宫女,公主入道为女贵主,她亦随公主入道成为女冠,就是女道士。这场刻骨铭心的爱情被视为不伦之恋,它既无视一切习俗礼教,又违背了道教戒律,因而它无论曾经怎样的轰轰烈烈,都将注定是一场悲剧。李商隐被逐出道观、赶下玉阳山;宋真人被迫堕掉腹中的胎儿,之后又被遣返回宫去做守陵宫女。

在《镜槛》一诗中,我们看到了这位面如芙蓉、纯如翡翠的女冠,她仪态优雅,精通音律,她的笑容妩媚可人,她的装扮楚楚动人,然而“五里无因雾,三秋只见河”,这位女子可望不可即,诗人不可遏抑地爱上了她。《闻歌》表达了诗人的爱慕与相思:“此声断肠非今日。”《日高》诗云:“轻身灭影何可望,粉蛾帖死屏风上。”

更进一步抒发了他心甘情愿为宋真人做出任何牺牲,哪怕付出生命也在所不惜。在《一片》中他终于鼓起勇气表白了:“人间桑海朝朝变,莫遣佳期更后期。”岁华流转,光阴易逝,我亲爱的人啊,不要辜负了这绚烂之极的青春,和我一起享受爱情的甜美与幸福吧。《嫦娥》用“碧海青天夜夜心”来暗示心上人:不要被那陈腐的教义教规锁住了自己的梦,不要把自己的真情尘封起来,更不要让世俗伦理道德的羁绊来扼杀我们自由的灵魂。《无题》诗中“云浆未饮结成冰”,年轻的李商隐饱尝相思之苦,情感处于饥渴状态。

他们相会了,却来去匆匆。破晓的钟声已经敲响,你不得不返回道观,你一定是倚着墙边的那株梅树,微笑着回味昨晚的幽欢缠绵,又微笑地等待我们再次相聚。“曾省惊眠闻雨过,不知迷路为花开。”(《中元作》)我们无法结为人们所认可的“合法”夫妻,我们只有在梦中相见,然而好梦易碎,爱情的路怎么如此艰难而遥远。《咏云》又是一场欢聚之后的伤感的清晨离别。再来看看诗人的《碧城三首》。我们抬头见到的是星沉海底的窗外,当云雨飘过银河,我们隔河相望。你如那晶莹剔透的露珠,太阳出来你就要离去,我多么希望你能像珍珠一样,我可以不分昼夜地将你珍藏,挚爱一生永不分离。我在寂寞中回忆我们曾经拥有过的无限热烈忘情的欢爱,爱情的结晶也随着“检与神方”而失去。在《圣女祠》中他追问:你何时才能再回到我的怀中?《寄远》一诗向世人宣告了他们爱情的永恒,无论沧海桑田如何巨变,也不能阻止他们彼此间的情深意切。那首名垂千古的《无题》诗出现了,“春蚕到死丝方尽,蜡炬成灰泪始干。”我们将永远相爱,此情永不移。

《重过圣女祠》时已是“一春梦雨常飘瓦,尽日灵风不满旗”的寂寥凄冷景象了,曾经恋人的身影依然如在眼前。诗人晚年在长安与宋华阳重逢,他回首过往,又写下了多首无题诗,“一寸相思一寸灰”,是经历过怎样的情感的人才会发出的哀艳与悲伤。无论怎样,“此情可待成追忆,只是当时已惘然”(《锦瑟》),这便是结局了。

李商隐是一位纯粹的诗人,他将他一切情感和精神的世界都寄寓给了诗。他站在晚唐暗沉的暮色里,他热爱真实温暖的生活,但现实给他的是咀嚼不尽的酸楚与孤寂。他悲伤着,隐忍着泪水,孤独地行走在人间,他的诗里是零落的梦想,是疼痛的相思,在精致的艺术世界中,他感动着世人。

李煜:人生长恨水长东

李煜,世称南唐后主,被称为“词中之帝”。大概既因为他是帝王,也是因为“词至李后主而眼界始大,感慨遂深,遂变伶工之词而为士大夫之词”。

然而,除了词中之帝外,后主万人之上的帝王的身份,却似乎从未给他好运。欧阳修有云:“世谓诗人少达而多穷,夫岂然哉!盖世所传诗者,多出于古穷人之辞也……盖愈穷则愈工。然则非诗之能穷人,殆穷者而后工也。”(《梅圣俞诗集序》)古之帝王而命蹇时乖如后主者鲜矣,为帝王而命蹇时乖而又工诗词者,可谓千古一人,可叹可鄙,又令人怜惜,怜惜一位帝王,似乎是一件说来可笑的事情,然后,李煜词,总是让人觉得可怜,可爱又可怜,因为他的身世,更因为他的文字。

生于深宫之中,长于妇人之手

中国历史上所有的割据政权中,南唐是独一无二的存在。南唐得国后,烈祖李昪以保境安民的基本国策,造就了江淮地区的和平安定和经济繁荣。除了担忧那日益逼近的中原军队的脚步,南唐基本上是一个最适宜生活的地方。

南唐又是一个艺术的王朝,“儒衣书服盛于南唐”(《南唐书·卷十三儒者传论》)、“北土士人闻风至者无虚日”(《十国春秋·卷一五烈祖本纪》)。这样的文化氛围很大程度上来自于“上有所好”。南唐君臣在沉溺声色上也许与其他割据政权如西蜀相类,但南唐君臣的文化修养普遍较高。国学大师王国维曾评价南唐重臣冯延巳之词:“虽不失五代风格,而堂庑特大”(《人间词话》),而南唐中主李璟之词更是被公认较之冯延巳所表现的恍然自失,更具庄严意味。这样的氛围中成长起来的李煜具备了极高的艺术修养和造诣也真称得上是“渊源有自”了。

李煜的生活很有限——“生于深宫之中,长于妇人之手”。连《红楼梦》里贾府这样中等贵族之家的子孙都“只知道享福,哪里知道爷爷和老子受的那苦恼……”,何况帝王家!绝顶优越的生活条件决定了李煜与现实人间的绝缘。因为智商的原因,他没有闹出晋惠帝那“何不食肉糜”的笑话,又因为天赋的原因,他乐与琴棋书画为伍,对艺术极有领悟。这些也许是成就日后成为文学家李煜的必备因素,但对于他的帝王一道却是无所裨益。

《新五代史》中说后主李煜“为人仁孝,善属文,工书画”,一个多才多艺的文人形象。虽说也有“性骄侈,好声色,又喜浮图,为高谈,不恤政事”的描述,但作为帝王,所谓骄奢声色,其实也是分内之事。如果不是南唐在李煜手上亡了国,骄奢声色即使被拿出来说事,也会冠上“生活趣味”的美饰。

亡国,与李煜的不恤政事有关,却也有着大势所趋的必然性。据史书记载:时局的日渐明朗,让当时一些名人如韩熙载,“认为中原王朝一直对江南虎视眈眈,一旦真命天子出现,我们连弃甲的时间都没有了。在这种情况下,我如何能够接受拜相,成为千古之笑谈?”索性纵情声色,以速寿终。

然而实在的,成为国主也并非李煜的本意。李煜曾自言“思追巢(父)许(由)之余尘,远慕(伯)夷(叔)齐之高义”①,李煜的想法是天真的,向往着自由与自然,希求的是充满田园风味、怡然自乐的渔父生活。可是在叔父与哥哥那同归于尽式的争夺后,他便成为风雨飘摇的唐王朝唯一可选的继承人,李煜被强拉着坐上南唐最后一任皇帝的位置。这种戏剧化的转变,与李煜于治国之道一无所知的现实,共同构成了未来更大的悲剧。

如孩子一般纯净的眼中看不到政治的倾轧和局势的诡谲,有着艺术梦幻的人也没有资格与有着“卧榻之侧,岂容他人鼾睡”霸气的赵匡胤对垒。

开宝八年(公元975年)十一月,南唐亡。

做个才人真绝代,可怜薄命做君王

“违命侯”这个爵位不独独是来自赵宋王朝的嘲讽,更是命运的安排。终李煜

① 出自李煜《即位上宋太祖表》。意为:当君王并不是自己本来的志愿,自己的理想只是追步巢父、许由的后尘,做一个像伯夷、叔齐式的隐士。

一生,命运所赐予他的从来都不是他所想要的。如果说怀才不遇是落拓文人埋怨命运的理由,那李煜又何尝不是一个类似的悲情人物。

从存世文献上来看,李煜没有抱怨过被皇冠砸中的"厄运",或者说抱怨了也没有可能为人所知、所懂。毕竟,世俗的标准在那里。世俗的观点总是不离利益得失的范畴。因此民间向来传说宋徽宗是李煜转世,亡宋以报南唐亡国之恨。佛经重因果,世俗重报应。看看李煜的词,就知道即使真有因果,李煜也无心为之。

百家讲坛里赵晓岚教授在对李煜进行点评时引用过佛经里的一个故事:"传说佛祖的前身之一尸毗王在修行的时候,一只鸽子为了逃避鹰的追逐,飞到他的腋下请求保护。可是鹰说,我也是一条生命啊,你救了它,我就得饿死。怎么办呢?尸毗王说,我割自己的肉喂你吧。鹰说,那好,可你割的肉必须和鸽子的重量相等。尸毗王答应了,可他没料到,他割尽了身上的肉还是抵不上一只鸽子的重量。于是,他竭尽全力将自己整个人压上了那个天平。这一下子,大地震动,天女散花,芳香满路,而将死的他也重新获得了生命。原来,这是天神为了试探他行善的诚心,而特意设的一个局。"

赵教授认为李煜是个虔诚的佛教徒,对于这个故事肯定不陌生。对于李煜,命运其实也为他设了一个局,它让这个有着孩子般纯真心灵的人去品尝国破家亡的巨大痛苦,在接受无数次的精神折磨后又被极端凶残地夺走了生命。这像极了佛祖,用自己一块块鲜血淋漓的肉去喂命运派来的那只饥饿的鹰,直到献出整个生命。所有的这些痛苦都成了李煜的艺术养料,成就了李煜词作那独特的艺术魅力,也让他在词的世界里获得了新的生命。这是对"作个才人真绝代,可怜薄命作君王"(《东坡志林》)的李煜最中肯的评价。

《破阵子》

四十年来家国,三千里地山河。凤阁龙楼连霄汉,玉树琼枝作烟萝,几曾识干戈?

一旦归为臣虏,沈腰潘鬓消磨。最是仓皇辞庙日,教坊犹奏别离歌,垂泪对宫娥。

这首词遭到了后世人的普遍指责,苏东坡就说得非常清楚:"后主既为樊若水所卖,举国与人。故当恸哭于九庙之外,谢其民而后行。顾乃挥泪宫娥,听教坊离曲哉。"(《东坡志林》)苏轼责怪李煜离开金陵时应该向其国民谢罪,而不是"垂泪对宫娥"。这一观点写出了大众期待里对帝王的想象,而日后的崇祯皇帝亡国之际也正是这样做的。然而对宫娥垂泪的李煜才是那个才子词人的李煜,才符合生活的以及艺术的真实。当代学者叶嘉莹也说李煜“没有节制没有反思”,诚然!然若真能幡然悔悟,恐怕也不成其为李煜了。正因为没有反省,他才会当着来访者直言不讳当初“悔不该杀潘佑李平”,才会以“阶下囚”的身份还要在七夕节作词唱曲,终于招来杀身之祸。

悲欢一例付歌吟,乐即沉酣痛亦深

李煜流传下来的词只有30多首,一般又被习惯性地分为前、后期两段。前期写美梦沉酣,后期写亡国破家,李煜前后期之词只是在题材内容上有所不同,其本质特点却是一以贯之,那就是“真”。

李煜前期作品多写男女情爱与宫廷奢靡生活,在之前常常招致批评。然而,今天的人们已经能够客观理性地看待文学作品,对于摹写宫廷生活的作品也有了公论:“帝王在妃嫔成群的后宫中私生活是否严肃,实在不是一个值得讨论的问题”,“应当承认单纯表现是文学中可以而且应该存在的内容”,文学不必定要“伴随一个或真实或仅作为虚饰的道德性主题”(章培恒、骆玉明《中国文学史》)。

但就文学的艺术性而言,李煜的宫中行乐词已经高出同侪许多:

红日已高三丈透,金炉次第添香兽,红锦地衣随步皱。

佳人舞点金钗溜,酒恶时拈花蕊嗅。别殿遥闻箫鼓奏。

此词纯写皇室夜以继日的寻欢作乐,定要上纲上线说是帝王的腐糜沉溺似乎也说得过去,然而以情理推测,奢华靡丽对于帝王早已是见惯不怪,既不以为贵,也不必假撇清。从文字所营造的画面来看,佳人舞动,金钗滑落,喝酒至心中作恶,便信手拈花来嗅,心中稍觉清明,单看这些画面,与曹雪芹笔下“史湘云醉眠芍药茵”又有什么本质的不同呢?缘何曹公笔下湘云眠芍博得一片赞誉,李煜之词却被低看?被低看的应该是王衍的那首词:“这边走,那边走,只是寻花问柳。那边走,这边走,莫厌金杯酒。”同样是亡国之主,王衍的文字里只是永无餍足的喜欢、纯粹的感官追求。而李煜的笔下,写醉舞的娇态,没有猥亵的赏玩,有的是对技艺的赞美和拈花醒酒的体贴。

对于美好的事物,李煜不仅仅有赞赏与投入,更有珍惜和感悟:

菩萨蛮

铜簧韵脆锵寒竹,新声慢奏移纤玉。眼色暗相勾,秋波横欲流。

雨云深绣户,未便谐衷素。宴罢又成空,魂迷春梦中。

一句“宴罢又成空,魂迷春梦中”,可以看出这不是荒芜的灵魂进行自我麻痹的放纵,而是作者以他那天生的艺术敏感,在极度的欢乐中于刹那间看到了生命的底色的悲伤,却又兀自“魂迷春梦”,眷恋那转瞬即逝的微温用来与冰冷的现实做无奈的抗争。也正是因为这份敏悟始终都在,亡国后的作品才可以“感慨遂深”,这不是突然拔高,而是有迹可循。

作者写宫廷享乐,不掩饰自己的喜爱与陶醉,也不加半点掩饰与装点:

菩萨蛮

花明月黯笼轻雾,今朝好向郎边去。刬袜步香阶,手提金缕鞋。

画堂南畔见,一向偎人颤。奴为出来难,教郎恣意怜。

据说此词是李煜在大周后生病时,与妻妹偷情之作。其语句是那样的冶艳旖旎,又直白热烈,直与《花间集》里那句著名的艳词“须作一生拚,尽君今日欢”相颉颃。

用现在的观点看来无疑这是生命意识的体现,然而在李煜和花间词的时代,“生命意识”的概念恐怕并不存在。这种没有意识的体现也许正是王国维所说的“词人者”应该“不失其本真之心”的“真”。也即叶嘉莹所说是“一种则可能是未经琢磨的本质的‘真’”,这种“真”是“为人君所短处,亦即为词人所长处”。李煜的笔下,有的是“真”的情感,完全看不到教化的影响。据说此词流播,当时文官大臣对李煜的偷情颇有讽刺,然而李煜泰然处之——本来李煜所追求的就不是“天子万年”。

因为“真”,所以“缺少反省,缺少节制”。所谓“悲欢一例付歌吟,乐即沉酣痛亦深”,李煜在词中一任真实情感倾泻,而较少有理性的节制。尤其是后期,当欢乐一去不再,处境更加逼仄时,生命便以其最本真的状态凸现出来。

李煜有《相见欢》词两首,都为名作:

无言独上西楼,月如钩,寂寞梧桐深院锁清秋。剪不断,理还乱,是离愁,别有一番滋味在心头。

林花谢了春红,太匆匆,无奈朝来寒雨晚来风。胭脂泪,相留醉,几时重,自是人生长恨水长东。

“相见欢”这个词牌名,还有另外一个名字:乌夜啼。只是这一名目,就有欢极生悲之感,而人生的起起落落,哀伤与欢悦,又怎能说得完,讲得清?

后人评道:“此词最凄婉,所谓‘亡国之音哀以思’。”事实上,李煜此词早已超越亡国的范畴，无论是“林花谢了春红”，还是“人生长恨水长东”，道破的是普遍人生的无限苍凉。“谢了”的岂止林花，也不独南唐，是所有美好的物事。后主“用最简短的小词写尽宇宙之间有生之物生命的短暂无常和生命的挫伤苦难共有的悲哀”（叶嘉莹《迦陵论词丛稿》）。王国维所说：“后主则俨有释迦、基督担荷人类罪恶之意其大小固不同矣。”“佛祖”这顶帽子太大，用来也许稍显过誉。但对比同样写亡国悲哀的宋徽宗的《燕山亭》，虽也曲尽其情。然“道君不过自道身世之感”，李煜却从对一己人生的反省、思索中，展开了对人类命运的思索。这样的求索已有释迦之风，也是身为亡国之君的李煜实现对自我的彻底的救赎。

救赎来自于“赤子之心”。因为是“赤子”，所以不必多阅世。因为“阅世愈浅，则性情愈真”，于是很容易地跨越现实的褊狭而上升到哲理的境界，由一己之悲苦出发从而感受众生的哀痛。

春花秋月何时了，往事知多少。小楼昨夜又东风，故国不堪回首月明中。

雕阑玉砌应犹在，只是朱颜改。问君能有几多愁，恰是一江春水向东流。

写出了人类的“无常之共感”。春花、秋月、小楼、东风，是最常见的几个意象、最普通的词语，轻易地就流进人们灵魂的深处，这种艺术魅力也是从这份共鸣上而来的吧。

所谓“最美丽的诗歌是最绝望的诗歌”①，李煜于七夕节唱作此词，引来宋太宗赐药毒死的传说，使得《虞美人》一词具备了“以血书者也”的力度。西方哲学家尼采说过，一切文学作品中，我最爱那些用鲜血写成的。然而李煜的“血书”在有些人看来却又是太过直白，意境太浅。然而“七情所至”，浅谈与深言，各是一般滋味在心头罢。

---

① 缪塞［法］“最美丽的诗歌是最绝望的诗歌，有些不朽的篇章是纯粹的眼泪。”

晏殊：富贵悠悠五十年，始终明哲保身全

中国古代文人中，如晏殊的情况是极为罕见的。文治极盛莫有与宋代可相比者，而宋代有如晏殊显达的身世者，又未必有晏殊般诗人的资质，而对于在这一切内外条件作用下所生成的《珠玉词》，我们不能不庆幸它的问世使得古典文学的花园里多了一株淡然的奇葩。

富贵悠悠五十年，始终明哲保身全

晏殊年少之时即被冠以神童之名，曾任宰相的张知白将其举荐于朝廷。晏殊被召至殿下，恰逢御试进士，太宗便令晏殊一同应考，《续资治通鉴长编》记载："殊属词敏赡，帝深叹赏。宰相寇准以殊江左人，欲抑之而进盖，帝曰：'朝廷取士，惟才是求，四海一家，岂限遐迩！如前代张九龄辈，何尝以僻陋而弃置邪！'乃赐殊进士出身。"宰相寇准因晏殊是南方人而欲压低晏殊，宋真宗不同意，赐了晏殊进士出身。而皇帝以一代名相张九龄作比，参照日后来看真可谓是上上吉兆。

晏殊的成功，当然有"贵人"从中相助的因素，归根结底还是自己的真才实学与举止得体。据说皇帝曾"复召殊试诗、赋、论，殊具言赋题尝所私习，帝益爱其淳直。"晏殊不肯捡现成便宜，而是很诚实地请命新题。后太宗得知馆阁臣僚闲暇之时大都郊游宴饮，唯有晏殊兄弟俩在家读书。以其谨厚，使晏殊为东宫之官，晏殊得知此事，言于太宗曰："非臣不乐宴游，直以贫无可为，臣若有钱，亦须往。"

晏殊的耿直诚实不仅限于生活情状，据《宋史》载：宋真宗每遇棘手的事情，就写一个小纸条派人送给晏殊进行咨询，晏殊回复时把宋真宗原稿和答奏的纸张粘在一起，以示绝无外泄遗漏之虞。这样的谨慎干练，深谙政治之道。故而其仕途

是一路青云，从奉礼郎到集贤校理，从太子舍人到翰林学士，从枢密使到同中书门下平章事，位极人臣，执掌国事。其间，晏殊丧父、丧母，本该去官守丧，但两次都被"夺服起之"，而"夺情"①则是出于"被需要"。

晏殊一生仕途平稳，其间虽然也有过几次贬谪和"罢相"风波，但只是降职等轻微处罚，没有"伤筋动骨"的大摧折。至和二年(公元1055年)晏殊去世，享年65岁。张潮《幽梦影》中说："十岁为神童，二十、三十为才子，四十、五十为名臣，六十为神仙，可谓全人矣"。以此来看，于六旬上"仙逝"的晏殊颇为符合"全人"的标准。

而以时人的眼光来看，晏殊的口碑却是褒贬俱在。晏殊秉国之时，善于奖掖人才。《宋史》赞他："自五代以来，天下学校废，兴学自殊始。"宋代诸多名臣如范仲淹、孔道辅等都出其门下，韩琦、富弼、欧阳修、宋祁等人均被重用，以致有人在晏府庭前贴上一副对联："堂上葭莩推富范，门前桃李重欧苏。"而晏殊的小儿子晏几道很多年后尚骄傲地说："今政事堂中半吾家旧客。"然而欧阳修在对这位前辈兼座师的挽辞中写道："富贵优游五十年，始终明哲保身全。"虽是极为敬重，然亦可察觉隐隐不满。

站在金字塔的顶端的晏殊，其圆滑的作风是出于伴君如伴虎的谨慎还是出于秉国之钧的平衡，我们不得而知。再者，政治博弈的过程毕竟是局外人所无法体验和认知的。作为太平宰相的晏殊致力于维持和平，回避矛盾，至少也是一种执政艺术，也许不可理解，但至少存在合理。而就"明哲保身"一词而言，其原义本就是指明于事理的人不参与可能给自己带来危险的事。善于自保是褒义。到后来才多用来指生怕有损于自己，回避原则斗争的处世态度，带有了贬义。而人物与语言、与历史一样，通常是几多是非难辨的。

温润而秀洁，闲雅有情思

《四库全书》中评点晏殊曰："晏同叔赋性刚峻，而词语特婉丽。"确实，晏殊的

---

① 古时官员遭父母之丧，必须去职在家服三年之丧。但朝廷对大官要员，可命其不必去职，以素服办公，不参加吉礼；或守制尚未满期而应朝廷之召出而任职，古称"夺情"，亦称"夺服"。

脾气并不算好。曾有过外放时因一个歌妓随口唱的“千里伤行客”一词而大发雷霆,也有在玉清宫以朝笏撞折侍从的门牙的记载。但“词不可概人”(《蕙风词话》),晏殊的词风却是“温润秀洁,亦无其匹。”(王灼《漫鸡碧志》)

其温润秀洁的风格首先来自于其词多表现诗酒生活、闲情逸致。事实上这些内容原本就是士大夫皆愿涉足的领域,加之晏殊的时代,文人作词不免带有南唐五代之遗风。即以南唐宰相冯延巳而论,冯与晏殊有着相近的仕宦经历和艺术情趣,故作品的内容大致相同,而冯延巳生逢南唐衰危之际,其词情调感伤凄楚,而晏殊其词则“闲雅有情思”,这也是他得以成就为“北宋倚声家之祖”之处。

其名篇《浣溪沙》正是典范之作:

一曲新词酒一杯,去年天气旧亭台。夕阳西下几时回?

无可奈何花落去,似曾相识燕归来。小园香径独徘徊。

闻一多先生曾指出刘希夷《代悲白头翁》中:“年年岁岁花相似,岁岁年年人不同”一句“已从美的暂促性中认识了那玄学家所谓的‘永恒’——一个最缥缈,又最实在,令人惊喜,又令人震怖的存在。在它面前一切都变渺小了,暂忽了,一切都没有了”。晏殊的“无可奈何花落去”无疑也已“悟到宇宙意识”,但晏殊在红稀小径上看到的除了“花落水流红,闲愁万种”外,还有燕去燕来的自在从容。这份从容既是儒家“乐而不淫,哀而不伤”的中和之美的呈现,也体现了晏殊本人的气度。即使词情哀婉,也显得很有节制。

诗歌是缘情之作,而人之情感却有感性与理性之别,二者表现各异,但并非相敌对立,而是若水乳之交融于生命本体之中。在某些个体身上,如李后主,其感情纯粹至无任何节制,其作品如流水之一泻千里直指人心。然如晏殊般,于真情锐感面前仍不失风度与节制,宛如平湖镜面,偶起縠绉千叠,也是文学之摇曳系人心处所在。

节制并不会戕害情感,反而使情感得到圆融的观照,表现出明决的理性。

如《浣溪沙》一首:

一向年光有限身,等闲离别易销魂。酒筵歌席莫辞频,

满目山河空念远,落花风雨更伤春。不如怜取眼前人。

吴梅在《词学通论》中,格外欣赏这两句,认为较之“无可奈何花落去,似曾相识燕归来”的名句,“胜过十倍而人未知之。”对于时光和无常,与其作徒劳的伤感,不如转为珍惜当下,不致再生更多遗憾。“不如怜取眼前人”体现的是对既定悲剧试图超越的执着努力。

《珠玉词》中所表现的就是这样一种情中有思的意境，是交融了的理性与情感的同时涌现。当然，文学中所表现的哲理深思只宜于吟咏和感受，而并不宜于说明和辩论。

晏殊既以情思取胜，故即使偶有艳丽之作，也不流于轻倩、浮浅。如其名篇《破阵子》：

燕子来时新社，梨花落后清明。池上碧苔三四点，叶底黄鹂一两声，日长飞絮轻。

巧笑东邻女伴，采桑径里逢迎。疑怪昨宵春梦好，元是今朝斗草赢，笑从双脸生。

写春天、少女、采桑、斗草，纯粹的欢乐，纯粹的清洁。与《红楼梦》中"憨湘云醉眠芍药裀，呆香菱情解石榴裙"一回对比而看，一则含蓄蕴藉，一则铺叙婉曲，词体与小说各自的体制长处毕现。

晏殊很多词言及相思离情，从源流上来说，属于《花间》一脉，但格调要高出一筹。《花间》小词拟写女子情态往往带有情色意味，而晏殊词如"淡淡梳妆薄薄衣，天仙模样好容仪。旧欢前事入颦眉。闲役梦魂孤烛暗，恨无消息画帘垂。且留双泪说相思"。摹写女子的忧伤情态只是眉黛轻颦，珠泪盈盈，毫无失礼，却因典雅更堪怜爱。

"人别后，月圆时，信迟迟。心心念念，说尽无凭，只是相思。"写情思婉娈，十分纯净。

张舜民《画墁录》载有一则故事："柳三变既以词忤仁庙，吏部不放改官。三变不能堪，诣政府。晏公曰：'贤俊作曲子么？'三变曰：'只如相公亦作曲子。'公曰：'殊虽作曲子，不曾（一作会）道彩线慵拈伴伊坐。'柳遂退。"

也难怪晏殊不愿意把自己的词和柳词相提并论，相较于柳永笔下那"脱罗裳、恣情无限"的香艳，晏殊则是"虽作艳语，终有品格"。晏殊之词或因儿女之情而出，然而却并不为儿女之情所限。他的词中不重抒发爱慕思恋之情，而是由此引出一些对人生的思索，这样就使得词作本身意义上更上一层。

如《蝶恋花》一首：

槛菊愁烟兰泣露，罗幕轻寒，燕子双飞去。明月不谙离恨苦，斜光到晓穿朱户。

昨夜西风凋碧树，独上高楼，望尽天涯路。欲寄彩笺兼尺素，山长水阔知何处。

“昨夜西风凋碧树，独上高楼，望尽天涯路”三句被王国维在《人间词话》中称之为：“古今之成大事业、大学问者，必经过三种境界之第一境界也。”

然则王国维自己也承认“遽以此意解释诸词，恐晏、欧诸公所不许也。”的确，承接前文“明月”、“离恨”而来的这三句，晏殊其意未必是指成就何种事业。然这三句伤感迷离而不纤弱颓靡，一派高远寥廓的境界，足以用来譬喻大事业大名目。而“此等语皆非大词人不能道”。

写富贵而不鄙俗，淡淡情思与闲愁

晏殊自视颇高，其词集为《珠玉集》，自诩“珠圆玉润”，虽名不虚传，但也看出颇为自矜。

吴处厚《青箱杂记》载：“晏元献公……文章富贵，出于天然。尝览李庆孙《富贵曲》云‘轴装曲谱金书字，树记花名玉篆牌’，公曰：‘此乃乞儿相，未尝谙富贵者。故余每吟咏富贵，不言金玉锦绣，而惟说其气象。若楼台侧畔杨花过，帘幕中间燕子飞，梨花院落溶溶月，柳絮池塘淡淡风之类是也。‘故公自以此句语人曰：‘穷儿家有这景致也无？’。”

欧阳修《归田录》卷二记载：“晏元献公善评诗，尝曰：‘老觉腰金重，慵便玉枕凉’，未是富贵语，不如‘笙歌归院落，灯火下楼台’，此善言富贵者也。”

类似的记载足见晏殊对自己“富贵气象”的自得，这份自得似乎不能满足人们对诗人之“穷”的预期以及不能对“穷”寄以同情的快感。故而晏殊之词往往招致“富贵者的无病呻吟”的评价。

然而，富贵何辜？穷境固然可见君子操守，而“富”也可以“无骄”“有道”。“富与贵，是人之所欲也”，大可不必讳言之。而就创作而言，“穷”固可以砥砺人心，然“穷而后工”只是一种现象，若上升为绝对标准，则为成见。而富贵者的闲愁也不尽为虚妄。“公道世间唯白发，贵人头上不曾饶。”无常对人类的威胁，则是不分穷达与贵贱的。

而晏殊又确实是一个资质极高的诗人，他的敏锐的触感使得他能够察觉诗情画意里的各种伤感和美好。当然，由于环境的优裕，他的所思也不可能太过激烈，情感也不致浓烈至不可化开，故而抒发情思与闲愁也都表现出淡淡的味道。

就文学成就而言，“善言富贵者”也是成就之一，即如曹雪芹之《红楼梦》即以

“白玉为堂金作马”的贾府为背景展开了一幅胜于《金瓶梅》市井背景的画卷。晏殊词作里不重渲染锦衣玉食、雕梁画栋，只是通过刻画环境、起居场景以及人物的举止意态，写出一种情境，诚可谓“淡语有致者也”。（王世贞《艺苑卮言》）

晏殊词难得尤在写富贵而能不鄙俗：以晏殊集中那些应制唱酬之作而言，历来有题材狭窄、无聊庸俗的批评。然则文学作品最富吸引处恰在个性，能够真实生动地反映了特定人物特定的生活情趣，不同性情人物的欢乐和悲哀既已足矣，何必定要每个作家的创作都兼顾家国天下。——作为太平宰相的晏殊在他的场合里也应有着恰如其分的举止。

且与他人祝颂之作相比较而言，则晏殊仍有他的可喜之处。

晏殊的祝颂之词多写自然之景物，如其祝寿词之《蝶恋花》：“紫菊初生朱槿坠。月好风清，渐有中秋意。更漏乍长天似水，银屏展尽遥山翠。绣幕卷波香引穗。急管繁弦，共庆人间瑞。满酌玉杯萦舞袂，南春祝寿千千岁。”又如《拂霓裳》：“笑秋天，晚荷花缀露珠圆。风日好，数行新雁贴寒烟。银簧调脆管，琼柱拨清弦，捧觥船，一声声、齐唱太平年。”写夏荷秋菊，清新明丽。颂词只写良好祝愿而不带卑微乞怜之态。而佳节良日原本就是人生中值得欢乐的片段，又何可一概诋之为恶俗呢？

晏几道：哀筝一弄湘江水

他出身豪门享尽荣华富贵却看淡名利，他家道中落遭遇世间冷暖却狷介孤傲，他文才出众冠绝一时却风流自许。历经人事浮沉，几番悲欢离合，逝去的是岁月，永驻着却是人间真情。他骨子里流淌着高贵与浪漫的血，使他悠闲散步，一路挥洒，用尽心性情志。过尽沧海桑田，红尘往事，歌舞尽欢，但魂梦相依无法忘情，更加痴心难改。没有谁知道，晏几道一生幸福与悲伤的深浅，而所能记住的，只是他一生的风花雪月，和一卷浓挚深婉的《小山词》。

贵人暮子，落拓一生

晏几道，子叔原，号小山，北宋太平宰相晏殊幼子。显赫的家庭背景，使其少年不识愁滋味，风流倜傥，不谙世事。生于仕宦之家深谙官场之道，可狷介的秉性，使其不愿应付官场，自甘沉沦下位，一生只做过监颍昌许田镇、开封府推官等小吏，因此于家国并未立功立业的晏几道自然不能载入正史。而传世的作品亦不多，但他人的只言片语，一部《小山词》却使后人体味到一位至情至性的词人。

晏几道自幼潜心六艺，旁及百家，尤喜乐府，文才出众，深得其父同僚之喜爱。但贵为相门公子的晏几道，在嬉游玩弄文墨之余，沉浸诗酒歌舞，乐享奢华。青少年时期，晏几道除了读书，就是在好友沈廉叔、陈君龙家听歌饮酒，《小山词自序》中云："始时，沈十二廉叔、陈丰君龙家，有莲、鸿、苹、云，品清讴娱客。每得一解，即以草授诸儿。吾三人持酒听之，为一笑乐耳。"美酒佳肴，佳人相伴，填词赏曲，笑谈人生，这正是晏几道所追求的生活。《小山词》中有很多描写或追忆这种生活的词作，如"水调声长歌未了，掌中杯尽酒未消"。(《蝶恋花·碾玉钗头》)"高吟烂醉淮西月，诗酒相留、明月归舟，碧藕花中醉过秋。”(《采桑子》)“彩袖殷勤捧玉镬，当年拚却醉颜红。舞低杨柳楼心月，歌尽桃花扇底风。”(《鹤鸽天》)等等，都直接或间接地展现了其拥有“贵人暮子”的特殊身世所享受到的富贵奢华的生活状貌。

生活在这样的环境之中，难免会沾染些纨绔习气，并且也养成了晏几道心无羁绊、孤高自傲、天真狂放的性格。如同贾宝玉一样，不受世俗约束，生性高傲，漠视权贵，宁可整日混于脂粉堆中，也不愿借助父势迈进金銮殿，和朝臣一起畅谈国是。孤高自傲的心性，即便是当时翰林大学士苏轼亲自登门求见，晏几道也拒之门外，谢曰：“今日政事堂中半吾家旧客，亦未暇见也”。[①] 苏轼不仅是元祐文坛上的领军人物，而且在朝政上正受皇帝赏识，有很大的影响力。晏几道独不愿与其相见结识，想其一生，孤傲竟至此等程度，正是贵公子心态所致。

庆历八年(公元1048年)，皇帝的一次召见，晏几道应景地作词一首：

鹧鸪天·碧藕花开

碧藕花开水殿凉，万年枝外转红阳。升平歌管随天仗，祥瑞封章满御床。

金掌露，玉炉香，岁华方共圣恩长。皇州又奏圜扉静，十样宫眉捧寿筋。

歌咏太平盛世景象。黄升《花庵词选》为该词作注：“庆历中，开封府与棘寺同日奏狱空，仁宗于宫中宴乐，宣晏叔原作此，大称上意。”奉旨作词而受赏，也就足以证明他的才华了。想在朝堂之上，文武百官，见皇帝都如此赏识，又加其父的地位，怎能不对晏几道刮目相看？学而优则仕，在所有人都认为晏几道的仕途应该一帆风顺时，但历史及自身品性却使晏几道走上了一条令世人难以想象的道路。

其挚友黄庭坚的一篇《小山词序》中对他深刻而独到的记述：“晏叔原(晏几道字叔原)，临淄公(即其父晏殊)之暮子也。磊隗权奇，疏于顾忌；文章翰墨，自立规模。常欲轩轾人，而不受世之轻重。诸公虽称爱之，而又以小谨望之，遂陆沉于下位。……余尝论叔原固人英也；其痴处亦自绝。人爱叔原者皆愠而问其自，曰：‘仕宦连蹇而不能一傍贵人之门，是一痴也；论文自有体，不肯作一新进语，此又一痴也；费资千百万，家人寒饥，而面有孺子之色，此又一痴也；人皆负之而不恨，已信之终不疑其欺已，此又一痴也。’乃共以为然。”从此中也就能看到晏几道无所顾忌、天真狂放、孤芳自洁的个性。

曾经的逍遥自得到底只是繁花一梦。至和二年(公元1055年)，晏殊病逝。

---

① 夏承焘：《二晏年谱》，上海古籍出版社1979年版，第260页。

晏几道虽失去了父亲的庇佑，可晏家余势尚在，父亲为其留下巨额财产，可以供其“费资千百万”地挥霍，就这样，晏几道得以继续以纯真之心痴狂之态过着诗酒风流的生活。不到几年便家道中落，盛极而衰的境遇，独自面对生活才知世外的纷扰与复杂，正所谓“人情却似，飞絮悠扬，便逐春风去”（《梁州令》）。

经历一番人生起伏，可谓繁华看尽，曾经沉醉于诗酒风流之中，而今多了几分务实。晏几道出入仕途，参加科举考试，但他“论文自有体，不肯一作新进士语”，不肯学应付考试流行的官样文体，自然会屡试不中。谋得一小官职，却“仕宦连蹇而不能一傍贵人之门”，不愿讨好有权势的靠山以此来飞黄腾达，因此在仕宦之路上始终未平步青云。

即使这样，命运仍时时捉弄于他。一桩案子，却使不谙世事的晏几道蒙受了一场牢狱之灾。熙宁七年（公元 1074 年），郑侠上流民图获罪下狱，晏几道因与郑侠友善而受其牵连。《侯鲭录·卷四》记：“熙宁中，郑侠上书，事作下狱，悉治平时往还厚善者，晏几道叔原皆在数中。侠家搜得叔原与侠诗云：‘小白长红又满枝，筑球场外独支颐。春风自是人间客，主张繁华到几时。’”就是这首讽刺时政的词作使晏几道颇尝牢狱之苦，虽有惊无险，但此事却给晏几道带来了沉重的打击，从相门公子的人生之巅到被系入狱，饱尝世态炎凉之苦，而富贵与清贫的巨大反差使其发出“世事一场大梦，人生几度秋凉”（《西湖·黄州中秋》）的悲慨。政治上的尔虞我诈，人生如梦幻的感慨，曾经的意气风发也便是明日黄花了，他想看开，纵使不问世事也罢。在释放后的很长一段时间，晏几道继续过着流连于烟花柳巷，醉心歌酒，与友人诗作酬唱的出世生活。

元丰五年（公元 1082 年），晏氏出任“监颍昌许田镇”的低级官职，此时他已 45 岁。监颍昌府任期满后，晏几道又担任乾宁军通判，直到徽宗崇宁四年（公元 1105 年）才迁为开封府推官。任职不到一年，即乞免退居京师赐第。在退职之后，虽已步入花甲之年，但耿介孤傲的品性依然未变。据著名笔记《碧鸡漫志》记载：“蔡京重九冬至日，遣官求长短句，欣然为鹧鸪天‘九日悲欢不到心’云云；‘晓日迎长岁岁同云云，竟无一语及蔡者。”（蔡京：北宋权相、书法家）词中仅描写了富户过节的热闹场面，无一字提到蔡京，也没有任何巴结之意，试想晚年仍抱持孤傲的品性，可敬可佩。

晏几道继承了其父的才学与聪慧，却没有继承他父亲的功贵与气魄。晏殊一生平步青云，胸襟豁达，在文坛上享有极高的声誉。晏几道虽与父齐名，但在仕途上与其父相比，就显得胸无大志，终其一生“陆沉于下位”，这显然与他“不傍一贵人之门”,耿介孤傲、不为世俗所羁绊的性格紧密相连的。虽然家族的衰落,仕途的挫折,性格的耿介使其不能成就人生的不朽:立德、立功、立言。但种种磨难与不幸使他在诗词中不断抒发一己之情怀,寻找无愁无恨的境界与心灵家园的栖息地。

玉楼春

雕鞍好为莺花住。占取东城南陌路。尽教春风乱如云,莫管世情轻如絮。

古来多被虚名误。宁负虚名身莫负。劝君频入醉乡来,此是无愁无恨处。

好一个“宁负虚名身莫负”。晏几道一生“磊隗权奇,疏于顾忌”,是个心无城府的至诚君子。与人交往唯有“真诚”二字,黄庭坚说他“人百负之而不恨,己信人终不疑其欺己”,这可真是痴到了骨子里。以己之赤诚度人之真挚,剖肝沥胆,唯有性情极真极淳厚之人,方能如此。在经历落拓一生后,仍然有一颗赤子之心,命运又何以忍心欺他?

朝落暮开空自许,竟无人解知心苦

晏几道没有忧国忧民的胸襟,也没有“指点江山,激扬文字”的豪情。他原本身为相门公子的狷介孤傲在落魄之后亦难融于社会,索性躲进自己用回忆和梦境搭建的世界里,专心书写盛衰、今昔、悲欢、离合,种种物是人非、伤别怀悼之情之恨,使得晏几道在梦与醒之间难以自拔。

晏几道曾自序其《小山词》云:“补亡一编,补乐府之亡也。叔原往者浮沉酒中,病世之歌词,不足以析酲解愠……作五、七字语,期以自娱。……尝思感物之情,古今不易……始时沈十二廉叔、陈十君龙家,有莲、鸿、蘋、云,品清讴娱客。每得一解,即以草授诸儿。吾三人持酒听之,为一笑乐而已。而君龙疾废卧家,廉叔下世。昔之狂篇醉句,遂与两家歌儿酒使,俱流传于人间。……追惟往昔过从饮酒之人,或垅木已长,或病不偶。考其篇中所记悲欢合离之事,如幻如电,如昨梦前尘;但能掩卷怃然,感光阴之易迁,叹境缘之无实也!”

这篇序里说明了他填词的动机。他的一生犹如贾宝玉,生于富贵之家,性情纯真;不进庙堂,沉迷于诗酒歌舞。是一个“情痴情种”,而有情所生发的悲欢离合自然就构成了身为贵公子的一生。

昔日一起听歌赏舞的老友沈廉叔去世,陈君龙也因病卧家,而给晏几道带来无尽快乐和慰藉的歌女：莲、鸿、蘋、云也“流转人间”，无由再见。时光能改变一切，却改变不了那份深沉的感情，多情愈发深情，一片深情落空但终不悔改的痴心感人肺腑。所作《点绛唇》（花信来时）云：“天与多情，不与长相守。分飞后，泪痕和酒，占了双罗袖。”可说是他自己一生最贴切的写照。

纵览一卷《小山词》，那些美丽的歌女，曾引动了千百年来无数读者的向往。宋人王铚说过“叔原妙在得于妇人”（《默记》），诚如是也。词作中对恋人的执着与深情，离别之痛，刻骨铭心的相思之苦，即使在多年之后仍追忆不已。“相思”这个词，从来都是欲寄无从寄。可每个人，还是会为心中的相思寻找一个寄托。为消解现实人生中对恋人的苦苦思念及无法摆脱的孤独苦闷，在词中建立了一个超乎现实的审美的情感世界——梦境，从而使其词作“颇有就诗酒风流以自遣的有托而逃的意味”。① 如：《临江仙》：

梦后楼台高锁，酒醒帘幕低垂。去年春恨却来时。落花人独立，微雨燕双飞。

记得小蘋初见，两重心字罗衣。琵琶弦上说相思。当时明月在，曾照彩云归。

楼台高锁，帘幕低垂，曾经诗酒尽欢的时光已成过去。梦后酒醒，更感到格外的凄清寂寥。落花微雨的日子，燕子双飞，而愁人独立，两相对比令人惆怅不已。在记忆的画中，还能看到那年的风景：小蘋初见时的形象，琵琶美妙的乐声所传递的脉脉含情的情愫，知音听者也为之沉醉，一切的真情都在那明月的沐浴下而显得朦胧与优美。白居易诗云：“大都好物不坚牢，彩云易散琉璃脆”（《简简吟》）。如今之明月，犹当时之明月，可是，如今的人事情怀，已大异于当时了。梦后酒醒，明月依然，彩云安在？晏几道所追述的爱情，就是这一种虽“好”而易“脆”的让人无尽伤感的爱情。清冷寂寞之中仍旧是一种苦恋，一片痴情。

即使相隔天涯有幸与佳人重逢，在晏几道写来也异样的酸楚。

鹧鸪天

彩袖殷勤捧玉钟，当年拼却醉颜红。舞低杨柳楼心月，歌尽桃花扇底风。

从别后，忆相逢，几回魂梦与君同？今宵剩把银釭照，犹恐相逢是梦中。

当年欢聚，盛宴歌舞，豪饮千钟。别离后，因相思之深，魂牵梦绕。曾几何时，以为重逢只是一场无望的梦境，而今一次重逢，疑真为梦，一次一次地细看眼前的女子，生怕一眨眼，一切化为虚无。陈廷焯《词则·闲情集·卷一》曾评：“后半阙一片深情，低回往复，真不厌百回读也。言情之作，至斯已极。”

---

① 叶嘉莹：《唐宋词名家论稿》，河北教育出版社1997年版，第104页。

与佳人天各一方,相见无期,而在长久的等待之中,难免使词人产生一股幽怨之气:

蝶恋花

黄菊开时伤聚散,曾记花前,共说深深愿。重见金英人未见,相思一夜天涯远。

罗带同心闲结遍,带易成双,人恨成双晚。欲写彩笺书别怨,泪痕早已先书满。

去年花开与佳人共渡,而今花开只孤零一人。闲暇之时,绾同心结以寄托自己的思念。但可恨的是,同心结易绾,人却难以成双。欲想在彩笺上写下别离的幽怨,但上面早已是泪水点点。真可谓"一字一泪,一字一珠"(陈廷焯《词则》),金董解元在《西厢记诸宫调》中说:"莫道男儿心如铁,君不见满山红叶,尽是离人眼中血。"晏几道就是用自己全部的心血来书写别离的幽怨。

人生不如意者十之八九,常人尚且会愁怨不已,更何况是一位相门公子。无限愁绪难以消除,百般悲痛难以承受,唯有寄托于"酒"与"梦"。一部《小山词》,充满醉后的悲凉,梦中的幻灭。《小山词》中出现"酒"、"醉"和"梦"三字的频次相当,都是近60次。自古文人"何以解忧,唯有杜康",晏几道也不例外。昔日欢聚不再,满腔的愁绪,只好借酒舒之。"无计奈情何,且醉金杯酒"(《生查子·轻匀两脸花》);"归来紫陌东头,金钗换酒消愁"(《清平乐·波纹碧皱》);酒醉后愁绪的暂时缓解,心境的平和,也一再吸引着词人"劝君频入醉乡来,此是无愁无恨处"(《玉楼春·雕鞍好为》)。可是,往往事与愿违,借酒浇愁愁更愁。醉时的暂时解脱得到的却是清醒时的更加幽恨:"新酒又添残酒困,今春不减前春恨"(《蝶恋花》)明明知道酒不可能解愁,但这又有什么办法?"欲将沉醉换悲凉,清歌莫断肠"(《阮郎归·天边金掌》)万般无奈而聊作旷达的深沉苦楚蕴育其中。

晏几道在醉乡里寻求自我陶醉和解脱,然仍无法摆脱"愁"与"恨"。而对现实的幻灭感,使晏几道在词中编织了缤纷多姿的如梦如幻的世界。"梦魂惯得无拘检,又踏杨花过谢桥"(《鹧鸪天》);"别后除非,梦里时时得见伊"(《采桑子·秋来更觉》);"莫道后期无定,梦魂犹有相逢"(《清平乐·心期休问》)。在梦中词人超越现实的桎梏,实现现实中难以实现的期望与愉悦。但无论酒多酣、梦多好,总有醒来之时。梦醒时分,涌上心头的还是刻骨铭心的苦痛。"兰衾犹有旧时香,每到梦回珠泪满"(《木兰花》);"旧香残粉似当初,人情恨不如。一春犹有数行书,秋来书更疏。衾凤冷,枕鸳孤。愁肠待酒舒。梦魂纵有也成虚,那堪和梦无。"

(《阮郎归》)借着醉酒,做一场梦,希冀梦中相会,重温旧梦,可是梦境毕竟是虚幻的。梦醒时分,还是孤苦一人,更加怅然若失,但是总比没有这份期冀要好。最让人不能忍受的是,相思愁肠已百结,无奈无梦直到晓。梦虽虚幻,却能暂时寄托,连梦也失去的时候,那种不堪可想而知了。可以说,晏几道就是在这样沉溺于饱含痛苦的醉酒与梦幻之中不断品味、咀嚼自己的心伤。

无计消除的愁绪与幽恨,一生的痴狂、相思、别离铸就了一位"古之伤心人"的情感世界。昔日亲朋好友或"疾废下世",或弃之而去。"旧粉残香似当初,人情恨不如"(《阮郎归》),香虽旧,粉虽残,但犹如当初。物有情,人却无情。一己深情却换来对方的薄情寡义,世态炎凉伤透了词人的心。混迹官僚下层,历尽仕途风波。词人期待"未知谁解赏新音"(《虞美人》),但茫茫人海,知音难觅,无人赏识其才华,无人理解其痛苦。只落得"朝落暮开空自许,竟无人解知心苦"(《蝶恋花》)的哀叹。

小梅风韵最妖娆,铅华销尽见天真

黄庭坚评论《小山词》:"独嬉弄于乐府之余,而寓以诗人之句法。清壮顿挫,能动摇人心","寓以诗人句法"使《小山词》在词坛上别具风韵。

晏几道将诗句化入词中,使词作具有了一种独特的审美意蕴。如著名的《临江仙·梦后楼台高锁》中"落花人独立,微雨燕双飞"句,谭献《谭词评辨》卷一评这两句为"名句千古,不能有二"。然而,这"不能有二"的名句,偏偏是晏几道摘自五代诗人翁宏《春残》:"又是春残也,如何出翠帷?落花人独立,微雨燕双飞。寓目魂将断,经年梦亦非。那堪向愁夕,萧飒暮蝉辉。"本名不见经传的句子嵌入其词,达到了"点铁成金"的效果。这除了晏几道巧夺天工的艺术表现力之外,更因这两句既是暮春的物境,也恰似晏几道的心境,而且跟他当时的处境配合得天衣无缝。再如《鹧鸪天·彩袖殷勤》结句"今宵剩把银釭照,犹恐相逢是梦中"点化唐人《乍见翻疑录》诗意入词,而更觉似真似幻。《少年游·西楼别后》"飞鸿影里,捣衣砧外,总是玉关情"句,化用李白《子夜吴歌》"长安一片月,万户捣衣声。秋风吹不尽,总是玉关情"等等,这些诗句被化入词中不仅浑然无痕,而且更添新的情致与韵味。

诗言志,词缘情。晏几道"寓以诗人句法",以诗为词,不仅有诗的形式,更有

诗的内在品格:就是别有寄托。《小山词》中借闺情、花卉等寄寓他对世事与生命的感悟,潜气内转,感慨深沉。如《蝶恋花》:

笑艳秋莲生绿浦,红脸青腰,旧识凌波女。照影弄妆娇欲语,西风岂是繁华主。

可恨良辰天不与,才过斜阳,又是黄昏雨。朝落暮开空自许,竟无人解知心苦。

写花写人,不平之孤愤隐然流露于言外。又如《菩萨蛮》:

哀筝一弄湘江曲,声声写尽湘波绿。纤指十三弦,细将幽恨传。当筵秋水慢,玉柱斜飞雁,弹到断肠时,春山眉黛低。

筝声凄清而哀怨,"哀筝一弄",正是词人借历史的哀曲,于弦外寄寓自己悲愤的"恨声"。《阮郎归》中"人情恨不如"中对世态炎凉的喟叹。即使描写欢歌宴舞词作,也在盛衰今昔的比照中,笼罩着时时追忆感伤的氛围。《临江仙·长爱碧阑干影》:

长爱碧阑干影,芙蓉秋水开时。脸红凝露学娇啼。霞筋熏冷艳,云髻袅纤枝。

烟雨依前时候,霜丛如旧芳菲。与谁同醉采香归。去年花下客,今似蝶分飞。

昔日繁华快乐的光景、流连缠绵的爱情,而今劳燕分飞,人去楼空。盛衰今昔之感和凄凉的身世飘零之叹,就像主旋律一样,始终在他词作中挥之不去。

《小山词》中虽多为闺情词,但寄予更多的人生况味,写情浓艳但不轻浮,淡化色欲,其词也就自然高雅。著名诗词论者杨万里也说:"近世词人,闲情之靡,如伯有所赋,赵武所不得闻者,有过之而无不及焉,是为好色而不淫乎?唯晏叔原云:'落花人独立,微雨燕双飞。'可谓好色而不淫矣。"晏几道继承了《花间》的浓艳,而雅致更过之。内容上虽并未脱离晚唐、五代之藩篱,但就其所选取的意象而言,亦无非花、月、柳、莺、楼、金尊、玉盏等等酒筵常见之物和妆台、红笺、罗衣乃至眉黛、红颜等闺阁意象,比之《花间》而发展的是他注入了更多的审美内涵。盛世欢景的热烈渲染,他将我们带入的是那个"罗幕翠,锦筵红"的锦绣世界,然而一切却已是"如幻如电,如昨梦前尘"。韶光易逝,旧欢似梦,如今万事已成空。当时只道是寻常,而今却遍尝凄凉与悲痛之苦。繁花的图景下饱蘸人世沧桑的血泪,令世人为之伤怀。陈廷焯《白雨斋词话》卷七言道:"李后主、晏叔原皆非词中正声,而其词则无人不爱,以其情胜也。情不深而为词,虽雅不韵,何足感人。"陈氏论词以词之无邪为标准,后主、小晏皆工艳词因而"不正",但从词情的角度却给予了高度评价。晏几道之词正是以精致的情韵,动人的情怀来"动摇人心"的。

纵览一卷《小山词》,无论是写悲感,还是写欢情,都是真挚深情,感人肺腑。那情谊之浓、相思之苦、别离之痛无不震动人心。如果说读《淮海词》我们是为秦少游怀才不遇、身世挫折的遭际而感到不平和伤悼,那么读《小山词》则是纯然为晏几道骨子里的痴情和待人的真性而伤怀动容。晏几道用尽心性情志,一生多情,因其情的浓烈程度至深,他被称为"古之伤心人"。以性情作词,终使他人难以企及。王灼在《碧鸡漫志》卷二中评价晏几道:"叔原词如金陵王、谢子弟,秀气胜韵,得之天然,殆不可学。"所不可学者,并非作词的法则和功力,乃是晏几道如王、谢子弟的天然韶秀。晏几道自幼潜心六艺,旁及百家,文才出众。贵人暮子,落拓一生,但终不改耿介孤傲的品性。一生痴情,情到深处,郁结于心,难以释怀。这情虽有迹可寻,但意之所至,却得之天然的禀赋及亲身经历。无此,世人爱其词而学其韵则很难达到。

一念起,万水千山皆有情。一部苦情铸就的《小山词》,使人看到一个至情至性的晏几道。一份得之天然的真情,即使历经岁月的打磨,仍能一往情深,痴情难改。"有至情之人,才能有至情之文。"(鲁迅《守常全集题记》)正因此,晏几道以独特的艺术魅力赢得了众多词人的喜爱。

苏轼:乐天知命之天才

林语堂曾经评价苏轼“是个秉性难改的乐天派,是悲天悯人的道德家,是黎民百姓的好朋友,是散文作家,是新派的画家,是伟大的书法家,是酿酒的实验者,是工程师,是假道学的反对派,是瑜伽术的修炼者,是佛教徒,是士大夫,是皇帝的秘书,是饮酒成瘾者,是心肠慈悲的法官,是政治上的坚持己见者,是月下的漫步者,是诗人,是生性诙谐爱开玩笑的人。可是这些也许还不足以勾绘出苏东坡的全貌”。

苏轼的一生是那样的丰富,要绘出全貌谈何容易,我们姑且只作简笔勾勒。

问汝平生功业,黄州惠州儋州

苏轼与其父苏洵,其弟苏辙,并称“三苏”,父子文章尽皆盛行于世,以致民间有“眉山生三苏,草木尽皆枯”的说法。

苏轼幼承庭训,少负才名,“学通经史,属文日数千言”,弱冠应举,连场连捷,名动京城。当时的文章大家欧阳修即预感30年后将没有人会谈起自己,果然十年后人人都在谈苏东坡。苏轼的文笔无人可比,据说皇帝吃饭时如果突然停下,左右便知是在读苏轼的文章。苏轼很快就成为士子楷模,当时就有“苏文熟,吃羊肉;苏文生,吃菜羹”的说法,即作文只要按照苏文体例、文风,在社会上就比较吃得开,往往功名顺畅,自有羊肉可吃;反之就很吃不开,只有“吃菜羹”的份了。可见其知名度。

苏轼天资过人,后人称其“每事俱不十分用力”,然而却无所不精,“古文、书、画皆尔,词亦尔”。苏轼的书法,与黄庭坚、米芾、蔡襄并称为“宋四家”;苏轼亦擅长绘画,对以后“文人画”的发展奠定了一定的理论基础。其作品有《古木怪石图卷》、《潇湘竹石图卷》等;至于诗词成就更是不必多说。

按照正常的轨迹,苏轼的远大前程就在可望的将来。然而很快,一场自上而下、声势浩大的改革——熙宁变法全面展开。我们这里无意评价这场变法的是非得失,毕竟这更像是历史学家的工作。然而这场变法却彻底地改变了北宋王朝的面貌,也改变了很多人的命运,包括苏轼。

随着熙宁变法的深入,朝野迅速分裂成两派:新党和旧党。新党以王安石为首,旧党中则有司马光等人,争论的双方无论就道德还是智慧,都是堪称时代楷模的人物,因此他们的争执在最初还是能够秉持公心的。苏轼亦然。出于对新法施行中出现的问题的认识,他对新法的开展抱持疑虑态度。元丰二年(公元1079年),43岁的苏轼调任湖州知州,任上给皇帝上奏表这本是官员的例行公事,但苏轼笔端常带感情,即使官样文章,也难免有些个人色彩,由此被政敌大做文章,指责他“衔怨怀怒”,“指斥乘舆”,“包藏祸心”。除了政治歧见外,还有嫉妒,诚如苏辙所说,“东坡何罪? 独以名太高”。这年七月二十八日,苏轼被逮捕解往京师,这就是北宋著名的“乌台诗案”(乌台即御史台,因其上植柏树,终年有乌鸦栖息,故称乌台)。

所幸当敌人要置苏轼于死地的同时,救援活动也在同时进行着,朝中元老纷纷上书,有识之士如王安石,虽然也是苏轼的政敌却也上书皇帝:“安有圣世而杀才士乎?”在朝野的共同努力下,苏轼得以从轻发落,贬为黄州(今湖北黄冈)团练副使,本州安置。

当然,我们还要感谢那个时代:苏轼所生活的那个时代,虽不完美,却也相对完美。赵宋王朝可谓是“华夏民族之文化,历数千载之演进”而造极之世,早在太祖赵匡胤年间既已定下不杀士大夫的国策;就当时的朝廷而言,算是相对开明,士人究竟是尊崇气节的多,故而苏轼幸免于难。

虽然如此,但身为阶下之囚的苏东坡,其遭遇仍是难以想象的难堪,据当时一位同被关押的官员记载,一墙之隔的苏轼经常被“诟辱通宵”,几不忍闻。

乌台诗案是苏轼一生的转折点。苏轼晚年曾有一幅自画像,在为画作题诗,苏轼写道:身似不系之舟,心如死灰之木。问汝平生功业,黄州惠州儋州。黄州、惠州、儋州,此三地的确堪称苏轼宦海沉浮的一生中三个特殊的时期。

初贬黄州,苏轼在一封写给朋友的信中自言:“得罪以来,深自闭塞,扁舟草履,放浪山水间,与樵渔杂处,往往为醉人所推骂,辄自喜渐不为人识”,可见他精神上的极为困顿。为此苏轼多次到黄州城外的赤壁山游览，在经过与自己的心灵、与天地宇宙的对话后，苏轼写下了《赤壁赋》、《后赤壁赋》和《念奴娇·赤壁怀古》等千古名作。公事之余苏轼则亲自种田帮补生计，“东坡居士”的别号便是在这时起的。

哲宗即位后，高太后临朝听政，以王安石为首的新党被打压，苏轼被召还朝，连连升迁。然而苏轼对旧党执政的腐败现象亦有抨击。至此，苏轼是既不能容于新党，又不能见谅于旧党，因而再度自求外调。元祐四年(公元1089年)，苏轼知杭州。第二年率众疏浚西湖，后人名之曰“苏堤”。元祐八年高太后去世，新党再度执政，苏轼再次被贬至惠阳(今广东惠州市)。被流放的越来越远，苏轼的内心却越来越见从容，在惠州他写道：“日啖荔枝三百颗，不辞长作岭南人”。绍圣四年(公元1097年)年已62岁的苏轼被贬至儋州(今海南儋州市)。据说在宋朝，放逐海南是仅比满门抄斩罪轻一等的处罚。然而苏轼写道，“九死南荒吾不悔，兹游奇绝冠平生”，他在此办学堂，兴学风，海南从此破天荒有人进士及第。徽宗即位后大赦天下，苏轼于北归途中卒于常州(今属江苏)，享年65岁。

绝世才情著锦绣文章，豪放旷达揉婉约之美

苏轼的文学才能是全面的，尤其是苏词。苏轼突破了词为“艳科”的传统格局，从根本上改变了词史的发展方向。苏词既向内心的世界开拓，也朝外在的世界拓展。苏轼的词可谓是无事不可写，遵守词的音律规范而不为音律所拘，变化自如。时人称赞说东坡“豪放，不喜剪裁以就声律耳。试取东坡诸词歌之，曲终，觉天风海雨逼人”。苏轼之词以豪放著称，代表作有《念奴娇》“大江东去”一首，时人认为“须关西大汉，铜琵琶，铁绰板”，方能唱响。然而也能为婉约之辞，如《蝶恋花》“花褪残红青杏小”一首，缠绵旖旎，据说苏轼之妾朝云曾唱此曲，然“歌喉将啭，泪满衣襟”，盖“又伤春矣”；东坡又是旷达的，“竹杖芒鞋轻胜马，谁怕，一蓑烟雨任平生”之句语带双关，读来使人耳目为之一新，心胸为之一阔。即使是同一调子，苏轼也能谱出不同情怀，如《江城子》“密州出猎”一首直抒胸臆，有阳刚之美，而《江城子》“十年生死两茫茫”一首却是白描出柔肠寸断。

黄州时期，苏轼的创作攀上了高峰。其弟苏辙亦认为其兄之文在黄州之后已是众人“皆不能追逐”：

《念奴娇·赤壁怀古》一词前半部分高亢、开阔,豪放与才情皆具;后面虽感伤、沉郁又不失旷达蕴藉,此词可谓尽人皆知,至于苏轼所吟之黄州赤壁是否历史原址反而没有人认真计较了。

《前赤壁赋》亦是同年写就。文章骈散结合,不仅字字珠玑、名句如云,思想境界更是达到了一个新高度:"盖将自其变者而观之,则天地曾不能以一瞬;自其不变者而观之,则物与我皆无尽也,而又何羡乎?"文章最后以"东方即白"时的"喜而笑"为收稍,全文洗尽凡俗,却又不失情味。

《后赤壁赋》写于入冬之际,距《前赤壁赋》三个月,与《前赤壁赋》又有不同开篇谈到酒与鱼,后写江景"山高月小,水落石出",状物极妙。末尾记述自己梦中见鹤化为道士来与自己对答,有庄子梦蝴蝶的感觉,但又不渲染神秘、不强求哲理,反而是"揖笑从容"。

《夜游承天寺》很短,甚至还没有今天一条微博长,但文字清澈透明:"元丰六年十月十二日,夜,解衣欲睡,月色入户,欣然起行。念无与为乐者,遂至承天寺寻张怀民。怀民亦未寝,相与步于中庭。"有点王献之雪夜访戴的味道,但又比王献之幸运,因为有张怀民与之灵犀暗通,一起散步。接下来的文字更是令人惊艳:"庭下如积水空明,水中藻荇交横,盖竹柏影也。何夜无月?何处无竹柏?但少闲人如吾两人者耳。""积水空明"一比,水色与月光映照,文笔几臻"大象无形"的境界了。

苏轼的锦绣文字来自于其才思更得益于其性情。

初贬黄州时的苏轼,失意发诸于文字则是幽怨的:缺月挂疏桐,漏断人初静。时见幽人独往来,缥缈孤鸿影。惊起却回头,有恨无人省。拣尽寒枝不肯栖,寂寞沙洲冷。

在自嘲自解中苏轼逐渐开始自得其乐:夜饮东坡醒复醉,归来仿佛三更。家童鼻息已雷鸣。敲门都不应,倚杖听江声。长恨此身非我有,何时忘却营营!夜阑风静縠纹平。小舟从此逝,江海寄余生。虽然有"江海寄余生"之念,然而到底没走,倚杖听完江声便回到家里黑甜一觉,鼻鼾如雷。不忍去国远游,到底还是"爱君"吧?

最终苏轼不再锋芒毕露,却也不带颓丧:莫听穿林打叶声,何妨吟啸且徐行。竹杖芒鞋轻胜马,谁怕,一蓑烟雨任平生。料峭春风吹酒醒,微冷,山头斜照却相迎。回首向来萧瑟处,归去,也无风雨也无晴。此词前有注曰:"三月七日,沙湖道中遇雨,雨具先去,同行皆狼狈。余独不觉,已而遂晴,故作此词。"由"何妨"、"谁怕”、“任”等字眼里写出作者的高情逸姿,后人评价曰:“坦荡之怀,任天而动。……倚声能事尽之矣”(郑文焯《手批东坡乐府》)。

艰难苦恨化清风,雪飞炎海变清凉

苏东坡是一个纯粹的人。作为儒生,他不仅能在理论的高度上阐述治国的道理,在具体为政当中,也是知行合一,政绩突出。他的理念里没有利益,没有俗见,只有百姓的福祉,也因此被新、旧两党同时排挤。有这样一个故事:“东坡一日退朝,食罢。扪腹徐行,顾谓侍儿曰:‘汝辈且道是中有何物?’一婢遽曰:‘都是文章’,坡不以为然。又一人曰:‘满腹都是见识’。坡亦未以为当。至朝云,乃曰:‘学士一肚皮不入时宜。’坡捧腹大笑。”“不合时宜”却合乎正道,也正因此东坡每到一处流放地都能做足自己力所能及的事,造福一方。

苏轼是一个真实的人。他并不是神,他也会脆弱,甚至有自杀之念;他曾经下狱,承认莫须有的罪名,忍受非人的折磨。但他的心理是如此的健康。他走出牢房,解脱自己甚至解脱自己的敌人。从翰林学士降为政治流放犯,大起大落不能不使苏轼发出“人生如梦”的深深慨叹,苏轼接受佛教的虚无以释放愤懑、寻得解脱,但却又不像王维那样看破一切,济世的社会责任感使得他以更加积极的人生姿态演绎着自己的生命;苏轼的思想里也有禅宗的影子,然而他修禅却不灭情,只是多了几分“一蓑烟雨任平生”的达观潇洒;他吃遍美味、游遍胜地,有道家的享受主义,却又不追求虚无缥缈的长生不老;他的生命底色仍是儒家的积极进取,富有民胞物与的精神,但却没有儒生常见的酸腐和清高,而是与当地民众打成一片——儒释道在他的身上有着完美的融合。

这种融会贯通固然是豁达的天性使然,其实更多地来自于后天的修养。而苏轼的修养则典型地体现着宋代的文化精神。有宋一代之文化是士大夫文化、精英文化,是多元文化的构成格局。宋代士人常常是兼学者与官员、诗人于一体的多重身份,在思想领域亦普遍呈现出的“三教合一”的特点,这些都使得宋代的文学呈现出深思的气质和内省的格局。而苏轼的人生态度则典型地体现出这种思考的高度,他树立的这种人生范式“可以通向既坚持操守又全生养性的人生境界”,所以苏轼其人能处变不惊,无往而不可,而后世的士人也追慕不已。尤其是随着封建社会走向末季,士人所遭遇的困境更深。而跳出封建时代的社会格局来看,今天的人们又何尝没有类似的精神困境。个体居于群体之中，何尝能够真正忘却营营，且农耕文明已经随风而逝，连出世也不可得。

生活的磨难并未将苏轼的精神碾成碎片，相反的，他的性格更为丰富，生命更加饱满。他不怨天、不尤人，不自弃也不苛己，偶作“拣尽寒枝不可栖，寂寞沙洲冷”的清高，很快也就有“人生到处知何似？应似飞鸿踏雪泥”的豁然开朗，于是玩笑式的吼一嗓子“小舟从此过，江海寄余生”，更多的时候是淡然：“一别都门三改火，天涯踏尽红尘。依然一笑作春温。无波真古井，有节是秋筠。惆怅孤帆连夜发，送行淡月微云。樽前不用翠眉颦。人生如逆旅，我亦是行人。”岭南之地虽苦，在东坡看来却是“此心安处是吾乡”。对生活的热爱，对自然与人生、宇宙与生命的参悟最终都化繁为简，归结为淡淡一语。微笑里，雪飞炎海变清凉。似这般内心不为外物束缚，幸福岂能渐行渐远。苏东坡的文章、行止、为人，让我们看到了生命的一种境界，自是倾倒了无数的读书人。

苏轼的审美态度富有启迪意义。他总是能以审美眼光去观照大千世界，到处都能发现美的存在。人生路上的艰难苦恨在他的眼中心中都是霁月清风、大块文章。万事万物经过他的点染便平添几分奇趣：西湖犹如西子“浓妆淡抹总相宜”；黄州的猪肉“价贱如泥土”，“富者不肯吃，贫者不解煮”，苏轼琢磨良久如何能把猪肉做得鲜美，东坡肉至今仍是名菜；岭南荒蛮之地，苏轼看来却是“日啖荔枝三百颗，不辞长作岭南人”。

苏轼除了惊人的才华外，还有一颗永恒不变的赤子之心。对兄弟，他有“但愿人长久，千里共婵娟”的眷念；对友人他既有“失笑喷饭”的时候，也有“废卷而哭”的情怀；对妻子有“十年生死两茫茫，不思量，自难忘”的深情；苏轼一生都在政治旋涡之中沉浮，但他的行为却是光风霁月，超越于政治的厚黑勾当之上。苏轼自言：“吾上可陪玉皇大帝，下可以陪卑田院乞儿。眼前见天下无一个不好人。”古人云：见心见性，心中有眼中就有。以此可知，苏轼看世人皆好恰恰说明其心之好。苏轼的这种赤子之心“常常会引起妻子或极其厚爱他的人为他忧心焦虑，……为了使他免于旁人的加害而劝阻他、保护他”。

苏轼懂得自嘲，过得欢乐，宛如清澈的溪水，活泼地流淌。他追慕陶渊明的文章和情怀，但却又不效仿陶氏的离群索居，他的足迹遍布山林寺庙、巷道人家，他的朋友包括皇帝、官员、儒生、道士、和尚、妓女、农夫、狱卒、小贩……三教九流尽有；当命运对他关上一扇门之时，苏轼能够很快为自己打开一扇窗，他嗜酒，爱吃，喜交友，善养生，求佛理，热衷公共事务，面对不同境遇，既能够安然地享受每一刻当下时光，也能够尽心尽力地做好分内之事，苏东坡是那样热爱生活，善待生命，他有善于发现的眼睛和光洁平静的慧心；苏轼是聪明人，又是文化人，谈吐也颇为俏皮，写过“春宵一刻值千金”、“一树梨花压海棠”这样的“流丽诗”（杨万里）。

苏轼在那个时代已是声名远播，所到之处总是瞩目的焦点，偶然歌一曲“小舟从此逝，江海寄余生”便引起谣言满天飞，以为苏轼避世而去，谣言的传播投射出人心的向背；苏轼在后世更加闻名，流传的东坡轶事极多，如他和佛印在一起时的自作聪明，他与小妹的斗嘴又落败等，有些或许是真，有些则显然是假托。然而假托正说明东坡人气之高。古代诗人能够号为仙才者，不过也就只有李白、苏轼等人而已。如李白固然是真正的谪仙，其才气充塞天地，大唐盛世所赋予他的气象与格局是后世多少才高八斗的人再写不出的高度。然而李白也因此被捧上仙台、不惹凡尘。流传下来的李白的传说通常表现很夸张，这夸张里可见后人仰望之姿态和不可触摸的距离感。而苏轼则不一样，大家对他的喜爱里不仅仅是追慕，也还有打趣，如冯梦龙写过《王荆公三难苏学士》，调侃苏轼竟不知道菊花也会落瓣，以告诫世人聪明不可外露等等。——打趣里则透着亲近与热度。

苏轼受到后人的普遍热爱程度可谓是前无古人后无来者。

时间的长河中个体是如此的卑微和渺小，然而还是会出现一些杰出的生命，他们是可以穿透冰冷历史的发光体，是我们穷极一生也无法企及却又指引我们一生的坐标。于是他们的存在是如此的令人欣慰、给人愉快。如苏轼这般活泼泼的生命不仅惊艳了时代，还温柔了岁月，隔着千载时光仍然温暖着我们的心灵。

高山仰止，景行行止。虽不能至，心向往之。——谨以此句纪念我们的苏东坡！

秦观：自然山川，言情铸景

“两情若是久长时，又岂在朝朝暮暮”，有情人终成眷属，哪能不希望耳鬓厮磨，长相厮守？哪能不希望朝朝暮暮的爱情？一代词人秦观却另辟蹊径，终成一代绝唱。初识秦观，是因对爱情的向往，在其诗词中所找到的情感的共鸣；熟识秦观，却知其是大苦大悲之人。他生于祖父赴任途中，于颠簸之中来到人间，也许正预示着其颠沛流离的一生；他死于羁旅途中，一笑而逝，过往种种，已化作烟尘，但往事并不如烟，往事也不全是故事。

高才更难及，淮海一髯秦

秦观(1049—1100)，字少游，一字太虚，别号邗沟居士，人称淮海先生、秦七。高邮(今属江苏)人，虽不是达官显贵，而官宦世家的出身亦使其自小衣食无忧。“我宗本江南，为将门列戟。”(《送少章弟赴仁和主簿》)，这首赠予弟弟的诗，点出了秦观为将门之后，世代所累积的家庭底蕴为其成长营造了良好的环境。其父秦元化，师从当时鸿儒名师胡安定，文学上的造诣也颇高，却不幸早逝。秦观虽耳濡目染，但少年丧父使其人生不得圆满。秦观自幼敏悟，博览群书，记忆惊人，《宋史·秦观传》中记载其读书“一见辄能暗诵”，正源于此，才成就了词坛上的秦观。

建功立业是文人志士的梦想，秦观也不例外。其“少豪隽，慷慨溢于文词”，也许是继承了将门的家风。曾与好友陈师道言及：“往吾少时，如杜牧之强志盛气，好大而见奇，读兵家书，乃与意合，谓功誉可致力，而天下无难事。顾今二虏有可胜之势，愿效至计，以行天诛。”(《后山集·卷十一·秦少游字序》)

学而优则仕，秦观先天性的优势使其在科举的征途上似乎可以一帆风顺，但好运始终未曾垂青于他,接连的科举失利,满怀的信心使其在现实的打击下深知功誉难致,他转而退居乡间,吟诗弄文,游览名胜,但秦观并未真正地纵情山水,而是等待时机。熙宁十年(公元1077年),秦观28岁,这是他生涯的一个转折点,他拜见了时任徐州知州的苏轼,"我独不愿万户侯,惟愿一识苏徐州,徐州英伟非人力,世有高名擅区域。"(《别子瞻》)文人之间的惺惺相惜,使秦观的人生有了转机,而此后秦观的仕宦之路的沉浮也大多与苏轼共起伏。苏轼以隆重的礼节招待了秦观,并称赞其"超逸绝尘",之后,特意向王安石举荐秦观,在《上荆公书》中言及秦观"才敏过人","博综史传,通晓佛书,讲集医药,明练法律,若此类未易一一数也。才难之叹,古今共之,如观等辈,实不易得。"(《东坡续集·卷十一》)王安石在《回苏子瞻简》中云:"得秦君诗,手不能舍。"以苏轼与王安石在北宋时的地位与名望,两人的竭力称赞,可见秦观的才学之高。其同门师兄黄庭坚(与秦观同属苏门四学士)也尤其推崇秦观,曾言:"东南淮海惟扬州,国士无双秦少游。"在知名人士的举荐与自身勤奋努力之下,秦观于元丰八年(公元1085年),36岁时终于考入了进士,进得官场,出入庙堂。只是,这时的他,已没有了少年的风华,他或许多少会感慨青春已逝,"青春不觉书边过,白发无端镜上来。"(《答曾存之》)而正值中年的豪情,使其立功的誓愿仍游荡于胸中。

空负绝世才华终有施展之时,却无施展之机。秦观入仕之时,适逢北宋朋党之争激烈之际,他身不由己地卷入政治的旋涡中,却无法自拔,最终成为朋党之争的一个牺牲品,历史竟是这样的无情,葬送了一代才子。元祐三年(公元1088年),除太学博士。元祐六年(公元1091年),由太学博士升为正字。两月即罢,八年复除正字,任国史实录院编修官,修《神宗实录》。哲宗亲政后,秦观因受苏轼牵连,坐元祐党籍降为馆阁校勘,出为杭州通判。途中又以莫须有的罪名,贬监处州(今浙江丽水县)酒税,接着又因写佛书被削职,先后被贬到郴州(今湖南郴州市)、横州(今广西横县)、雷州(今广东雷州市)。贬谪期,身处异地他乡,处境愈加艰难,而在一次比一次偏远的贬谪流放中,心中凄苦,郁结难解,化为词作,令人无限感慨。待到身心煎熬殆尽时,生命之火也趋向微弱了。宋徽宗初立,亦师亦友的苏轼与秦观,劫后余生,相见于海康,无欣喜之意,而是"别后悠悠君莫问,无限事,不言中。"万言愁绪,十年荣辱尽在不言中,无法想见两人久别后相见的场面,但一句"不言"却使听者已泪满襟,问世人哪有不动容?

元符三年(公元1100年)五月,秦观卒于放还横州的旅途中,苏轼闻之,悲痛不已,"两日为之食不下。"并言:"少游已矣!虽万人可赎,"……"真为集北之空也，徒存仆辈何用！”张文潜曾作《祭秦少游文》云：“呜呼！官不过正字，年不登下寿。间关忧患，横得骂诟。窜身瘴海，卒仆荒陋。”短短几语，道尽了秦观凄凉一生，一代文人，竟这样陨落，令人不禁扼腕叹息。

想象中，秦观是一位身形秀逸、风流倜傥的才子。民间所盛传的“苏小妹三难新郎”的故事，虽真假难辨，但这并不重要，重要的是秦观才高于世，与佳人相配，自然羡煞旁人，成为民间的美谈，而其个人魅力也家喻户晓。殊不知秦观是一个大胡子，而且肚皮也不小。徐培均先生编撰的《秦少游年谱长编》中记载：“（秦观）及长，多髯，人戏称髯秦。”这样身形不太俱佳的秦观，很难想象他是一位浅吟“山抹微云”的婉约派词人，但正是这样有粗犷外表的秦观却写下一首首温柔婉约、清丽哀怨、感情深挚的诗词。

便做春江都是泪，过尽飞鸿字字愁

少年的豪隽慷慨由于多年的落第而消磨殆尽，步入仕途，宦海沉浮更使其郁郁不得志。悲情难消，夜夜难寐，唯有将细腻的心灵感触诉至笔端，以此来解忧，所谓人之不幸正是诗词之大幸。

秦观共存词97首，多情、柔婉的性格使词作《淮海词》中爱情词占了一半以上。颠沛流离的一生，难得与相爱的女子长相厮守，使得他的爱情始终笼罩着惆怅与哀怨之情。正因绝少有无行文人的轻薄与绝情，也便成就了一首千古绝唱的《鹊桥仙》，“金风玉露一相逢，便胜却人间无数。”期盼已久的相逢，即使短暂，却是人间好美景（胜却人间无数佳偶）。“柔情似水，佳期如梦，忍顾鹊桥归路。”曾经隔河相望的牛郎、织女漫长寂寞的等待，只为相聚这一刻。天地悠悠，因为有你，佳期如梦，令人陶醉，而短暂相聚，令人依恋而又添些惆怅。“两情若是久长时，又岂在朝朝暮暮？”如此一来，何时不是佳期？牛郎、织女一年一遇，但代代无穷，人世虽朝暮相守，却短促易逝，把追求朝夕相处的世俗爱情升华到崇高的精神境界。这笔下的爱情虽崇高，精神之恋带给世人无限的憧憬，但一丝的惆怅却挥之不去。

在诗词中，身世之感的寄寓，使人读之难以释怀。

山抹微云，天连衰草，画角声断谯门。暂停征棹，聊共引离尊。多少蓬莱旧事，空回首，烟霭纷纷。斜阳外，归鸦万点，流水绕孤村。

销魂。当此际，香囊暗解，罗带轻分。谩赢得青楼，薄幸名存。此去何时见也？襟袖上，空惹啼痕。伤情处，高城望断，灯火已黄昏。

周济的《宋四家词选》说，这首词是“将身世之感，打并入艳情”。多舛的政治遭遇与潦倒困顿的羁旅生涯，是其把人生的失意与辛酸愁苦融注在与青楼女子的离情别绪之中。过往种种，已如烟霭纷纷，你我转身，从此天涯陌路，相离有时，重逢只怕无期。叹自己“谩赢得青楼，薄幸名存”，而极目所见的寒鸦、斜阳、流水、孤村增加了离别时的凄凉，相见再也难的感慨，天涯沦落的悲哀，又何尝不是他怀才不遇心情孤寂的流露，正是“伤情处，高城望断，灯火已黄昏”。

一首《江城子》，吟唱了其一生的悲情。

西城杨柳弄春柔。动离忧。泪难收。犹记多情，曾为系归舟。碧野朱桥当日事，人不见，水空流。

韶华不为少年留。恨悠悠。几时休。飞絮落花时候，一登楼。便做春江都是泪，流不尽，许多愁。

秦观离迁，是他未曾料到的，但穷家难舍，故土难离，纵使杨柳惜情也难挽留，回忆旧事，更增添离愁别绪。理想太丰满，现实太骨感，恨悠悠。几时休。流不尽，许多愁。无计消除的满腹愁肠，读来愈加感伤。

此后，在一贬再贬的羁旅途中，“愁、恨、怨、泪”等字眼在秦观诗词中挥之不去：“携手处，今谁在？日边清楚断，镜里朱颜改，春去也，飞红万点愁如海。”（《千秋岁》）“乱花飞絮，又望空计合，离人愁苦……为设教，人情处。”（《河传》）“身有恨，恨无穷，星河沉晓空，陇头流水各西东，佳期如梦中。”（《阮郎归》）“伤怀，增怅望，新欢易失，往事难猜，问篱边黄菊，知为谁开，漫道愁须酒……愁已先回。”（《满庭芳》）“驿寄梅花，鱼传尺素，砌成此恨无重数。郴江幸自绕郴山，为谁流下潇湘去。”（《踏莎行》）

难以想象秦观是如何化解心中的幽怨与满腔愁绪，在诉诸笔端的字字含泪，语语含情，而且愁语不尽，恨死难休的情怀惊心动魄，却使人体会到词人愁眉不展，伤心欲绝，肝肠寸断的悲苦心灵。

近代大学者王国维在《人间词话》中言及“天以百凶成就一词人”。又说：“诗词者，物之不得其平而鸣者也。”一部仇怨绵绵，满目凄清的《淮海词》，成就了一位泪水盈盈的词人。清人冯煦在《宋六十一家词选·例言》中指出：“淮海（秦观）、小山（晏几道），古之伤心人也。”与苦难相随的秦观性格软弱，心理承受能力较差，所以遇到挫折、磨难，就伤心失望。尤其是远贬郴州之后，内心莫大的悲哀，他所作词的调子愈加凄厉哀苦。最终也因“日边(暗喻朝廷)清梦断”(《千秋岁》)政治理想的破灭,而为自己唱出了“春去也,飞鸿万点愁如海”的自挽之歌。

在这人人言说愁的时代,即使旷达豪放的苏轼也难免有“人生如梦,一樽还酹江月”的感慨,这就难怪生性脆弱、多愁善感的秦观会写下诸多令人刻骨铭心、伤心欲绝的诗词了。但愁能如何?流不尽又能如何?虽好梦已断,但终究还是要面对,待到山花烂漫时,也只不过是文人的一厢情愿,韶华难留,头上青丝化作霜雪白,也终究逃不脱命运的大浪。时代,个人的秉性所凝聚而成的愁苦情绪不可抑制,他人的安慰虽可以缓一时,但什么事情都需要自己来调节,只有心宽体胖,真正放下了才能够雨过天晴。软弱与脆弱固是性格缺陷,但是我们不能以局外人来审视秦观,或许我们会嘲笑秦观的度量太小,放不下的太多,但这忧愁,这苦闷何尝不是他自己在咀嚼自己,反思自己。伤心是因怀旧,颓废是葬送未来,其诗词中不是颓废,而是怀旧,而正因这才是真实的秦观,才让后人真正体会到“古之伤心人”的情感世界。那寸寸柔肠,幽婉凄迷意境的营造,惹得千百年后的我们,读来亦为之感伤。或许,大宋的春天就是那样的忧郁,春和景明之下,飞花柳絮都藏了泪花点点。

正缘平淡人难及,一点词心属少游

李泽厚说,宋之时代精神“不在马上,而在闺房;不在世间,而在心境”。① 经由历代的积淀与沉潜,诗词创作追求逐渐转向闺阁幽怨,转向对心灵、对情感的细微体察。秦观生逢宋世,命运多舛,一生尝尽人世艰辛,多愁善感的心灵和对人生况味谨慎细腻的品味,以卓越的艺术才思融汇于笔端,发之为词,以心铸词,以词写心,表露的不仅仅是词人的才华,更是一颗沉吟于内,包孕深情,沉郁且婉美的北宋文人之心。因而冯煦说:“他人之词,词才也;少游,词心也。得之于内,不可以传。”②何谓词心?况周颐说:“吾听风雨,吾览江山,常觉风雨江山之外有万不得已者在。此万不得已者,即词心也。”③白居易说:“感乎人者,莫先乎情。”词是

① 李泽厚:《美的历程》,天津社会科学出版社 2001 年版,第 113 页。

② 张璋:《历代词话续编》,大象出版社 2005 年版,第 9 页。

③ 况周颐:《蕙风词话》,中州古籍出版社 2003 年版,第 7 页。

心灵的负载体，是性情的物化。好词之所以能打动人，都是因词人真情实感的自然流露，不虚情，不矫情，情真意切，如饮醇酒，沉浸其中。

秦观以独具善感的“词心”深得后人好评，由于一切情语皆天然，字字真挚发自肺腑，使《淮海词》呈现出一种柔婉细微的审美世界。其历经千载仍能打动人心的关键，也正是因为词作里包孕着一颗惟情惟真执着的“词心”。而后人视秦少游词为婉约正宗也当之无愧。他的词不论是写相思恋情，或是寄慨身世，摇荡出来的都是细腻而锐敏的柔婉感受，即在客观外物感发下产生的一种莫可名状的幽微颤动的情感与心态。诚如叶嘉莹所言“实在是以敏锐善感之心灵为主的”。① 正因这种心性才在柔美宋音中谱写了一曲和谐的旋律，令世人望尘莫及。

试看被誉为“淮海小令中压卷之作”的《浣溪沙》：

漠漠轻寒上小楼，晓阴无赖似穷秋。淡烟流水画屏幽。

自在飞花轻似梦，无边丝雨细如愁，宝帘闲挂小银钩。

如诗如画的意境，昭示了词人如梦如幻的愁思。轻寒弥漫，天色阴沉像萧索的深秋。淡烟流水营造的清幽画境使人沉醉其中。纷飞的落花似梦镜，细雨丝丝飘洒，引来淡淡闲愁。而心中那种难言的惆怅和伤感的情致，也许只有这种凄清又柔婉的词境能映衬。细加品味，在平淡的意境营造中却带着词人极为纤细锐敏的一种心灵上的感受。词中所生发出的轻轻的、淡淡的闲愁既不是李煜词中“人生长恨”强烈情感的抒发，更不是晏殊“无可奈何花落去，似曾相识燕归来”哲理式的观照，也不像苏轼的雄放豪逸。试想，如果没有词人轻似梦幻的感受，没有细腻如丝的心绪，能写出这样的词吗？非秦观的慧心灵性，他人不能为。这就是秦观“幽微善感的词人之本质”②，可以说，感受秦观的“词心”，就是感受一种极具个性色彩的幽微细腻的婉美情愫。阁楼“小”巧，寒气“轻”微，烟云“淡”薄，画屏清“幽”，晓梦“轻”柔，愁绪纤“细”。词人所取皆用轻淡的词语作轻柔的书写，少刻肌入骨之语，虽不着力、不使气，却别有一番情致。正如周济《介存斋论词杂著》即曾引董晋卿之语云：“少游正以平易近人，故用力者终不能到。”又如“放花无语对斜晖，此恨谁知？”（《画堂春》）惜花难舍，“对斜晖”的凝立姿态隐然有一种春去难留的哀感袭人而来，“此恨谁知”才使人知词人心中难以言说的幽微之深根。“山抹微云，天粘衰草，画角声断樵门。”（《满庭芳》）轻淡的云絮浮游在山巅，映衬着

① 叶嘉莹：《唐宋词名家论稿》，河北教育出版社 1997 年版，第 162 页。

② 同上书，第 155 页。

连接天际的古道衰草,一"抹"一"粘"极锤炼又极自然,传秋色萧疏高远之神。画境丽而不艳,淡语意不浅露,句中有余味,如冯煦所称赏的"淡语皆有味,浅语皆有致"(《宋六十一家词选·例言》),让人咀嚼久而知其味致。读这样的词,可意会而不可言传,只有用同样幽婉的心去"悟",才得个中滋味。

无可名状的愁绪因幽婉、善感的心不期而至,虽难以捉摸,却道出了漂泊文人深沉的人生之蹉叹,秦观后期因多舛的遭际柔婉的色调变得深沉、凝重,也更加凄厉。遍尝苦涩,独自低哀泣诉的"词心"随之酝酿出一首首满纸伤心词。《望海潮》(梅英疏淡):"兰苑未空,行人渐老,重来是事堪嗟。烟暝酒旗斜。但倚楼极目,时见栖鸦。无奈归心,暗随流水到天涯。"老去的,又岂止是行人,曾经满怀希望的心也日渐沧桑。漂泊,不知归处。"暗随"之字虽则含蓄,但是那种无奈哀痛之心却又如此深切。《阮郎归》:"潇湘门外水平铺,月寒征棹孤。红妆饮罢少踟躇,有人偷向隅。挥玉箸,洒真珠,梨花春雨余。人人尽道断肠初,那堪肠已无!"肠断已是痛苦之至,何况无肠可断?明人杨慎曾批道:"此等情绪,煞甚伤心。秦七太深刻矣!"(《草堂诗余》)《踏莎行》:"雾失楼台,月迷津渡,桃源望断无寻处。可堪孤馆闭春寒,杜鹃声里斜阳暮。驿寄梅花,鱼传尺素,砌成此恨无重数。郴江幸自绕郴山,为谁流下潇湘去?"迷失的不只是楼台津渡,更是曾有过的人生理想和出路。孤馆紧闭,春寒料峭,杜鹃泣啼的凄凉更增添心中的失落与破灭,而天涯沦落之感,没有亲身经历过的人,是很难体会的。类似屈原"天问"的结尾:郴江啊,你源于郴山,本该围绕郴山转,为什么远远地流下潇湘去?似无理之问,却是至情之辞。试想如没有亲身经历过人生的大悲大苦,无亲身体验只身飘零的离愁谪恨,是很难体会到秦观词中所饱含着的酸楚哀痛的词情。所以说,少游之"词心"流露出一种失意文人受到压抑而不能自解的深深的悲哀,也映射出受党争牵连的小人物浮梗飘萍的命运。因此,王国维定论:古之伤心人也,"此为淮海足以当之"。

王国维《人间词话》:"词人者,不失其赤子之心者也。"只有保持一颗赤子之心,才能发出内心最动听的声音。① 正因少年不识愁滋味,才有了纵情慷慨的秦观,正因执着自己的心性,所以才不知自保,在一再谪贬的境遇中直至走到绝望边缘,不曾回避,不曾后悔。秦观以卓越的文采所抒发的一己之情怀,以纯粹的情感,强烈生命体验地融入成就了自己。唯其对生命有一种无法释然的眷爱,唯其

① 陈鸿祥:《〈人间词〉注评》,江苏古籍出版社 2002 年版,第 47 页。

内心深处难以释怀的哀痛，唯其亲身体验绝望境地的丝丝悲苦，才铸就了《淮海词》中敏锐、悲愁又挥之不去、不可自解的词心。这一切，可以说，皆是天性使然。

命运给了秦观一杯苦茶，使其一生品尝人生苦涩。一生多舛的经历，虽一点点磨灭生命的光彩与青春，但多愁善感的心灵及生花妙笔，使其在词作中得以抒发自己的悲凉与愁苦。尽管秦观熟知禅宗佛教之理，但正所谓性格决定命运，执着于现世，遇不顺之事、不平之气难得放下，未能超然度外，所以始终无法到达彼岸的精神家园，所幸，文学给了他另一种寄托。回望千年之前，泪、忧、愁、苦，他用文字所构筑的真诚与真性情，世如秦观者，能有几人？

李清照:何须浅碧深红色,自是花中第一流

清人这样评价李清照:“易安在宋诸媛中,自卓然一家,不在秦七、黄九之下。词无一首不工,其炼处可夺梦窗之席,其丽处直参《片玉》之班。盖不徒俯视巾帼,直欲压倒须眉。”是的,她是横绝一时独一无二的,是两宋的天才作家,是中国文学史上一等一的女才子。

谢家有女初长成,谁怜憔悴更凋零

李清照的父亲李格非是北宋著名学者。其古文被评价为“李格非之文,自太史公之后,一人而已。”《宋史》中说李格非“以文章受知于苏轼”,继黄庭坚、秦观、晁补之、张耒“苏门四学士”之后,与廖正一、李禧、董荣被并称为“苏门后四学士”。李清照的母亲,说法不一。但无论是状元王拱辰的孙女,还是汉国公王准之孙女,李清照出身书香世家是一定的。

家学渊源对于女子来说尤为重要。盖男人可以走出家门,而女子则只能依靠内宅里的文化授受。可以肯定,李清照受到了良好的教育。据《碧鸡漫志》言:“(李清照)自少年便有诗名,才力华赡,逼近前辈。”据说年少的她曾有“诗情如夜鹊,三绕未能安”“少陵也自可怜人,更待来年试春草”的佳句来。尤其是“诗情如夜鹊,三绕未能安”甚为晁补之欣赏,称许此联“新色照人”。其时张耒作《浯溪中兴颂》诗,当时颇有影响。李格非把这首诗带回来给李清照看,李清照马上作《浯溪中兴颂诗和张文潜二首》。视野开阔,笔锋犀利,眼光独到,使得文坛那些久负盛名的父执辈们“咸皆啧啧”。

赵明诚,字德父,又作德甫、德夫,祖籍也在山东,长李清照3岁。当时诗人谢

逸称他“人物已共远峰秀,谈辩更与熏风凉”。不仅能为诗文,尤喜治金石之学。一个是吏部侍郎之子,一个是礼部员外郎之女;一个爱好金石书法,一个擅作诗词文章,这情景岂非正应了那句“于千万人之中遇见你所遇见的人,于千万年之中,时间的无涯的荒野里,没有早一步,也没有晚一步,刚巧赶上了”,那自然“也没有别的话可说”,北宋建中靖国元年(公元1101年),18岁的李清照与21岁的赵明诚喜结连理。

对于这桩姻缘,后人也还是颇有话说。《琅嬛记》云:“赵明诚幼时,其父将为择妇。明诚昼寝,梦诵一书,觉来惟忆三句云‘言与司合,安上已脱,芝芙草拔’,以告其父。其父为解曰:‘汝待得能文词妇也。言与司合是词字,安上已脱是女字,芝芙草拔是之夫二字,非谓汝为词女之夫乎?’后李翁以女女之,即易安也,果有文章。”

这个故事流传很广,后人因此多有题咏:“奇绝芝芙梦里情,先教夫婿识才名”“漱玉便娟态有余,赵家芝草梦非虚”。然而王国维之子王仲闻在《李清照集校注》里曾指出:“《琅嬛记》乃伪书,不足据。”而实在的,“言与司合,安上已脱,芝芙草拔。”这样的语句也显得太过粗糙笨拙。然而有此传说至少可证李清照与赵明诚的婚姻之美满颇能令人发一感慨、艳羡的。

“回黄转绿无定期,世事反复君所知。”北宋后期的政坛波诡云谲,李清照的父亲和公公被政治分开在两边。其后,赵明诚之父官场失利,赵氏家族被追夺荫封免职回乡。李清照随夫回到青州故宅。这一住,就是十年。

这十年,据李清照说:“屏居乡里十年,仰取俯拾,衣食有馀。”李清照自号“易安居士”,取陶渊明《归去来兮辞》中的“倚南窗以寄傲,审容膝之易安”的意思,即仅仅容膝之地也能自安。他们的住所名为“归来堂”,也是取自《归去来兮辞》。

李清照于《金石录后序》中提到归来堂里的岁月:“余性偶强记,每饭罢,坐归来堂,烹茶,指堆积书史,言某事在某书、某卷、第几叶、第几行,以中否角胜负,为饮茶先后。中即举杯大笑,至茶倾覆怀中,反不得饮而起,甘心老是乡矣。”“甘心老是乡矣”——晚年饱受丧夫离乱之苦的李清照,写下这段文字,这声感慨,其痛不言可知。

李、赵婚姻,以门当户对肇始,又能志趣相投,这在古代很是少见,历来传为佳话。二人之相投,用古人的话说是“夫妇擅朋友之胜”(《古今女史》),即既是感情深厚的夫妻,又是志趣相投的同道好友。今有传世画作《易安居士画像》,据说是李清照31岁时,屏居青州的第七个年头绘制的,由赵明诚亲笔题词。学术界对其真伪所持意见不一。然画上的李清照削肩细腰，清秀淡雅，倒是很符合宋代纤弱的审美标准。小像右上角有赵明诚的题词："清丽其词，端庄其品，归去来兮，真堪偕隐。政和甲午新秋，德父题于归来堂。"若果此画为真，则观赵明诚字句可证夫妇有情。

然而近年来，有学者提出赵李感情不和的论点，认为赵氏有娶妾之举，使清照有婕妤之叹。考证从二人生平乃至深入到李清照作品的字里行间，如《小重山》一词中有"春到长门春草青""二年三度负东君，归来也，著意过今春"的咏叹，长门何处？在中国古代文学中是冷宫的代名。而《凤凰台上忆吹箫》词中那"慵自梳头""宝奁闲掩"的感觉也颇有秋扇见捐的意味。不仅国内的学者，就连美国汉学家宇文所安在其著作中《回忆的引诱》，也对李清照的《金石录后序》进行了字句推敲，从字里行间中推测出两人婚姻中确实存在不谐。

诗无达诂，古典诗词尤其表达婉约，仅据片言只句论定实有武断之嫌。然而，老实讲，笔者仍然倾向于相信学者们的推测。有宋一朝，官员享受的是"歌儿舞女以终天年"的优厚待遇，声色犬马的生活是士大夫的主流，赵明诚纵使不能免于流俗也不算惊世骇俗。即使是伉俪情深，来自社会、文化、家族的影响也不可能完全没有。其实《金石录后序》中有一处已经提到："八月十八日，遂不起。取笔作诗，绝笔而终，殊无分香卖履之意①。"正因赵明诚"殊无分香卖履之意"，正可反证有"分香卖履"的需要。

站在现代女性的立场上来看，古代女性那种共同的悲哀，在李清照也未能免，不能不让人感觉到深深的痛楚。然而从《红楼梦》里钗黛、袭晴的生存场景来看，也许事情的性质以及当事人的感受不似我们所想象的那般。

可以庆幸的是现在我们所看到的文字里，赵明诚记有："因上马疾驱归，与细君共赏，时已二鼓下矣！酒渴甚，烹小龙团，相对展玩，狂喜不支。两见烛跋，犹不欲寐。"（《白居易〈楞严经〉跋》）加之李清照那赌书泼茶的美好回忆，足见两人的知音默契，用胡适的话来说"他们的美满幸福使读者妒羡"。很多年后，李清照回忆两人的最后一次离别时这样写道："六月十三日，始负担，舍舟坐岸上，葛衣岸巾，精神如虎，目光烂烂射人，望舟中告别。"那"目光烂烂射人"的描摹里，情分

---

① "分香卖履"，见于曹操的《遗令》："吾婢妾与伎人皆勤苦，使著铜雀台，善待之。于台堂上安六尺床施繐帐，朝晡上脯备之属，月旦、十五日，自朝至午，辄向帐中作伎乐。汝等时时登铜雀台，望吾西陵墓田。余香可分与诸夫人，不命祭。诸舍中无所为，可学作组履卖也。"这是曹操临终之际安排身后众侍妾的遗言。

宛然。

要之，总览中国古代女性的文字，总是满纸自怜兼哀怨，而李清照的诗词里即使有叹息，却还算轻盈。这固然是易安居士性情的英豪阔大所致，然则来自婚姻的支持也不可小觑。

李清照的词是好的，在成为共识之外也不乏异声。胡兰成就说："李易安即不及朱淑贞"，不欣赏李清照，算不得奇怪。算来岂止不喜欢，便诋毁也不止一端。对李清照的诋毁，大抵有三种：一是如"笑语檀郎，今夜纱橱枕簟凉"等句，因不避闺阁之事被骂"闾巷荒淫之语，肆意落笔"。二则因曾作《词论》针砭当朝各名家，被责"其狂不可及也"。其三便是所谓"晚节流荡"。即明诚病逝后再嫁张汝舟之事。

关于再嫁一事，现在看来确有其事。李清照自己也有过自述："忍将桑榆之晚景，配之驵侩之下才"。似乎当时的她困顿非常，"尝药虽存弱弟，应门唯有老兵"。巧舌如簧的张汝舟在这时出现，骗得李清照姐弟的信任。

对此，宋朝文人斥责她"失节"，"晚节流荡无归"，说"传者无不笑之"。至明清际，程朱理学被奉为道德圭臬，"从一而终"的贞操观更是前所未有的强大。对李清照的谴责更厉："文君忍耻，犹可以具眼相怜。易安更适，真逐水桃花之不若矣。"

在深恶痛绝，污蔑谩骂之外，清代又有另一种倾向：一些文学拥趸者绞尽脑汁寻找根据以证明李清照无再嫁之事。事实上，时至今日，还有不少读者深为同情李清照的再嫁，认为有损她一代词宗的光辉形象。

窃以为，为之辩诬者与诋毁她的人以及那些所谓的同情者，其观念实质是一样的，深以为再嫁等于失节。而所谓"节烈"，鲁迅早已指出那不过是没有尽到义务的男子"专靠惩劝女子，便算尽了天职"。

再嫁遇人不淑，又有后来的离异风波。按照宋朝刑法，妻子告发丈夫，即便查明属实，妻子也应受到坐牢两年的处罚。李清照当然知道律令，但她决不苟且。最后张汝舟被除名、流放，李清照也身陷囹圄。幸好翰林学士綦崇礼深怜李清照才华，暗中施以援手，并惊动高宗亲自过问，李清照坐牢 9 天之后获释。

再嫁、离异，李清照的行为是勇敢的。不顾流言蜚语，也能不为瓦全，正与她的性格、文字一脉相承。在男权社会中，很多女作家及其作品并不能得到客观的评价和对待，李清照却以其让人不能无视的成绩超越了诸多男性作家得以广泛流传。然而在这一保存过程中男性的审美和道德规范却有意无意间被强加于她的身上，这不仅是对个体也是对文学本身的扭曲。鲁迅说过："倘有取舍，即非全人，再加抑扬，更离真实。"(《〈题未定〉草(六)》)评价作家、作品都应作如是想。

乃闺阁中苏辛，倜傥有丈夫气

李清照无疑是有着独立思想和鲜明个性的人。

在日常生活中，清照就表现出性格里坚毅刚健的一面：周辉《清波杂志》里说："顷见易安族人言，明诚在建康日，易安每值天大雪，即顶笠披蓑，循城远览以寻诗，得句必邀其夫赓和，明诚每苦之也。"

聪慧的天资使得易安于书法、绘画、理琴等等"慧即通，通即无所不达；专即精，精即无所不妙"。而即使是游戏之类，她也要"使千万世后，知命辞打马始自易安居士也"。(《打马图经序》)这样的"露才扬己"在"女子无才便是德"的封建社会里自是异乎寻常的。

在创作上，清照于少女时期就写下了诗作《浯溪中兴颂碑和张文潜》。借古讽今，"奇气横溢"。(明朝人陈宏绪《寒夜录》卷下)。以一封建时代年轻女子，有此卓异的政见很是难得。出嫁后的她对于热衷党争的公公，曾有诗讽刺："炙手可热心可寒。"化用杜甫《丽人行》中"炙手可热势绝伦，慎莫近前丞相嗔"之典。

对于南宋偏安之局，她写道："南渡衣冠少王导，北来消息欠刘琨。"感叹本朝缺有志之士，措辞还是相当严厉的。宋人笔记里就说李清照"作诗以诋士大夫"。

李清照那著名的《乌江》诗："生当做人杰，死亦为鬼雄。至今思项羽，不肯过江东。"气壮词雄，掷地有声。有人说这首诗里不仅有对南宋君臣的批判，甚而有对夫君赵明诚的讽刺。盖1129年2月御营统制官王亦图谋兵变时，赵明诚与通判、观察推官等"缒城宵遁"。幸得乱谋未成，然由此可见赵明诚是一个成功的金石学家，但绝不是乱世里的英雄甚至不是一个有担当的人。

历史没有给李清照担当的机会，尽管她本人是有理想的："说梅止渴，稍苏奔竞之心；画饼充饥，少谢腾骧之志。"(《打马赋》)到了晚年她还慨叹"感月吟风多少事，如今老去无成"(《临江仙》)。也许是作者终于认识到此生唯一所能做的便是在文化事业上有所成就，所以才"自谓葛天氏之民"，"穷遐方绝域，尽天下古文奇字之志"(《金石录后序》)，且认为"乐在声色狗马之上"。清人沈曾植看到了这点，提出："易安倜傥有丈夫气，乃闺阁中苏辛，非秦柳也。"(《菌阁琐谈》)，诚是慧

眼。李清照《渔家傲·记梦》一首在评论者眼中即公认“绝似苏辛派”(《艺蘅馆词选》)

李清照的词作固然出彩,而其《词论》的问世更是具有里程碑意义。在《词论》里,李清照追溯词的源起,回顾唐末五代以来词的发展,指出词坛包括李璟、李煜、柳永、晏殊、欧阳修、苏轼、秦观等名家各自创作的不足。几可谓“一竿子打翻一船人”。清人裴畅说她:“易安自恃其才,藐视一切,本不足存。第以一妇人能开此大口,其妄不待言,其狂亦不可及也。”(《词苑萃编·卷九》)然而清照的“藐视一切”是为了把词从诗的附庸地位之下解救出来,并非私人攻讦。

“词,别是一家”,这是《词论》中最醒目的一句。易安树立起自己的旗帜:形式上严守律,内容上主情致,风格上尚文雅。至此,李清照不独成为词学大家,还在理论方面建立了自己的王国。尽管易安的批评未必全对,但那种宏阔的视野、立论的气概,真是“不徒俯视巾帼,直欲压倒须眉”。

观清照的言行举止,我们明显能感受到她对自己才学、品位、人格等全方位的自信,这份自信固然来源于她过人的天资,恐怕更多的是因为李清照所受的教育,是一种全面的“人”的教育,而不是狭隘的“女人”的教育。而这种教育在古代中国只是空谷绝响。据说晚年的李清照还起过开帐授徒的念头:南宋爱国诗人陆放翁在《夫人孙氏墓志铭》一文中记载“夫人幼有淑质。故赵建康明诚之配李氏,以文辞名家,欲以其学传夫人,时夫人始十余岁,谢不可,曰:‘才藻非女子事也’。”李清照当时的心境我们无从想见,而沉默便是属于曲高和寡者的落寞。

何须浅碧轻红色,自是花中第一流

李清照之词可以南渡为界划开来。南渡之前作品,写深闺少女、少妇诗性的生活。

写小儿女情态是:

蹴罢秋千,起来慵整纤纤手。露浓花瘦,薄汗轻衣透。

见有人来,袜刬金钗溜。和羞走,倚门回首,却把青梅嗅。(《点绛唇》)——青涩,却尽是可爱。大胆,却健康、洁净。

写少妇的妩媚情致是:

卖花担上,买得一枝春欲放。泪染轻匀,犹带彤霞晓露痕。

怕郎猜道，奴面不如花面好。云鬓斜簪，徒要教郎比并看。（《减字木兰花》）

全词化用唐朝《菩萨蛮》（牡丹含露真珠颗，美人折向庭前过。含笑问檀郎：花强妾貌强？檀郎故相恼，须道花枝好。一面发娇嗔，碎挼花打人。）一词意境。然而含蓄得多，是知识女性"自知明艳更沉吟"的典雅姿态。

北宋最繁华的上元佳节也是李清照人生里最好的时光："中州盛日，闺门多暇，记得偏重三五。铺翠冠儿，捻金雪柳，簇带争济楚。"（《永遇乐》）宋代许多名家都有词记上元："帝城放夜，望千门如昼，嬉笑游冶"、"蛾儿雪柳黄金缕，笑语盈盈暗香去。众里寻他千百度，蓦然回首，那人却在灯火阑珊处"、"去年元夜时，花市灯如昼。月上柳梢头，人约黄昏后。"清照的笔下，情景仿佛，可为参照。

闺中少妇不知愁，偶作叹息，也觉轻柔：《如梦令》（昨夜雨疏风骤，浓睡不消残酒。试问卷帘人，却道海棠依旧。知否？知否？应是绿肥红瘦。）一首中，"绿肥红瘦"使得"当时文士莫不击节称赏"。

尤其《醉花阴》（薄雾浓云愁永昼，瑞脑消金兽。佳节又重阳，玉枕纱橱，半夜凉初透。东篱把酒黄昏后，有暗香盈袖。莫道不销魂，帘卷西风，人比黄花瘦。）一首，有典故广为流传：《琅嬛记》云"易安以《重阳·醉花阴》词函致明诚。明诚叹赏，自愧弗逮，务欲胜之。一切谢客，忘食忘寝者三日夜，得五十阕，杂易安作，以示友人陆德夫。德夫玩之再三，曰：'只三句绝佳。'明诚诘之。曰：'莫道不消魂，帘卷西风，人比黄花瘦。'政易安作也。"此说或不足信，然此三句妩媚动人，为千古名句却是真的。

更有《丑奴儿》一首（晚来一阵风兼雨，洗尽炎光。理罢笙簧，却对菱花淡淡妆。绛绡缕薄冰肌莹，雪腻酥香。笑语檀郎，今夜纱橱枕簟凉。）写的是寻常夫妻寻常事，只是让道学家们为难。然而对比着道学者那一惊一乍更显辞章风流。

遭遇天翻地覆的巨变，又经"梧桐半死清霜后，头白鸳鸯失伴飞"的苦痛，在李清照的笔下，已不再是当年"一种相思，两处闲愁"的淡淡感伤，而是"只恐双溪舴艋舟，载不动许多愁"的悲戚毁伤：

声声慢

寻寻觅觅，冷冷清清，凄凄惨惨戚戚。乍暖还寒时候，最难将息。三杯两盏淡酒，怎敌他，晚来风急？雁过也，正伤心，却是旧时相识。

满地黄花堆积，憔悴损，如今有谁堪摘？守着窗儿，独自怎生得黑！梧桐更兼细雨，到黄昏，点点滴滴。这次第，怎一个愁字了得！

这是深秋季节，也是李清照的秋天。从调名来看，《声声慢》应该是舒缓的调子,而这里李清照却不押平声,改用仄韵,且连用双声、叠韵,一下子变舒缓为急促,更增哀婉凄绝。“怎一个愁字了得”。更有“守着窗儿,独自怎生得黑”一句,张端义在《贵耳集》里便认为“黑”字不许第二人押,当真是“念在嘴里倒象有几千斤重的一个橄榄”,“难为他怎么想来!”

孤雁儿

藤床纸帐朝眠起,说不尽、无佳思。沉香断续玉炉寒,伴我情怀如水。笛里三弄,梅心惊破,多少春情意?

小风疏雨萧萧地,又催下、千行泪。吹箫人去玉楼空,肠断与谁同倚?一枝折得,人间天上,没个人堪寄。

李清照深爱梅花,咏物词中以咏梅作数量为最。然而此时笔下的梅花不再是早年那“香脸半开娇旖旎,当庭际,玉人浴出新妆洗”的清雅,而只剩“梅心惊破”的怆然和“没人堪寄”的萧疏。

写家国之思最出名的还要数《永遇乐》:

落日熔金,暮云合璧,人在何处?染柳烟浓,吹梅笛怨,春意知几许?元宵佳节,融和天气,次第岂无风雨?来相召,香车宝马,谢他诗朋酒侣。

中州盛日,闺门多暇,记得偏重三五。铺翠冠儿,捻金雪柳,簇带争济楚。如今憔悴,风鬟霜鬓,怕见夜间出去。不如向、帘儿底下,听人笑语。

据说此词在南宋臣民心中引起强烈共鸣,直到南宋末年还有不少人唱和之。宋末词人刘辰翁还说:“余自乙亥上元,诵李易安《永遇乐》为之涕下,今三年矣。每闻此声,辄不自堪,遂依其声。”对照前面同样写上元佳节的“中州盛日”一词,真正能令读者“辄不自堪”。

还好,“辄不自堪”的只是心情,无关姿态。

病起萧萧两鬓华,卧看残月上窗纱。豆蔻连梢煎熟水,莫分茶。

枕上诗书闲处好,门前风景雨来佳。终日向人多蕴藉,木犀花。《摊破浣溪沙》

看得出,虽是多愁多病,因为腹有诗书,李清照的晚年不失品味:烹茶,读书,听雨、赏花,依稀还有昔日那争渡少女、簪花少妇的风神。梁衡在其散文集《把栏杆拍遍》中把李清照叫作乱世美神。其实不然,在人生的每一节时光里,她都是美的。

清人评价李清照:“易安在宋诸媛中,自卓然一家,不在秦七、黄九之下。”诚然,中国古典文学史上,即使有过不少的女诗人,如汉末的蔡文姬,唐代的薛涛、鱼玄机,宋时的朱淑真、魏夫人等,虽然称得上各有佳作,但远未达到自成一派甚至影响文坛的高度。易安却"自卓然一家",即所谓的"易安体"。

易安体之"独辟门径"处大致说来有以下几端:

"铸语则多生造":作者善于炼词,却又不卖弄学问,如"绿肥红瘦"(《如梦令》),"人比黄花瘦"(《醉花阴》),"宠柳娇花"(《念奴娇》),"柳眼梅腮"(《蝶恋花》)等,都是"人工天巧,可称绝唱"(王士禛《花草蒙拾》)。

李清照是真正的语言大师,用词既能精工锻造,也能浅俗白描,如"不如向、帘儿底下,听人笑语""水光山色与人亲,说不尽、无穷好"这样口语化的句子,则黄口小儿也能听懂。

篇中"藏无数曲折,自是圣于词者"(《蓼园词选》)。如《声声慢》中有动作、环境到心理感受等多层次地表现,只因铺叙流利而不觉其安排痕迹。

李清照曾经赞美桂花:"暗淡轻黄体性柔,情疏迹远只香留。何须浅碧轻红色,自是花中第一流"(《鹧鸪天》)。何须浅碧轻红色?的确,相较于华艳的唐,两宋是淡雅清疏的。而这同时也是李清照本人的审美取向。她的《一剪梅》一词,只开头一句"红藕香残玉簟秋",清人便大赞:"有吞梅嚼雪,不食人间烟火气象。"然而大家手笔却也并不胶柱鼓瑟到一味素净的地步,《如梦令》"昨夜雨疏风骤"一首,俞平伯就赞赏"全篇淡描,结句着色,更觉浓艳醒豁"。

《四库提要》中也有过"清照以一妇人,而词格乃抗轶周柳,虽篇帙无多,固不能不宝而存之,为词家一大宗矣"的赞叹。以"一妇人"而能自成一体,则称之为"中国文学史上最伟大的一位女诗人"(郑振铎语)诚不为过。

陆游:曾是惊鸿照影来

据说陆游名字的由来是这样的:在陆游将要出生的一段时间里,陆母晚上睡觉几次三番做梦梦见大学士秦观,因秦观字少游,父亲陆宰遂给妻子腹中胎儿取名陆游,说封建迷信也好,说望子成龙之心也罢,以秦观之字"游"作为孩子的大名,其希望孩子将来能在某些方面和秦观有可媲美之处的意图是隐隐约约的或者干脆说是显而易见的。也许,陆母的这个梦,已经昭示了陆游将来真的会在文学上要有所造诣?其后陆游的才情也确凿地证实了这一点,其"六十年间万余诗",在中国古代文学史上可算是首屈一指。

提到陆游,首先蹦入人们脑海的不外乎"豪放"、"爱国"等字眼,无可厚非,几千年的文化传统已经教会人们在评价一个人的时候"顺理成章"地首先要考虑政治层面的东西,而陆游早年抒发爱国之豪情壮志和报国无门之愤恨等感情的诗歌成就和影响之大也确确实实是毋庸置疑的。褪去陆游身上"政治"这层严肃的外衣,还原其为一个俗骨凡胎的人,从陆游的爱情伤感诗里我们窥探到诗人两情相悦时的缱绻缠绵,也触摸到劳燕分飞时的哀哉痛哉,而最打动人心、让人们唏嘘不尽、欲说还休的,还正是这类诗。

陆游的感情生活中,相继有原配唐氏、继室王氏和小妾杨氏几个人,关于继室王氏的记载可能少一点,更多的是关于唐婉的,加之历代文人对二人感情的有意渲染,二人的故事在民间流传也比较广,后来更频频被搬上戏曲和银幕。

东风恶,欢情薄

陆游20岁的时候与表妹唐婉结婚,唐是陆游舅舅的女儿,与陆游是姑表亲,陆母是唐婉的亲姑姑。在古代封建社会里,近亲结婚不仅合乎常规,这种亲上加亲更被视为是保持血统纯正的一种好方法。可想而知,陆、唐二人的结合一定是双方父母均认可赞成的,也肯定是经过了媒妁之言明媒正娶的,即唐婉是陆游的第一任合法妻子,是正妻。而后来陆母越来越不满意唐婉,这让人觉得很是费解,俗话说侄女随姑姑,也就是说侄女在性格等方面会很大一部分遗传姑姑,照这样说的话,姑姑应该喜欢,至少是不讨厌侄女才是,可为什么这位陆母如此的"性乖张"呢?难道说只是因为觉得陆、唐二人太过要好耳鬓厮磨怕误导了陆游的前程?于情于理都说不通,人常说家和万事兴,夫妻二人感情和睦不正是"万事兴"的必备条件吗?还是因为后来陆游作品中透露出的唐婉不能生育的原因?古代出妻其中一条就是妻子不能生育,这样说的话还稍稍合理,但是,在三妻四妾的时代,加之唐婉的温柔可人和善解人意,肯定不会反对陆游纳妾,所以繁衍子嗣根本就不是问题,难道这位陆母真就如此绝情,活生生拆散一对鸳鸯,并且把自己的亲侄女置于被"出"的位置?如果说《孔雀东南飞》中焦仲卿的母亲不可理喻的话,这里的陆母比之更是有过之而无不及。

随后陆游父母逼迫陆娶了四川的王氏为妻,王氏小陆游两岁,父亲也是朝中为官,两家门当户对。四年后一个偶然的机会,陆游和唐婉在沈园相遇,但已是使君有妇、罗敷有夫。泪眼相看,竟无语凝噎,于是陆游写下了《钗头凤》:

红酥手,黄縢酒,满城春色宫墙柳。东风恶,欢情薄。一怀愁绪,几年离索。错!错!错!

春如旧,人空瘦,泪痕红浥鲛绡透,桃花落,闲池阁。山盟虽在,锦书难托。莫!莫!莫!

这首词作于绍兴二十年(公元1150年),开头三句回忆往昔与唐氏偕游沈园时的美好情景,之后由"东风恶"引出词人被迫与唐氏离异后的痛苦心情。接下来,"错,错,错"更是直接指出"东风恶"是造成悲剧的症结所在,表达了诗人的强烈控诉,但是,错的是谁呢?仅仅是一手遮天的陆母吗?难道自己的懦弱不是导致悲剧的一个原因吗?还是作者心怀对唐氏的愧疚?还是根本指责不合理的封建制度?作者没有说,只留给后人无尽的感叹和思索。词的下片,由感慨往事回到现实,写唐氏的玉容寂寞,突出"几年离索"给其带来的巨大痛苦。旧园重逢,她"泪痕红浥鲛绡透",往昔二人的山盟海誓仿佛隐隐约约还回荡在耳边,但这就是世界上最遥远的距离,明明还相爱,但已经不能在一起,哀莫大于心不得不死啊!算了吧,算了吧!

据说唐婉也曾和了一首《钗头凤》：

世情薄，人情恶，雨送黄昏花易落。晓风干，泪痕残。欲笺心事，独语斜阑。难，难，难！

人成各，今非昨，病魂常似秋千索。角声寒，夜阑珊。怕人寻问，咽泪装欢。瞒，瞒，瞒！

朱东润在《陆游传》中对唐婉和的这首《钗头凤》是这样解释的："这可能是后人的附会。他们分离了，但是永远依恋，见面了，但是又还沉默。封建社会里，男人还有男人的事业，可是女人所有的只是家庭和恋爱。赵士程是一位懂得体贴的丈夫，但是他不是恋爱的对象。没有恋爱也就没有家庭，一切都是空虚，这意味多情善感的唐婉，不久以后也就死去了。她留给陆游的是 50 年温馨的旧梦。直到 80 多岁的时候，他也忘不了这个'惊鸿之影'"。至于这首词是否是唐婉所作，至今仍然没有定论。

发表在《名作欣赏》2012 年第 4 期头版头条的社科院研究员陈祖美的《陆游〈钗头凤〉新解》一文提出了新的观点，文章在引证前人资料的基础上，提出了新见，结合陆游生活经历、相关事件的年限、当时的社会风气、加之其对"词"这一体裁的轻视，认为《钗头凤》不是陆游为唐琬而作，而是为其在四川成都时候认识的歌妓，后来成为陆游小妾的杨氏而作，陆游为唐婉写的只有《沈园二首》。毕竟陆游有着不羁的青中年时代，壮志难酬的愤懑曾让他转而为酒和女人癫狂，也许激荡了陆游感情生活的不止唐婉和杨氏二人。而在封建社会，被父母活活拆散的鸳鸯并不在少数，陆、唐二人的感情生活被无限弥漫、粉饰、演化，乃至被标榜为"千古绝恋"，或许只是无聊文人的刻意渲染和追逐潮流的戏作罢了。确实，我们今天再来看《钗头凤》这首词，恐怕升起最多的是对词本身格式、音律、意境美的感叹，其次才是对男女主人公感情的唏嘘。

其实，文学或者说文字也好，说到底只是文人可以随意操弄的工具，就像鲁迅的《伤逝》，从小说来看，是涓生对和子君相识、相恋、同居到分离的回忆，文中贯穿了一种低哀的情感，仿佛是涓生对子君的忏悔，但是，从接受学的角度看，《伤逝》中，子君是不在场的，整个故事的讲述者是涓生，涓生掌握着完全的话语支配权，那么，涓生的复述都是真的吗？一定可信吗？还是他不过是在为自己找借口？这是值得怀疑的。同理，《钗头凤》是陆游的产物，他真的是在通过此词表达对心中那个女人的愧疚吗？或者也只是一种掩饰？我们无可猜测。

法国作家罗曼·罗兰在《约翰·克里斯多夫》的题记中有"真正的英雄绝不是

永没有卑下的情操,只是永不被卑下的情操所屈服罢了”的话,不管《钗头凤》是为唐还是为杨,就感情来说,本无可厚非。

唤回四十三年梦,灯暗无人说断肠

沈园会面之后,陆游的心境是沉痛的,但是个人之上还有国家,恋爱之上还有事业。陆游当然不可能一直沉溺在男女私情的泥淖里,他还有建功立业的雄心壮志,他还要“上马击狂胡,下马草军书”,于是,陆游只有把这些文人的感伤暂且压一压,目光投向更远的地方,但即使是这样,朝廷投降的这个大方向的路线,陆游的振臂呐喊根本无济于事。这样,陆游报国无门的愤恨、婚姻爱情的失意交汇在一处,更显壮怀激烈。

后又由一个偶然的机会,陆游回到家乡重游沈园,睹物思人,写下《沈园二首》:

其一

梦断香消四十年,沈园柳老不飞绵。
此身行作稽山土,犹吊遗踪一泫然。

其二

城上斜阳画角哀,沈园非复旧池台。
伤心桥下春波绿,曾是惊鸿照影来。

本是春意荡漾、令人怡目的好风景,为什么冠以“伤心”二字呢?因为对陆游而言,曾经的沈园记载着两个人的无限缱绻;绿水垂柳、亭台水榭都见证着曾经的柔情蜜意。当年唐婉踟蹰桥头,临水照影,仿佛呢喃之声还在耳边。而如今桥下春波如旧,人却不在了,所谓“伤心人别有怀抱”,如同林黛玉说:“人说大观园四季如春,我眼中却只是一座愁城。”同样,因为沈园里的春水绿波,寄托着作者的情思,所以多年以后的沈园尽管还是那个沈园,仍旧保留着以往的很多景物,但因为当时的那个人已经不在了,水再绿,景再美,在作者看来也只能引起伤心。无怪乎近代人陈衍在《宋诗精华录》中评点此诗时说“无此绝等伤心之事,亦无此绝等伤心之诗。就百年论,谁愿有此事?就千秋论,不可无此诗。”如果说《钗头凤》里还有对昔日山盟海誓的回望和伤感的话,《沈园》里的“惊鸿照影”只能是幻梦一场,更添几分空寥和凄凉。

陆游81岁，他再一次梦到沈园，作《十二月二日夜梦游沈氏园亭二首》：

其一

路近城南已怕行，沈家园里更伤情。

香穿客袖梅花在，绿蘸寺桥春水生。

越接近城南，越不敢放开步子向前行。因为沈园是一个让诗人魂牵梦萦又肝肠寸断的地方，50多年过去了，梅花依然芬芳清香，常常被牵挂在游客的衣袖上；别致的小桥还是静静地泡在绿水中，景色还是那么迷人，只是人去园空！

其二

城南小陌又逢春，只见梅花不见人。

玉骨久埋泉下土，墨痕犹锁壁间尘。

当年写在墙壁上的《钗头凤》的墨痕，也快要让尘土遮盖住了，但对唐婉的情感，却越来越深沉，越来越坚贞。

第二年，陆游82岁，又写了《城南一首》：

城南亭榭锁闲坊，孤鹤归飞只自伤。

尘渍苔侵数行墨，尔来谁为拂颓墙？

种种，是否都是在表达对当年那段感情的复杂心情？这让人想起婚姻中男人和女人，有时候他们中的一个先去了，撇下另一个任凭生活的风吹雨打。

周作人曾有一篇文章提到沈园，说得极好："但最令人惆怅者莫过于沈园遗迹。因为有些事情或是悲苦或是壮烈，还不十分难过，唯独这种啼笑不敢之情，深微幽郁，好像有虫在心里蛀似的，最难为怀，数百年后，登石桥，坐石阑上，倚天灯柱，望沈园墙北临河的芦荻萧萧，犹为怅然，——是的，这里怅然二字用得正好，我们平常大约有点滥用，多没有那样的贴切了。"或许到了千百年后的周作人这里，陆游的"怅然"才得到真正的理解？

除了《钗头凤》和《沈园》系列诗，相传还有"菊枕诗"也是陆游为纪念唐琬而作，只是这两首诗的流传广度不及前两者。可能陆游在20岁的时候，才名已经远播，他与唐婉新婚燕尔，正是情意缠绵，举案齐眉，两人一起采集菊花，晒干做成枕头，即为"菊枕"。为此陆游还写过一首"菊枕诗"，作为他们夫妻新婚定情之作。但很可惜这首"菊枕诗"没有流传下来。及至陆游63岁的时候，偶然又看到菊花缝制而成的枕头，又想起当年二人一起做"菊枕"的情景，感慨良多，遂写下了两首"菊枕诗"，题为《偶复来菊缝枕囊，凄然有感》，诗云：

采得黄花作枕囊,曲屏深幌闷幽香。
唤回四十三年梦,灯暗无人说断肠!
少日曾题菊枕诗,囊编残稿锁蛛丝。
人间万事消磨尽,只有清香似旧时!

43年弹指一挥,但人的一生能有几个43年?充其量只有一个,43年在漫长的历史长河里也不过是短暂一瞬,但是在诗人陆游的心里,这43年,没有哪一刻真正忘怀唐婉,灯暗无人说断肠,死了的人已经离去,但是活着的人还要继续面对这惨淡的人生。诗人当然达不到像陶渊明"死去何所道,托体同山阿"的那种恬淡和超脱,他只能面对着"清香似旧时"的菊枕,悲叹"人间万事消磨尽",或者,他已经在羡慕唐婉的解脱?

伤心桥下春波绿,曾是惊鸿照影来

对陆游而言,人生似乎没有太多的好时节,有的,只是失意、遗憾和无奈,无论在事业上还是在感情上。在南宋国土沦丧、强敌压境的现实形势下,他心目中的最大功业就是杀敌御侮、收复失土。但是他的军事主张得不到统治者的首肯与采纳,战与不战,不是他一人说了算,更不是他振臂呐喊就能一呼百应的,统治阶级远比他"深思熟虑",高宗那原本魁梧的身躯最终在金人的铁蹄下一点点地矮了下去。陆游终其一生都在呐喊,然而他的声音越来越被一浪高过一浪的主和大潮所淹没,直至销声匿迹,国仇未报宝刀已老的他只能希望子辈们能在家祭的时候告诉他这个九泉之下仍牵挂着国家命运的老翁。尽管他的爱国热情感动和激励了无数后人,梁启超在《读陆放翁集》中以"亘古男儿"盛赞其精神力量;朱自清也在《爱国诗》中这样称赞:"过去的诗人里,也许只有他(陆游)才配称为爱国诗人。"但,作为一个须眉壮士,只能在纸上幻想"上马击狂胡,下马草军书",发一些"胡未灭,鬓先秋,泪空流"的悲怆愤慨,他是羞惭的;而作为一个堂堂七尺男儿,不能做自己感情的主人,他更是失败的。铁血与柔情,曾无数次激荡着他的身心,但这如火的情感最终都在现实这把风刀霜剑的严相逼下日渐无力。"此生谁料,心在天山,身老沧州!"这无奈,何止是对功业,又何止是对爱情!这次第,教他如何不伤心!

两情若是久长时,又岂在朝朝暮暮,大概这只是"知其不可"之时的一种自我安慰，谁不想"夫妻双双把家还"呢？陆游当然没有《再别康桥》时徐志摩的"挥一挥袖，不带走一片云彩"的潇洒，他想把一切留住，但无能为力。鲁迅说悲剧是把美的东西毁灭了给人看。或许只有残缺，不完美，有遗憾，才能给人留下悠长的回味，梁祝化蝶、罗密欧与朱丽叶双双服毒自杀，焦仲卿"自挂东南枝"，刘兰芝"举身赴清池"，或许只有玉颜空死、阴阳两隔才能把这一切推向极致的美丽？

有人说，每个人的一生都会遇到这样的两个人：一个惊艳了时光，一个温暖了岁月。无论如何，唐婉，应该算第一个吧？

杨万里:不笑不为诚斋体

提到南宋诗坛,不可回避的有两人,一是陆游,另一个则是名气稍显逊色的杨万里,而他是继白居易之后,诗坛中又一长寿之人,享年 80 岁。

二人与范成大、尤袤合称“南宋四大家”。四人风格各异,同时代的文学家姜夔认为,杨诗“‘痛快’、范诗‘温润’、陆诗‘俊逸’”。但四人之中唯陆游之名最盛。虽同样是有大量诗作流传至今,万里的声名远不及陆游。众所周知,陆诗豪迈悲壮,他一心只愿“王师北定中原日”;而杨万里则是清新生动——“小荷才露尖尖角,早有蜻蜓立上头”。同为外族入侵、国家受辱的时代,为何存在如此之大的差异?

后人对杨的诗褒贬不一,有说其粗鄙,也有说其谐趣。在《沧浪诗话·诗体》中,南宋诗坛只有杨万里一人能自成一体——诚斋体,由此足见他在诗歌上的创见。吕留良在《宋诗钞·诚斋诗钞》中评其特点时如是说:“不笑不足以为诚斋之诗。”在南宋那样的时代,为何会有这“笑”体出现,“粗鄙”是误读还是“文人相轻”? 只有回到 800 多年前,我们才能一探究竟。

我本山水客,淡无轩冕情

杨万里出身于江西吉水的一个穷山村里,他家境贫寒,世代无人做官。在《饮酒》诗中他自道:“我本非绍绅金华牧羊儿。”他的起点比出身于世代显赫、书香门第的陆游、范成大等要低好几个档次。之后能与这二人其名,也可算是屌丝逆袭的成功案例。

杨万里呱呱坠地那一年,是一个风狂雨横的年代。金兵大举入侵中原,四年后攻陷汴京,俘虏徽宗、钦宋二帝及太子、宗戚3000人北去,一个朝代宣告灭亡。之后高宗赵构,建立了偏安江南的南宋王朝。从此,便开始了宋金战战和和、南弱北强的长期对峙局面。

杨万里还没有来得及经历北宋的繁华与强盛,便已成为弱国之民。如果生在北宋,是否他的成就会更大?没有答案,因为这世间没有如果。

好在他有个爱读书的父亲,给了他逆袭的资本。在父亲的影响和培养下,他广师博学、勤奋努力、锲而不舍,终于在27岁那年进士及第。除了这些,他自身必有过人之处,不然在等级制度昭昭然的时代又如何能逆袭成功。

对他影响最大的应属主战派张浚,他曾三次前往拜见。张勉之以“正心诚意”之学,杨万里服膺其教终身,并名其读书之室曰“诚斋”,这也正是“诚斋”的由来。

在他的时代,江西诗派盛行,他们把“雅”做到了极致——作诗必用典、追求字句出奇、讲究语言韵律。诗坛上但凡出现极端风格时,必会造就名家来使其得以矫正。正如凄清、消沉的大历诗风后有白居易,而对诗歌形式追求到极端的江西诗派则造就了杨万里。说造就一点不为过,因为杨初学诗时就是拜的江西诗派。他在《荆溪集》序里谈到自己诗歌创作时说:“余之诗,始学江西诸君子,既又学后山五字律,既又学半山老人七字绝句,晚乃学绝句于唐人。……戊戌三朝时节,赐告,少公事。是日既作诗,忽若有悟。于是辞谢唐人及王陈江西诸君子,皆不敢学,而后欣如也。……涣然未觉作诗之难也。”

实际上,“杨万里诗风的转变是一种缓慢进行的渐变,而不像他本人所夸张的‘忽若有悟’式的突变。”其中“戊戌三朝”即淳熙五年的那次转变最为重要,这是“诚斋体”形成的关键;此后,诗人“以自然为诗歌题材的渊薮,以自然为诗歌灵感的源泉,这是‘诚斋体’的主要特征”。①

转益多师让他能取各家之所长,融会贯通,“若有悟”后形成自己的风格——诚斋体。这便是他的过人之处,不随波逐流人云亦云,“辞谢唐人及王陈江西诸君子”,否定权威,主体意识觉醒。在他看清当时诗歌的弊病后,突破樊篱,充分利用己之所长开创属于自己的新境界。

南宋项安世云:“醉语梦书辞总巧,生擒活捉力都任,雄吞诗界前无古,新创文机独有今。”又把他善于捕捉精巧细节的本事揭示于众。姜夔也称赞他说:“处处山川怕见君。”因为景物一旦进入杨诚斋的笔下,一定会把它的生动活泼描写得淋

① 莫砺锋:《唐宋诗论稿·论杨万里诗风的转变过程》,辽海出版社2001年第1版。

漓尽致。现代学者王兆鹏也认为,杨万里的自然山水诗,不同于王国维提出的“无我之境”和“有我之境”,而是“别创出第三种境界———一个有生命知觉、灵性情感的自然世界”①。试看《秋山》:

乌桕平生老染工,错将铁皂作猩红。

小枫一夜偷天酒,却倩孤松掩醉容。

乌桕年老,糊涂地把叶子染成暗褐色;小枫偷喝了天酒(夜里的霜露),醉红了脸颊(树叶);小枫与孤松红绿相衬,是小枫醉酒怕被乌桕老爷爷批评,央求孤松来帮忙遮掩。一个平常的自然景观经由他笔,却成了生动活泼的故事,不仅准确描写出物态,更是创造出了一个有灵性的自然世界。

自中进士后,杨万里经历了40年的仕宦生活。由于秉性刚正,常常得罪权贵,他一生官职不高,总在去、离任所的旅途上,虽在十余地为官,且有不错的政绩,但只做到广东提点刑狱官、秘书监这样文学清秘之职。

在这40年的仕途中,杨万里没有陆游那样“从戎”的经历,他唯一一次“身临”前线是在淳熙十六年(公元1189年)任“接伴金国贺正旦使”。这一官职的任务是迎接和陪伴金国来南宋祝贺元旦的使者。这次经历,他并没有亲眼目睹战场上的征杀、没有机会感受到军旅生活的艰辛,但却亲眼目睹了中原父老的苦难与对王师的盼望。中原大地的美景,却在铁骑之下,越发增加了诗人内心的愁苦。

所以他的生活所接触的环境大部分是那“杨柳荫中新酒店,葡萄架底小渔船。红红白白花临水,碧碧黄黄麦际天”。故而他不可能像陆游“夜阑卧听风听雨,铁马冰河入梦来”那般豪壮与宏肆。由于南宋称“侄皇帝”于金国,屈辱的职务以及经历使他愤慨沉郁。

杨万里,早年对做官就不感兴趣:“人家养子要作官,吾亲此行谁使然”、“我本山水客,淡无轩冕情”,以后又终主动辞官。晚年“退居南溪之上,敝屋一区,仅庇风雨,长须赤脚,才三四人,吟咏于江风山月间,醉则以天地为衾枕”(《陈宏绪嘴寒夜录》),显然一副与自然同化、自得其乐、甘老水云之乡的神态。

---

① 王兆鹏:《建构灵性的自然———杨万里“诚斋体”试析》,《文学遗产》1992年第3期。

寓庄于谐诚斋体，以趣入诗解烦忧

说到诚斋体的“笑”，是杨万里幽默个性的体现，是他面对这个整个世界所采取的态度，也是出于抚慰和安顿颤动不安的心灵——在自然之美中寻找慰藉，在嬉笑中淡忘愁苦。这“笑”有时是对生活中美的不由自主，也有对世事际遇的无可奈何——有微笑也有苦笑。朱光潜先生说：“能谐所以能在丑中见美，在失意中见出安慰、在哀怨中见出欢欣。谐是人类拿来轻松紧张情景和解脱悲哀与困难的一种清凉剂。”

这“笑”首先体现为“趣”，风趣的笔调、独特的观察视角。他举重若轻，轻松幽默的背后却带着严肃的思考和诚挚的感情，幽默与深刻合而为一。如《戏笔》：

野菊荒苔各铸钱，金黄铜绿各争妍。
天公支与穷诗客，只买清愁不买田。

杨万里一生为官清廉，每在任上随时做好离官的准备，可以看出他对追名逐利的排斥。他以诗人情怀奔波于官场之中，富贵注定与他无缘。面对穷困的生活，他寓庄于谐，借欢愉之词来抒发愁闷之情，用生动鲜明的意象来寄寓深奥的哲理，写出了理趣盎然的诗歌，使人们在审美愉悦中得到哲理的启悟。在感受诗人那份乐观与豁达的同时，也是一份能给读者带来酸涩微笑的诙谐。

大自然是最具有生命活力与美好景色的地方，正是在这些纯美的事物中，杨万里那疲惫无所从的心灵方才找到一片恬然自得的佳处。面对山水自然，王维、孟浩然静观万物，他们善于描画恬静悠远的意境，诗情静穆肃然；而杨万里却把他的幽默运用到自然彩图的勾勒中，即把趣味引入诗中去，以“得趣”为指归，用戏谑调侃的眼光看待大自然的一草一木，以诙谐的笔墨、拟人的手法来描写自然。他笔下的山水景物都活了起来，仿佛有了生命一般富于生气与生机，充满了幽默、活泼的喜剧气氛。他写岸柳，“两边岸柳都奔走，不急追船各自回”（《过洛社望南湖墓景》）；写小松，“小松能许劣，学我弄吟髭”（《病后觉衰》）；写月亮，“忽作青白眼，圆视向我嗔”（《早入东省残月初上》）；写槿篱与酴醾，“笑杀槿篱能耐事，东扶西倒野酴醾”（《过南荡》）；写惠山，“恨杀惠山寻不见，忽然追我到横林”（《午横林回望惠山》）等等。

他诗中活泼、拟人的笔调除了源自其幽默个性外，更因其注重捕捉瞬间物象，常以与众不同的眼光使琐细平凡的事物取得独立的可欣赏性。如此一来,便突出了事物给予感官的直接印象,给读者以更近于自然状态的动态美、原生美。如其名作《小池》:

泉眼无声惜细流,树阴照水爱晴柔。
小荷才露尖尖角,早有蜻蜓立上头。

夏日泉水流入小池,树影倒映在池水中,蜻蜓悠闲地停落在刚刚露出水面的小河,一个宁静恬美之境定格在读者的脑海中,泉水无私地给小池补给,树荫喜欢天空的晴朗与风的柔和。景物在他的笔下幻化成一个个有灵性的个体,让人从静中感受到动的自由,又在动中享受静的怡然。

除了风趣的笔调、独特的观察力,诗作传达的哲思、生活态度为“笑”这一特点打下深厚的文化底蕴。韩经太认为“充满生活情趣的诗意氛围,表现诗情画意的意境形象,蕴含哲理思辨的深远意味,乃是构成‘诚斋体’之‘风趣’的三大要素”①。如《桂源铺》:

万山不许一溪奔,拦得溪声日夜喧。
到得前头山脚尽,堂堂溪水出前村。

胡适先生认为“此诗可象征权威与自由的斗争”,自由是永恒的追求,而权威只是某个时空的王者,固然永恒奔腾的溪水终将取得胜利。但也可理解为求学之过程——由阻而行、由塞而通,最终由不懂到懂的过程,这里便是强调一个奔流不息的精神;也可理解为弱者在经过不断的抗争、喧叫,锲而不舍,最终奔向更为广阔的天地,而小溪则是象征新生事物不可阻挡的历史进程。

由于诗不是数学公式,它也没有特定的解答,世间万物相通,读者可以根据自己的经历来解读。同样,诗也不是枯燥抽象地去传教言理,它是在世人与自然的审美感兴中生发出哲理来,因而与读者产生共鸣,这也是它生生不息、代代流传的原因。

欧阳修、苏轼、黄庭坚等富于理趣的哲理诗,是让读者在感受诗美的同时,得到哲理的启迪。而杨万里诗中哲理的表达不像苏黄那样严谨、凝聚,而是更为自然轻灵,更富有趣味。他是以“趣”含“理”,用“理”深化“趣”,二者浑然一体,丝毫没有牵合之感,就如同糖化于水,无痕却味足,且沁人心脾。再如《过松源晨炊漆公店》其五:

---

① 韩经太:《论宋诗谐趣》,《中国社会科学》1993 年第 2 期。

莫言下岭便无难，赚得行人空喜欢。

正入万山圈子里，一山放出一山拦。

在亲历前，凡事切不可自以为是，行人认为下山不难，未免是高兴过早，当你兴致勃勃地爬过一道山梁，以为要到目的地了，可是刚过一山，一山又横亘在前，原来已陷入了群山万壑的包围之中，山行如此，人生不也如是？

从江西诗派入，而不从江西诗派出

然而，后世许多学者恶诚斋之“谐俗”，或称之为“鄙俗”、“粗鄙至极”、“难得此雅善”（纪昀《瀛奎律髓刊误》）。这种评论实际指责的是诚斋体缺乏遣词造句的典雅和引经据典的庄重。对于这一问题，我们就不得不谈到江西诗派。

南宋时期，江西诗派的影响遍及于整个诗坛。代表人物黄庭坚诗歌理论中最著名的主张是“脱胎换骨”、“点铁成金”、“化腐朽为神奇”。他们喜欢从佛经、语录、小说等杂书里寻找冷僻的典故、罕见的字词，还有意造拗句、押险韵，以此来标榜身后的文学功底，以及遣词造句的高超能力。

钱钟书对于这一现象曾给出了十分犀利的评价，“他们仿佛戴上了口罩去闻东西，戴上了手套去摸东西。譬如赏月作诗，他们不写自己直接的印象和切身的情事，倒给古代的名句佳话牢笼住了，不想到老杜的鄜州对月或者张生的西厢待月，就想到‘我欲乘风归去，又恐琼楼玉宇，高处不胜寒’，或者‘本是分明夜，翻成黯淡愁’。他们的心眼丧失了天真，跟事物接触得不真切”①。

杨万里诗歌是从江西诗派入，而不从江西诗派出。他早年苦学江西，然后尽毁少作，从书本走向自然。他看到的就是“资书以为诗”、内容空虚、脱离现实的形式主义弊病，所以他回归自然，不为作诗而作诗。翁方纲说：“诚斋之诗，上规白傅，正自大远。”从遣词造句上看，翁所言极是，然后白居易对杨万里的影响绝对不仅这些，还有“淡泊名利、超脱闲适的人生态度的影响”②，才会进而影响到他的诗歌创作。

虽然尽毁早年之作，杨万里并没有真正地完全跳出江西诗派。虽然江西诗派

---

① 钱钟书：《宋诗选注》，人民文学出版社 1958 版。

② 张瑞君：《杨万里评传》，南京大学出版社 2002 年版。

有形式主义的倾向，但不可否认其创作理念也有可取之处，并被杨所吸收，只是杨自己不愿承认到罢了。钱钟书在《宋诗选注》中说：“……南宋人往往把他算在江西派里，并非无稽之谈。我们进一步追究，就发现杨万里的诗跟黄庭坚的诗虽然一个是轻松明白，点缀些俗语常谈，一个是引经据典，博奥艰深，可是杨万里在理论上并没有跳出黄庭坚所谓‘无字无来处’的圈套。请看他自己的话：‘诗固有以俗为雅，然亦须经前辈取熔，乃可因承尔，如李之‘耐可’、杜之‘遮莫’、唐人之‘里许’‘若个’之类是也。……彼固未肯引里母田妇而坐之于平王之子、卫侯之妻之列也。’这恰好符合陈长方的记载：‘每下一俗间言语，无一字无来处，此陈无已、黄鲁直作诗法也。’”

杨万里现存作品4000余首，与陆游、范成大相比，他关心国事、同情民生疾苦的作品不多。在南宋那样的时代，他的诗歌内容较之二人略显小我，更有人认为过于琐屑，其草率作品也不少。但是，如果从他的经历、性格等诸多方面考虑，他是把诗歌作为消除内、外部刺激造成的心理张力、以达到心态的平衡快适的一种手段。这也就难怪其诗歌数量之大，而他又能成为为数不多的长寿诗人之一了。

辛弃疾:倩何人,唤取红巾翠袖,揾英雄泪

辛弃疾戎马一生文武兼修,他下马能草檄,上马能杀贼,既有军事战略眼光,又有行政才干。唐人云:宁作百夫长,不为一书生。辛稼轩可谓是书生和百夫长的完美结合。如果南宋朝廷真的重用辛弃疾的话,也许宋金的历史将会改写。然而历史不容假设。

他是一个气搏云霄、柔情盖世的悲剧英雄。他的词既有"八百里分麾下炙,五十弦翻塞外声,沙场秋点兵"的豪迈气势,又有"众里寻他千百度,回头蓦见,那人却在灯火阑珊处"的温润婉约;还有"七八个星天外,两三点雨山前,旧时茅店社林边,路转溪桥忽见"的清新雅致。清人陈廷棹在《云韶集》中云:"东坡词极名士之雅,稼轩词极英雄之气。"就人们所感知到的形象而言,苏东坡是"学士"风度,辛稼轩则是"英雄"气概。

他是一名有缺点的战士,他的文风他的人品后人评说褒贬不一。还是鲁迅的那句话:"有缺点的战士终竟是战士,完美的苍蝇也终竟不过是苍蝇。"

生逢乱世遭猜忌,英雄难酬报国志

辛弃疾(1140—1207),字幼安。从名与字来看,大约是小时候身体不好,是大人为祈盼他的健康而起。山东济南历城人,南宋时,这里沦为金人统治区。

绍兴三十一年(公元 1161 年),金主完颜亮大举南侵,在其后方的汉人不堪金人严苛的压榨,纷纷起义。21 岁的辛弃疾也聚集了 2000 人,参加由耿京领导的一支声势浩大的起义军,并担任掌书记。绍兴三十二年(公元 1162 年)辛弃疾奉命南下与南宋朝廷联络。在他完成使命归来的途中,听到耿京被叛徒张安国所杀、

义军溃散的消息。此时的辛弃疾如为个人安危计,大可折返朝廷做自己的官。但他却带了50人的亲兵卫队,纵马直入有5万人防守的金军大营,活擒了叛徒张安国,并召集了数千名不愿做叛徒的义军将士,慷然南渡,昼夜兼行,将叛徒张安国交付朝廷,明正刑典,斩首正法。这一"单刀赴会"式的勇敢和果断,使他名重一时,"壮声英慨,儒士为之兴起,圣天子一见三叹息"(洪迈《稼轩记》)。

此后,辛弃疾开始了长达20年的仕宦生涯。在南宋任职的前期,稼轩曾热情洋溢地写了不少有关抗金北伐的建议,像著名的《美芹十论》、《九议》等。辛弃疾本人是沙场上实刀真枪的战士,不比文士谈武往往流于空词,其《美芹十论》对宋金对立态势和军事斗争的方法作了具体而详尽的分析,显示出非凡的战略眼光。"揆诸史乘,验于当世,可谓尽善矣"。《九议》写于《美芹》之后,从九个方面详细阐述了抗战的方略,提出更进一步的计划和措施,内容也更为精辟深刻。

可惜一腔热血化作东流水。《宋史》里对宋孝宗颇有赞词,称他"聪明英毅,卓然为南渡诸帝之称首",然而孝宗的锐意恢复大多停留于口头,尤其符离败退后,便只是苟且偷安。据说1170年,宋孝宗曾在临安延和殿召对辛弃疾。只是"弃疾因论南北形势……持论刚直,不为迎合"。

朝廷对辛弃疾的建议反应冷淡,却也认识到了他的实际才干。于是先后把他派到江西、湖北、湖南等地担任转运使、安抚使一类重要的地方官职,去治理荒政、整顿治安。这虽然与辛弃疾的理想大相径庭,但毕竟是关乎国计民生的事情,故而辛弃疾表现得也相当出色,甚至是相当出格的:辛弃疾在湖南不仅整顿官军,严明军纪,强化训练,且另建一支"飞虎军",铸兵器,买战马,修营房。据说期间有人向朝廷状告辛弃疾建营扰民。辛弃疾把圣旨藏下。营地建好了,飞虎军住进去了,他才把圣旨拿出来,小范围内宣读一遍了事。——这等作风在朝廷官员看来就是异类。而辛弃疾我行我素。此后在江西、湖北等地亦采取铁腕政策,据说使奸盗屏迹。

然而辛氏严打亦招来不少口舌,累遭官场掣肘,后更招致革职处分,在江西上饶一带长期闲居。此后辛氏自号稼轩,稼轩是农家小屋的意思。

宁宗嘉泰三年(公元1203年),主张北伐的韩侂胄起用主战派人士,已63岁的辛弃疾被任为绍兴知府兼浙东安抚使,年迈的稼轩精神为之一振。但不久则在一些谏官的攻击下被迫离职,于开禧元年(公元1205年)重回故宅闲居。开禧三年(公元1207年)秋天溘然长逝。

辛稼轩殁后尚且遭人弹劾。宁宗即对稼轩"追削爵秩,夺从官恤典"。宋理宗绍定六年(公元1233年)即稼轩死后26年,朝中已以为对稼轩处置不当,赠光禄大夫,稼轩死后68年,即宋恭帝德佑元年,史馆校勘谢枋得为辛稼轩冤案事请于朝,得以彻底平反,追赠少师,谥忠敏。

对于辛氏的昭冤还有一神秘主义色彩的故事流传:"咸淳间,史馆校勘谢枋得过辛稼轩墓旁僧舍,有疾声大呼于堂上,若鸣其不平,自昏暮至三鼓不绝声,枋得秉烛作文,旦且祭之,文成而声始息。"(《祭辛稼轩先生墓记》)考究此事之真伪并无意义,却适足见人们对英雄的绵长回忆与无限同情。

由于宋朝皇帝对于拥兵将领有着高度的敏感,哪怕大敌当前,对将领的疑心也并不消减。有北宋名将狄青的前车之鉴,加之高宗杀岳飞的事例,孝宗对辛弃疾的闲置也就不足为奇了。

且辛弃疾的出身尤涉禁忌。这点拿来与苏轼作比,尤其一目了然:苏、辛二人同样遭人忌刻,而对于苏轼,皇帝尚有意优容。据宋人笔记载:苏轼下狱,"神宗本无意深罪子瞻",有人"言苏轼于陛下有不臣意"(《石林诗话》)。神宗却清楚地回答:"诗人之词,安可如此论,彼自咏桧,何预朕事。"(《渔隐丛话》)而辛弃疾遭遇之忌刻其实首先来自于皇帝,他那曾经的农民起义军首领的身份,参照水浒招安的故事,可知是他一生抹不去的"金印"。

且辛弃疾那英雄心性也使得他没有改弦易张的可能。他的军事才能与文官政治不能相容,他的铁腕作风也不被士大夫们所接受,即使是写诗填词,都显得是如此的不讨好:据说苏轼作词,"神宗读至琼楼玉宇二句,乃叹曰:苏轼终是爱君。"而辛弃疾《摸鱼儿》一词却是"闻寿皇见此词,颇不悦。然终不加罪,可谓盛德也已"。

如果说《摸鱼儿》一词中那对"长门事"的愤激和"斜阳正在烟柳断肠处"的危苦,是让皇帝不舒服的话,则其他词中如"怕应羞见,刘郎才气"、"元嘉草草,封狼居胥……四十三年,望中犹记,烽火扬州路"等等,对刘裕、孙权、刘备,特别是温峤、桓温这些乱臣贼子的典故的频频使用,在当权者心中所引起的恐怕不仅仅是"不悦",而是深深的猜嫌。

这份猜疑在后人甚至都难免,清人陈廷焯就说:"稼轩有吞吐八荒之概而机会不来,正则为郭、李,为岳、韩,变则为桓温之流亚。"陈氏就认为辛弃疾在条件允许的情况下有可能成为桓温一类的奸雄。这份猜忌是否公允无事可证,然辛弃疾的不平庸和不甘心以及皇帝看出了这份不平庸不甘心却都是事实。这也是辛弃疾一生遭际的根源所在。

辛弃疾署理地方事宜,一向铁腕:到福建上任的第一天就把牢房的囚犯全部杀掉了。因为辛稼轩认为福州就是强盗的老巢,怀柔安抚无济于事,故而快刀斩乱麻。淳熙二年(公元1175年),屡败官军。35岁的辛弃疾奉命前往镇压赖文政领导的茶商起义,在赖文政接受招安之后随即将其押往江州处死,其余人众亦一并处决。据说宋孝宗颇为不以为然,认为言而不信毕竟不是官家所为。

此等事,往好处想,可以说辛弃疾不趋附同僚甚至皇上的意见,但教政通人和,便大胆去做,且敢作敢当。但对于其铁血政策,我们也不能过度诠释。朝廷官员对辛弃疾"唯嗜杀戮"、"恬不少悛"弹劾也不能说全无道理。不过,历来人们对辛弃疾"杀人如草芥"之事很少提及,或许因为人们认定他为一个郁郁不得志的悲剧人物,故只应对他表示同情。

此外,关于辛稼轩究竟有没有贪污行为也有不少研究者进行深入的探讨。

光宗绍熙五年(公元1194年)秋天,辛弃疾在福建安抚使任上时,被谏官黄艾弹劾他"残酷贪饕,奸赃狼藉"。宁宗开禧元年(公元1205年),辛弃疾复起知隆兴府,"以臣僚言弃疾好色贪财,淫刑聚敛",又被免官。贪污所说可能是政敌的诬陷。不过,一再的落人口实,则辛弃疾本人似乎也难辞其咎。考之于史料,朱熹的《与黄商伯书》也有相关记载:"辛帅之客舟贩牛皮过此,挂江西安抚占牌,以帟幕蒙蔽船窗甚密,而守卒仅三数辈。初不肯令搜检。既得此物,则持帅引来,云发赴浙东总所。见其不成行径,已令拘没入官。昨得辛书,却云军中收买。势不为已甚,当给还之,然亦殊不便也。"

辛稼轩本人对功名富贵有弃若敝屣的态度:"富贵非吾愿,皇皇乎欲何之?正万籁都沉,月明中夜,心弥万里清水。"有时却也是似乎兴趣很浓:"一杯莫落他人后,富贵功名寿""向人间,长富贵,地仙行"。然而无论哪一方面都是作为一个人的真实的想法,两者都是也丝毫不违背人性的定义。

其实神化一个人和诋毁一个人一样,是对他的存在的不尊重。他不是一个圣人,他也有缺点,而这些缺点丝毫不妨碍我们对稼轩词的喜欢。

南宋文人谢枋得在《祭辛稼轩墓记》中写道:"公精忠大义,不在张忠献、岳武穆下。……结豪杰,智斩虏馘,挈中原还君父,公之志亦大矣。"对辛稼轩是五体投地的佩服。所以,还是鲁迅的那句话:"有缺点的战士终竟是战士,完美的苍蝇也终竟不过是苍蝇。"

慷慨激昂赋情怀，做个词人真绝代

英雄纵然失路却也不做丧家之犬态，而是转战战场，另辟疆土。尽管这不是辛弃疾的本意。词在辛弃疾之前，充斥的是红粉佳人和失意文士的情调，到辛弃疾这里则拓出又一新境。

有对战场精彩的描述："燕兵夜娖银胡禄，汉箭朝飞金仆姑。"而生死险恶中又有壮丽的生命火花闪耀："八百里分麾下炙，五十弦翻塞外声。沙场秋点兵。马作的卢飞快，弓如霹雳弦惊。"这样的情境里凸显出的是"虎啸风生、气势豪迈的英雄形象"。即使是迟暮之年的辛弃疾，追忆往事还有"壮岁旌旗拥万夫，锦襜突骑渡江初"的回忆，这是他的少年壮举，自然说来响亮。即使是下片那"却将万字平戎策，换得东家种树书"的悲叹，也有金剑沉埋、壮志蒿莱的力度。

力度来自激烈难平的情怀，而情怀又源于辛弃疾飞动跳荡的生命气象。以生命为底色，辛弃疾的词作就有了独一无二的面貌。辛氏有《菩萨蛮》云：

郁孤台下清江水，中间多少行人泪。西北望长安，可怜无数山！

青山遮不住，毕竟东流去。江晚正愁予，深山闻鹧鸪。

梁启超在其《艺蘅馆词选》中评价说："菩萨蛮如此大声镗鞳，未曾有也。"菩萨蛮是词牌中的小令，通常是灵巧轻柔的抒情小调，到辛弃疾的手上，却变得沉痛而激昂。

《永遇乐》被誉为是辛词之冠冕。时年辛稼轩66岁，被朝廷第三次起用。他来到京口（今镇江）的北固亭，发出了烈士暮年的最后一次慷慨长啸：

千古江山，英雄无觅，孙仲谋处。舞榭歌台，风流总被、雨打风吹去。斜阳草树、寻常巷陌，人道寄奴曾住。想当年，金戈铁马，气吞万里如虎。

元嘉草草，封狼居胥，赢得仓皇北顾。四十三年，望中犹记、烽火扬州路。可堪回首、佛狸祠下，一片神鸦社鼓。凭谁问，廉颇老矣，尚能饭否？

此词用典颇多，甚至有掉书袋的讥评，然而不如此不足以涵盖诸多历史意义和现实感慨。无论古意还是今情，被作者织成浑然一片，且峰回路转，愈转愈深，构建出深宏博大的意境。

更难得的是辛氏的雄豪激烈之气不尽出刚健之辞，如《摸鱼儿》一首，于极婉约的文辞里却有着一股豪放之气贯通浑呈，以美人伤春诉忧国之心，郁愤英气含而不露。《白雨斋词诗》里评价道:“词意殊怨,然姿态飞动,极沉郁顿挫之致。”梁启超先生更是惊呼:“回肠荡气,至于此极。前无古人,后无来者!”

“稼轩词以激扬奋厉为工”,于婉约词偶一为之却也是上乘佳作:如《祝英台近》一首:

宝钗分,桃叶渡,烟柳暗南浦。怕上层楼,十日九风雨。断肠片片飞红,都无人管,更谁劝、啼莺声住?

鬓边觑,试把花卜归期,才簪又重数。罗帐灯昏,哽咽梦中语:是他春带愁来,春归何处?却不解、带将愁去。

沈谦的《填词杂说》评价道:“‘宝钗分,桃叶渡’一曲,昵狎温柔,魂消意尽,词人伎俩,真不可测。”

另有《粉蝶儿》一词也颇妩媚讨喜:

昨日春如十三女儿学绣,一枝枝不教花瘦。甚无情便下得雨潺风,向园林铺作地衣红皱。

而今春似轻薄荡子难久。记前时送春归后,把春波都酿作一江春酎,约清愁杨柳岸边相候。

“春似轻薄荡子难久”这样温柔旖旎的句子,难为辛弃疾能说得出来。

同样写元夕,辛弃疾的《青玉案》与欧阳修的“月上柳梢头”一词亦可分庭抗礼:

东风夜放花千树,更吹落、星如雨。宝马雕车香满路,凤箫声动,玉壶光转,一夜鱼龙舞。

蛾儿雪柳黄金缕,笑语盈盈暗香去。众里寻他千百度,蓦然回首,那人却在,灯火阑珊处。

尤其“众里寻他千百度,回头蓦见,那人却在灯火阑珊处”一句,苦苦找寻的惘然,失而复得的惊喜,深得感情三昧。无论以什么样的标准,它都是中国最经典的诗句之一。后国学大师王国维的《人间词话》里又引用来比喻古今成大事业、大学问的最高境界,益发广为人知。

稼轩一向壮声英概,故而很多人读到这类情词总会认为词中有托物言志式的寓意。梁启超就认为辛弃疾所作的这些情词是“伤心人别有怀抱”。当然,对于辛弃疾来说,用传统的香草美人手法隐晦的表达心志,实乃易事,但对于读者而言,完全抛却历史与政治的因素,单纯地把辛弃疾的这些词理解为纯粹的情词也未为不可,毕竟顶级的艺术大师是能够表达最普遍的人类情感的。

岳珂《桯史》中记载有：辛稼轩对《贺新郎》与《永遇乐》两阕词甚为自许，“特置酒召数客，使妓迭歌，益自击节，遍问客，必使摘其疵，孙谢不可。众人皆谦逊之际，独有岳珂直言不讳：‘前篇（《贺新郎》）豪视一世，独首尾两腔，警语差相似；新作（《永遇乐》）微觉用事多耳。’”辛弃疾“大喜”，“酌酒而谓坐中曰：‘夫君实中予痼。’”意思是说这个年轻人的意见切中了我的要害。于是稼轩即据其意，“咏改其语，日数十易，累月犹未竟。”

“微觉用事多耳”，不独在当时，在后世也常招人批评。

辛弃疾博闻强识，胸中自有万卷诗书。因而作词时以赋入词、以诗入词、以散文入词、甚至以口语、俚语入词，几无不可入词者。更难得的是化用经史百家和各类历史典故时自然灵动，因此历来文学史上都认可这是对词境的一种突破。而真正的文学大家就是能够拓开一片天地的人。

况且“辛稼轩别开天地，横绝古今。论、孟、诗小序、左氏春秋、南华、离骚、史、汉、世说、选学、李杜诗，拉杂运用，弥见笔力之峭”。（《莲子居词话》）这“拉杂运用”四字看似取巧，其实不是任什么人都能“拉杂”得起来的。以辛弃疾这样的语言艺术大师，欲改换其辞都“累月犹未竟”，正说明用典虽多只要天衣无缝便无可代替。反而是后世的文人，没有辛弃疾的才力却学他用典，结果往往得不偿失。

至于“掉书袋”的批评，则“嫌掉书袋者，读书少耳，正应责诸己，不当苛求人”。（范曾《大丈夫之词》）

辛稼轩也有完全不用事的词，如《丑奴儿·书博山道中壁》：

少年不识愁滋味，爱上层楼。爱上层楼，为赋新词强说愁。

而今识得愁滋味，欲说还休。欲说还休，却道天凉好个秋。

淡淡说来，而痛定思痛之痛却不言而出。

英雄豪气胜东坡，壮志难酬学渊明

中国历史上有两次“鹅湖之会”：一次是哲学史上著名的朱熹与陆九渊之会。另一次则是文学史中辛弃疾与陈亮之会。那是淳熙十六年（公元1189年）的冬天，陈亮在信州会见了辛弃疾。

辛弃疾与陈亮结识一事在宋人笔记里颇有传奇色彩：“陈亮夜思稼轩沈重寡言，醒必思其误，将杀我以灭口，遂盗其骏马而逃。”“逾月，致稼轩书，假十万缗以

纾困,稼轩如数与之。”(赵溍《养疴漫笔》)

盗马又借钱,陈亮的不拘小节不能不说是忒过了些。但辛弃疾毫无芥蒂地引为知己却更显出英雄识人的眼力。陈亮其人在宋代思想史、文学史都占有一席之地。偶尔的疑心和过激也许是因为刚坐过牢的惊弓之举。

陈亮填词激烈处不让稼轩:“尧之都,舜之壤,禹之封,于中应有,一个半个耻臣戎!万里膻腥如许,千古英灵安在,磅礴几时通?”萨特有言:男人之间的友谊以世界为背景。有着共同世界的陈亮和辛弃疾自然相见恨晚。

“我病君来高歌饮,惊散楼头飞雪,笑富贵千钧如发,硬语盘空准来听,记当时,只有西窗月。”辛弃疾在词里记录下了两人于雪月之夜秉烛而谈的畅快情景。

十天后陈亮飘然东归。辛弃疾欲追又止。此后二人唱和不绝,其中尤以两首最为出名:

贺新郎

老大那堪说。似而今、元龙臭味,孟公瓜葛。我病君来高歌饮,惊散楼头飞雪。笑富贵千钧如发。硬语盘空谁来听?记当时、只有西窗月。重进酒,换鸣瑟。

事无两样人心别。问渠侬:神州毕竟,几番离合?汗血盐车无人顾,千里空收骏骨。正目断、关河路绝。我最怜君中宵舞,道“男儿到死心如铁”。看试手,补天裂。

破阵子

醉里挑灯看剑,梦回吹角连营。八百里分麾下炙,五十弦翻塞外声,沙场秋点兵。

马作的卢飞快,弓如霹雳弦惊。了却君王天下事,赢得生前身后名,可怜白发生。

从来,忧国忧民的人都值得敬重。就如襄阳城郭靖对杨过所说:“侠之大者,为国为民。”杨过那样放达不羁的人都肃然起敬。也许日后的人类社会里不会有王朝、国家的概念,然而,“鞠躬尽瘁,死而后矣”的壮怀激烈每每还是会令读者热血沸腾。

提到豪放词的代表人物时,总是“苏辛”并提。而苏辛谁更出色,自南宋以来学人们就争论不休。一个是开创豪放词风的宗师,一个是豪放词派的集大成者,在语言和手法的运用上二者的成就也是有目共睹、不分轩轾的。

辛词的豪放与东坡的豪放各有各的境界:苏东坡的豪放,是人生的磨砺所致,匀上些书卷冲淡气息,那文辞里就多了份雅人深致;辛弃疾的豪放,是时代的巨大创痛所催生，加之灵魂深处的激烈情怀，形诸吟咏，就在豪气之上又添霸悍之气。

苏轼曾有“西北望，射天狼”的壮语，但这只是作为文人偶尔的浪漫豪举罢了。苏轼最终所成就的还是文人的事业，开创的是为后人竞相效仿的文人生存范式；而辛所追求的则是“马上功业”，是将军的赫赫战功和江山万年的宏愿。苏的情怀里更多的是“儒生”对君主和王朝的忠诚，而辛的事业则是民族统一的大业，至于皇帝姓甚名谁也许并不在意。

清人陈廷棹在《云韶集》中总结道：“东坡词极名士之雅，稼轩词极英雄之气。”则就人们所感知到的形象而言，苏东坡是“学士”风度，辛稼轩则是“英雄”气概。

辛弃疾中年罢官以后，在江西上饶营建带湖新居，尝谓“人生在勤，当以力田为先”，一听就是在学陶渊明的故事。陶渊明从官场转向山水，“归去来兮，田园将芜胡不归……乃瞻衡宇，载欣载奔”，开启了后世文人共同的法门。

辛弃疾欣赏陶渊明，据说辛弃疾留下的600多首词中，吟咏、提及、明引、暗引陶诗陶文的就有60首，几乎每10首词中就有一首与陶渊明有关。

《贺新郎》一词便是对陶潜的追思怀想：

甚矣吾衰矣。怅平生、交游零落，只今余几！白发空垂三千丈，一笑人间万事。问何物、能令公喜？我见青山多妩媚，料青山、见我应如是。情与貌，略相似。

一尊搔首东窗里。想渊明、《停云诗》就，此时风味。江左沉酣求名者，岂识浊醪妙理。回首叫、云飞风起。不恨古人吾不见，恨古人、不见吾狂耳。知我者，二三子。

可以看出较之陶渊明，辛氏的用世之心太深。那份“不恨古人”的狂放正是他的“不能释怀”的体现。实在的，也因为辛稼轩拥有陶渊明所不具备的文治武功，无怪乎他的不能释怀。

辛弃疾笔下田园诗歌的美好比之陶渊明有过之而无不及：

茅檐低小，溪上青青草。醉里吴音相媚好，白发谁家翁媪。

大儿锄豆溪东，中儿正织鸡笼，最喜小儿无赖，溪头卧剥莲蓬。

明月别枝惊鹊，清风夜半鸣蝉。稻花香里说丰年，听取蛙声一片。

七八个星天外，两三点雨山前，旧时茅店社林边，路转溪桥忽见。

窃以为描绘田园风光，没有比这两首更好的文字。前者是一副安其居、乐其俗、美其服、甘其食的清明画卷——据说明、清画工以此作画无数。后者则是美到极致却显寻常的自然风光，直是天籁之音。这类的词“使吾人忘利害之念，而以精

神之全力沉浸于此对象之形式中。”(王国维《古雅之在美学上之位置》)

辛弃疾的词里对闲居生活的描写既是多方面的也是风格多样的:

醉里且贪欢笑,要愁哪得工夫? 近来始觉古人书,信著全无是处。

昨夜松边醉倒,问松我醉如何? 只疑松动要来扶,以手推松曰:去!

喝醉了有词,戒酒也有词作:“杯,汝前来! 老子今朝,检点形骸。甚长年抱渴,咽如焦釜,于今喜睡,气如奔雷,漫说刘伶,古今达者,醉后何妨死便埋……”词风接近游戏调侃,却也不失个体风神。

酒屡戒不止,盖因心中块垒太多,块垒浇之不去反而又伤了身体:

枕簟溪堂冷欲秋,断云依水晚来收。红莲相倚浑如醉,白鸟无言定自愁。

书咄咄,且休休,一丘一壑也风流,不知筋力衰多少,但觉新来懒上楼。

写英雄晚年以多病之身渐现壮志蒿莱,真实可感。

有意思的是辛弃疾连家中琐屑小事亦写进词中,有时颇具幽默色彩。如《最高楼》一词:

吾衰矣,须富贵何时? 富贵是危机。暂忘设醴抽身去,未曾得米弃官归。穆先生,陶县令,是吾师。

待葺个园儿名佚老,更作个亭儿名亦好。闲饮酒,醉赋诗。千年田换八百主,一人口插几张匙? 休休休,更说甚,是和非。

深感壮志难酬的辛弃疾打算申请退休,被儿子以“家产未置办齐全”为由而反对,辛弃疾当即作词骂之,行辞章家教。

姜夔:人生天地间,忽如远行客

他清风明月,一无所有,在各种矛盾的碎片上孤独而又艰难地行走,历经人世沧桑,老无所依,死无所葬。面对南宋偏安的半壁河山,他一介布衣的心情无论再沉痛也改变不了什么。他终身寄人篱下,可他依然保持着自己的人格与尊严,成为后世知识分子景仰的典范。他有着卓越的艺术才华,对于诗、词、书法、音乐,无一不精。他的冷香幽韵,他的清空骚雅,开创了一个审美的新境界。他将良缘难继的痛苦与生命寸寸死掉的悲哀融入时光的永恒,于是他从宋词里来,他从杏花天影中来,带着暗香。

冷红叶叶下塘秋,长与行云共一舟

姜夔一生平平凡凡,没有可歌可泣的英雄壮举,亦没有轰轰烈烈的丰功伟绩,关于他身世的材料较少,我们只能从他出类拔萃的艺术华章中绘出一幅隐约的素描:那是神似而忘形的。他是南宋杰出的词人,在词史上的地位仅次于辛弃疾。杨万里诗云:“尤萧范陆四诗翁,此后谁当第一功?新拜南湖为上将,更推白石作先锋。”当时驰骋诗坛的四大家都是年长姜夔30岁左右的前辈,南湖张镃虽然在年龄上与姜夔相仿,但张镃的身份是世家贵胄。杨万里称誉姜夔为文林中的先锋人物,充分表明了他对姜夔出色才华的肯定与赞许。

姜夔在早年“三熏三沐师黄太史”,江西诗派的烙印若隐若现,但他却没有沉浸在江西苦涩流弊里墨守成规;他汲取晚唐体的空灵圆润,却不像晚唐那样狭隘局促;他学习辛弃疾,却可以“变雄健为清刚,变驰骤为疏宕”(周济《宋四家词选》),推陈出新,自成一家;他与柳永、周邦彦一样精研音律,却割除了婉约一脉中的绮靡媚软,力求淳雅,开创清空的另类风景,最终能够独树一帜。

姜夔字尧章,号白石,饶州鄱阳(今江西鄱阳县)人,大约出生于宋高宗绍兴二十五年(公元1155年),历高宗、孝宗、光宗、宁宗四朝。其父名噩,取自扬雄《法言·问神》:"虞夏之书浑浑尔,《商书》灏灏尔,《周书》噩噩尔"。"噩噩",为"严正"之意。姜噩绍兴三十年(公元1160年)中进士,孝宗隆兴元年(公元1163年)在汉阳为官任职,孝宗乾道四年(公元1168年),姜噩卒于汉阳,是年姜夔13岁,后依姐姐居汉川。成年之后,为了谋求生路,曾在饶州、维扬、湘中、沔鄂、金陵、合肥、苏州、越中、杭州、梁溪、华亭、括苍、永嘉等地漂泊不定。

孝宗淳熙十三年(公元1186年),姜夔31岁,他遇到了千岩老人萧德藻,因赏识姜夔的才华而妻之以兄女。之后随萧德藻寓居湖州(今浙江吴兴)十年左右,并由萧德藻的引荐,结识了杨万里、范成大等文苑名流。他在《姜尧章自叙》中谈到杨万里称赞自己"于文无所不工,甚似陆天随"(周密:《齐东野语·卷十二》)。杨万里比他长32岁,作为忘年之交,将姜夔誉为晚唐之陆龟蒙,这是极高的评价。范成大也认为他的"翰墨人品,皆似晋、宋之雅士"(同前)。他自度《暗香》、《疏影》二曲,音节清婉。范成大将家中歌姬小红赠予他,慰其合肥伤别之情怀。大雪载归,过垂虹桥,姜夔赋诗云:"自作新词韵最娇,小红低唱我吹箫。曲终过尽松陵路,回首烟波十四桥。"对于朱熹他是"既爱其文,又爱其深于礼乐"(同前)。至于辛弃疾,他则"深服其长短句"(同前)。

在他年近不惑之际,他与南宋大将张俊之孙张鉴结下了深厚的友谊,后移家杭州,依靠张鉴资助度日。宁宗庆元三年(公元1197年),他满怀用世之心向朝廷上书论雅乐,进献《大乐议》、《琴瑟考古图》,建议整理国乐,并希望藉此可以得到赏识与提拔,但结果是没有被采纳。两年之后,复进圣宋《铙歌·鼓吹十二章》,虽被允许破格参加进士考试,不幸仍未被录用。至此他绝意仕宦,布衣终老。在"十年相处,情甚骨肉"的张鉴病故之后,他更是贫无所依了。宁宗嘉定十四年(公元1221年),66岁的姜夔在际遇潦倒、江湖流落中卒于杭州,贫不能葬。最终吴潜等人将他葬于钱塘门外西马塍,苏泂在《到马塍哭尧章》诗中悲叹道:"除却书乐谁殉葬,一琴一砚一兰亭。"

他以平民身份依人而居,在公卿贵族门下游走,虽清贫但从来不趋炎附势,不媚俗自轻,不屈膝折腰,而始终保持着高洁的操行与清雅的志趣,苦涩地度过了诗意化的一生。陈郁在《藏一话腴》中赞云:"白石道人气貌若不胜衣,而笔力足以抗百斛之鼎;家无立锥,而一饭未尝无食客。图书翰墨之藏汗牛充栋。襟期洒落,如晋宋间人。"后世的许多文士又重复着他的生活与命运,他不仅演化成一种南宋乃至延续数百年的文化品格,更成为一种美学典范与可以追踪的精神范式。

淮南皓月冷千山,冥冥归去无人管

扬州,曾经明丽繁华的江南名城,在屡历兵灾之后,剩下了满目的荒凉。白石路过,22岁,成就了一篇"黍离之悲"的绝世佳作《扬州慢·淮左名都》。往日风光无限优美的名都,在劫难过后,那无情之物的废池与古木也仿佛有了思想,它们像是对金人的铁骑进行着无言的反抗。黄昏渐至,清冷的号角吹起,人烟稀少屋宇不存的空城更显得凄凉无比。遥想昔日,杜牧游览扬州,是怎样的风流俊赏,如若今日故地重游,他也一定会感到触目惊心,即便才华还在,即便浪漫的情致亦在,他也不会再有表达的深情了。"二十四桥仍在,波心荡、冷月无声",纵然旧景依然还在,然而月冷夜寂。芍药风姿绰约,自顾绚烂着,然而却是无人来赏。伤时念乱的深刻感触,配合着词体的韵味,"野云孤飞,去留无迹。"这便是姜白石了。

濒临湘江而居,凭窗所望,美景如画中。月夜乘船至中流,但见山水空寒,轻烟冷月交相辉映,乘这一片凄清的绵绵秋意,白石自度词调《湘月》。昔日曾经相约到太湖览胜,久经年月却未能如愿,辜负了这清丽的美景。暮色沉入西山,词人终于能够有机会乘舟出游湘江了,因而从容自在,雅兴盎然。触目所及的景致是"倦网都收,归禽时度,月上汀洲冷",待船行至江心,更是悠然自得,停止摆动那精美的船桨,月下的湘江水清澈犹如明镜。谁能唤起湘江女神,让她弹奏起幽怨的曲子。暗柳萧萧瑟瑟,天宇的飞星缓缓降落,夜久知秋冷。

秋天悄然而至,团扇渐疏,秋雨时而淅淅沥沥地洒过庭院的金井。想起七夕幽怨的传说,情人们隔河相望,盼了一年终于盼到了相聚的那一刻,然而相见匆匆之后又是离别,又是一轮漫长的等候。"天风夜冷,自织锦人归,乘槎客去,此意有谁领。"(《摸鱼儿》)夜风冷紧,女子告别情郎归去,见证他们悲情的人也悄然离去了,这深情这离情还有谁人能体味?星河依旧璀璨,他们脉脉含情却只能两两遥望。天人远隔,云路漫漫,虚无缥缈。远在天涯的游子,无人相问,只有唤来浊酒,自卷疏帘,在这秋夕月光的清辉下独酌自斟,隐去那份清冷的忧伤。

夜已深沉,泛舟鉴湖,两两沙禽被惊起。划桨进入荷花丛中,船上的灯火在浪花中摇曳,清清冷冷。"把酒临风,不思归去,有如此水。"(《水龙吟》)把酒临风虽能暂时忘忧,但怀乡思归之情终难排解,这悠悠的湖水可为鉴证。伊人切盼夫君归来,将无尽的芳心柔情寄意在箫声里。屈指归期未有期,十年梦幽幽,天涯共此一轮明月。岁暮之时,孤身客居异乡,箫鼓迎新,华灯挂起,然而春意清冷,匆匆又是一年岁华尽摇落。"倦游欢意少,俯仰悲古今。"(《玲珑四犯》)人世的各种遗憾,在怀古伤今中,悲从中来。

曾经无数次在月色皎洁中,吹笛赏梅。伊人爱梅采梅,顾不得这清寒的季节。随着年岁渐增,已退却了赋诗春风的心情。然而"但怪得、竹外疏花,香冷入瑶席"。(《暗香》),竹外梅花幽冷的暗香浮入,不由得即景生情。在那江南水乡,应是月光寂寥。有心折一枝梅香赠予心上人,可惜道路山川那么遥远,又逢着夜雪纷纷扰扰,不能远寄。执起酒杯,不禁潸然泪下,梅花无语,思念更切。永远记得曾经与伊人携手,西子湖畔梅花正艳,湖水寒碧。然而花期短促,梅花易凋零,片片被风吹去,何时再相见?

伊人体态轻盈舞姿如燕,伊人歌声娇软音调如莺,伊人轻轻入梦来。在这漫漫长夜里,伊人可知词客的款款深情,新春伊始,他却早已被相思的愁绪包围。离别后的锦书,临行时伊人缝制的一针一线,睹物思人,叫他怎能忘却?"离魂暗逐郎行远",伊人的灵魂也随着她心爱的人一起行在远方,在梦中与情人相会。"淮南皓月冷千山,冥冥归去无人管",在那魂牵梦萦的地方,在那冷月千山之间,伊人离魂远行,又从遥远的高空孤独地归去,徒留彼此刻骨地思念。

他羁旅天涯,他倦了,他累了,他想归去,又不知何日是归期,亦不知何处是归宿。看那梅花蓓蕾初绽,池水凝成的冰渐化而未融,墙角的残雪难消,云意沉沉又为古城平添了几分阴冷。与人同游,野兴横生,这又是一场难以忘怀的客居闲游。南去北来,为甚辛苦为甚忙碌,看那湘云楚水,兴尽悲来,目极之处是伤心。看那时序更易,光阴匆匆流逝,不由得怀人思归,然而"待得归鞍到时,只怕春深"(《一萼红》)。又是一种深秋未归的心情了,极目远眺,是那江莲乱落。《庄子·知北游》曰:"人生天地之间,若白驹过隙,忽然而已。"伊人何在,在那一帘朦胧的月光里,伊人的容颜仿佛依稀可见。孤独的心境,幽寂的情怀,和庾信一样愁思凄苦:"谁知一寸心,乃有万斛愁。"(《愁赋》)回首遥望苍穹处,那位曾经浪迹天涯的少年,在旧梦的余温中,落花暗逐流水而去。"一年灯火要人归"(《浣溪沙》),行人盼归家,家人盼归人,飘零太久的词客却依然"归未得"。

红叶冷冷清清,一片一片飘落在秋天的池塘;悠悠的行云飘忽不定,他长期漂泊,与孤云同舟。萧飒的光景触发了身世的感喟,辗转飘零依人而居,是身不由己,是情不得已。游子和家人虽身在两地,却两两情意绵绵,相牵相系。连林间悲鸣的鸟儿,也在为远在异乡的词客而夜夜愁啭。他无限伤感,“客途今倦矣,漫赢得一襟诗思。”“漠漠摇烟,奈未成归计。”(《徵招》)他辗转漂泊,清苦流落,在漫无际涯的奔波中,唯有一襟诗思暂可慰藉身世飘零的哀愁。

谁教岁岁红莲夜,两处沉吟各自知

文士与歌伎之间的爱情从来都不是新鲜的故事,主角不同,演绎出的断章亦不同。文士的身份地位会不断发生变化,而歌伎则花无百日红,外在舆论的压抑,家庭伦理的压力,他们走到天涯也走不出自己的内心,他们之间是不能有结果的。爱情的背叛与生命的消逝哪一种更让人心痛,真实的生命中曾经发生过什么,谁也说不清了。呈现在我们面前的是一出出的悲剧,虽有善意的作者编织着善意的谎言,让我们相信有情人可以终成眷属,然而我们知道喜剧的结尾却是人生悲剧的底色。姜白石的生命中也有过那么一位歌姬,他无法给予那位女子任何承诺,他爱过,至死还爱着,然而只能是在回忆和思念中了。

一叶扁舟缓缓而来,船上的两位佳丽仿佛旧日曲坊中相知相忆的伊人。眼前的佳丽手执歌扇,舞姿轻盈如飞花,容姿更是美艳绝伦。春日韶光渐渐远去,汀洲碧草青青,又添了杜鹃的悲鸣。曾经淮南游历,曾经情遇伊人,如今往事如烟,只剩无尽的缅怀。清明时节风习依旧,然而年华早已是今非昔比了。将漫天的相思付诸榆荚那无情之物,化作一片虚空。依依杨柳难赋深情,当年与故人离别,是怎样地愁绪难消。

元夕承载着自己和情人的缠绵记忆,每年的元夕如期而至,如今二十余年已过。“人间久别不成悲”,痛苦积蓄得太久,心灵已经被悲伤浸染得麻木,徒留他在孤单地想念。肥水悠悠向东流,永无尽期,时光不停地流转,相思之情也绵绵无绝期。当年种下的一段情缘,到如今依然无计可消除,离愁别恨愈积愈甚。相思入梦来,只能在梦中与自己的情人相见,梦中情人的身影不像是在图画中那么清晰。梦境恍惚迷离,梦中的欢会却被现实中山鸟的啼鸣而惊散。春天的脚步方至,田野还没有来得及披上绿装,自己却已经是鬓发斑白了。悲莫悲兮生别离,真正的爱情不会随着离别而淡化或者消逝。岁岁元夕,倍加思恋。

春风渐渐吹尽枝头的柳絮,到处是柳巷人家,伊人就住在那绿荫深浓之处。

延伸至远方的河道曲折回环,日暮时分,帆船零乱交织,不知行向何方。谁人能像长亭的柳树那样岁岁芳华,树若有情树亦老,历经无数次的悲欢离合,也就不能够拥有这么青翠的生命了。暮色沉沉,船已行远,回首望去,高城已不复可见,只见乱山无数,城中的伊人的身影更加遥远了。还清晰地记得临行前的誓言,伊人对他的爱生死不渝,要早早归来啊,不要忘却彼此的约定。最怕的是伊人如那红萼一般飘飘落落,寂寞无助。再锋利的剪刀,也剪不断这离愁千缕,正是这剪不断理还乱的离愁谱出了一曲《长亭怨慢》。

那一年,白石初遇那位无名的歌姬,他向她诉说自己的梦想,他也在她身上得到了世俗的温暖。那位女子精通音律,是他音乐上的红颜知己,又能欣赏他的豆蔻词工,还能安慰他的落寞。爱情在没有任何功利考究的情况下发生了,没有身份的是否相称,没有外形上的是否匹配,没有道德上的评判,只是两颗孤独的心交融在了一起。他们的爱情,更多的是词中的深情,是疼痛的思念,是可以生,可以死,可以离魂的相知相忆。

马致远:断肠人在天涯

马致远是元曲史上最有光辉的作家之一。他的《秋思》①道出了包括他在内的无数元代士子的心声,他也因此成为"断肠人"的象征。他执着于现实,进取追求;现实的黑暗使他忧愤,他故作潇洒,效仿陶渊明归隐,以隐逸的人生态度发泄了对时代、对社会的诸多不满。但纵使"半纸来大功名一旦休",自己也有意"远红尘千丈波",但"功名"、"红尘"仍在他心,一句"怎生教老僧禅定",彻底地表露了内心。②《黄钟尾》:"著领布袍虽故旧,仍存两枚宽袖,且遮藏着钓鳌攀桂手。"也表明他虽不满当下朝政,要远离官场黑暗,维护人格尊严。但是,他仍不能放下被现实遗弃的苦闷,熄灭不了内心深处积极入世的火苗。他在忧愤徘徊、矛盾交织中度过了他的一生,是"无也闲愁,有也闲愁,是无间愁得白头"。

登楼意,恨无上天梯

马致远,"大都(今北京)人,号东篱,任江浙行省务官。"(钟嗣成《录鬼簿》)这是史料留传下来的对马致远的唯一的记载,钟嗣成《录鬼簿》还将他列入"前辈已死名公才人"。钟作《录鬼簿》于至顺元年(公元 1330 年)八月,马致远当在此以前去世。周德清在泰定元年(公元 1324 年)为《中原音韵》写序时也提到他。天一阁本《录鬼簿》在李时中的略传后面,贾仲明补的挽词说:"元贞书会李时中、马致远、花李郎、红字公,四高贤合捻《黄粱梦》。"可知他在元贞(公元 1295—1297 年)

---

① 越调 · 天净沙

② 黄钟 · 女冠子

年间还和别人合写过剧本。马致远《粉蝶儿》（至治华夷），是元英宗至治改元（公元 1321 年）之作。据以上材料推断，其卒年当在公元 1321—1324 年间。

其他事迹多不可考。他有一首自传性散曲［悟迷·归塞北］："当日事，到此岂堪夸！气概自来诗酒客，风流平昔富豪家。"可知他为人洒脱。

马致远早年，满怀"致君尧舜上，再使风朴淳"的远大理想，致力于儒业研习，积极入仕，追求功名。他自称："夙兴夜寐尊师行，行止浑绝浮浪名，身潜诗礼且陶情。"（［中吕·喜春来］《六艺》）也曾"且念鲰生自年幼，写诗曾献上龙楼。"（［黄钟·女冠子］《黄钟尾》），一腔热情，多次写诗"献上龙楼"，期盼着施展"经济才"，画图"麒麟阁"（［南吕·四块玉］《恬退》）。

此时的马致远对生活和未来充满信心，壮志满怀，多次以景写志，展现宏远抱负。［仙吕·青哥儿］《十二月·二月》：

前村梅花开尽，看东风桃李争春，宝马香车陌上尘，两两三三见游人，清明近。

元朝是一个汉族人民遭受民族压迫和歧视的时代，且停止科考长达近 80 年，汉族文人进身之路被堵。但执着的马致远仍然怀揣梦想，不堕青云之志，寄希望于未来机遇。现实是冷酷的，不断的受挫，使其陷入苦闷与怅惘之中。［双调·拨不断］其十三：

子房鞋，买臣柴。屠沽乞食为僚宰，版筑躬耕有将才，古时尚自把天时待。只不如且酩子里胡捱。

连用古时名人的故事，以他们发迹前的状况自比，求得心理平衡，精神安慰。"古时尚自把天时待"，他相信自己一定会有"九天雕鹗飞"的一日，只需忍得住寂寞，挨得住时日等待。

元世祖至元二十二年（公元 1285 年），调整江淮省辖区，改称江浙行省后，不惑之年的马致远终于跻身官场，任江浙行省务官。［双调·拨不断］其一："九重天，二十年，龙楼凤阁都曾见。"但是作为汉族文人，身处元朝，现实注定要将其逐出进身之途。马致远也摆脱不了"沉于下僚，志不获展"的命运。

现实的碰壁，壮志难酬，他都化为放浪形骸式的"潇洒"以自我安慰，并抒发怨愤。

［南吕·金字经］三首：

［渔隐］絮飞飘白雪，鲊香荷叶风。且向江头作钓翁。穷，男儿未济中。风波梦，一场幻化中！

［樵隐］担头担明月，斧磨石上苔。且作樵夫隐去来。柴，买臣安在哉？空岩

外,老了栋梁材!

[未遂]夜来西风里,九天雕鹗飞。困煞中原一布衣。悲,故人知未知?登楼意,恨无上天梯。

他自居"栋梁材",有雕鹗飞上九天之志向,有王粲登楼抒怀之意,想施展才华,却没有可以凭借的条件。等到年老,只能做钓翁,做樵夫,虽非本愿,却无可奈何,感叹之后,只能悲恨。

马致远长期追求而不得的悲唱,使世人看到了又一个"栏杆拍遍,无人会,登临意"的辛弃疾。

世事饱谙多,二十年漂泊生涯

马致远在做官前后曾漫游各地,[双调·寿阳曲]《洞庭秋月》其一:"芦花谢,客乍别,泛蟾光小舟一叶。豫章城故人来也,结末了洞庭秋月。"从此曲可知他曾浪迹于洞庭一带,漂泊于长江上下,历尽半世磋跎岁月,经受宦海浮沉的磨难,指出"世事饱谙多,二十年漂泊生涯"([大石调·青杏子]《悟迷》)。现实的黑暗和仕途的坎坷使他感叹不已。

借历史人物,表露自己。[双调·清江引]《野兴》之四:

天地之美禄谁不喜?偏说则刘伶醉。毕卓缚瓮边,李白沉江底。则不如寻个稳便处闲坐地。

刘伶、毕卓、李白生不逢世,都不免悲剧一生。世情事态之恶劣尽在纸上。

又如[南吕·四块玉]《浔阳江》:

送客时,秋江冷,商女琵琶断肠声。可知道司马和愁听?月又明,酒又醒,客乍醒。

在秋江冷、断肠声中同司马白居易共鸣:同是天涯沦落人。白司马尚且有琵琶声相送,自己却一个人远在天涯。

[越调·天净沙]《秋思》:

枯藤老树昏鸦,小桥流水人家,古道西风瘦马。夕阳西下,断肠人在天涯。

苍凉萧瑟的环境,映衬出游子一人羁旅天涯茫然无依的孤独与彷徨。

马致远"自我"形象跃然而出,这不仅是马致远一生漂泊的悲哀,也是在异族统治下的有元一代无数汉族文人的真实写照。他们不仅羁旅行役,漂泊在外;同时精神无依。他们失去了政治的家园,也失去了精神的家园,怎能不令世人为之断肠。周德清赞誉它为“秋思之祖”。(《中原音韵》)王国维评道:“寥寥数语,深得唐人绝句妙境。”(《人间词话》)

[越调·天净沙]《秋思》是否为马致远所作历来都是有争议的,王国维1913年在其《宋元戏曲考》中率先倡导“无名氏”说,并认为:“《尧山堂外纪》以为马致远撰,朱竹坨《词综》仍之,不知何据。”其后,曲学大师吴梅在其《顾曲麈谈》和《中国戏曲概论》二书中提及此曲时,皆归名马致远,并极力推赞此曲,认为明人难及。20世纪50、60年代时,曲学研究专家任讷在辑集《散曲丛刊》中,将此曲归入《东篱乐府》。隋树森编的《全元散曲》中也把此曲放在马致远名下。近来,又有人重提“无名氏”说,认为《天净沙·秋思》的原作者应为“无名氏”(即佚名)为宜,在后来的流传过程中马致远可能对此曲做过“润色”工作。①

不论《秋思》是否为马致远所作,曲文中所表达的意境,抒发的断肠人的心情,肯定是元代士子漂泊天涯的真实写照。《秋思》的魅力、影响是不容忽视的,纵观马致远的一生,其实就是这样的一个自己断肠也令无数士子断肠的人生。

马致远早年为仕途奔波,羁旅行役,应和浪子词人柳永一样,与相恋之人有着多次“执手相看泪眼,竟无语凝噎”的相思离别。在题材上对散曲有所开拓;他的恋情之作,清新动人,深挚婉转。[双调·寿阳曲]24首中有23首是言情小令。

[双调·寿阳曲]《夜忆》三首:

心间事,问与他,动不动早言两罢。罢字儿磣可可你道是耍,我心里怕那不怕?

云笼月,风弄铁,两般儿助人凄切。剔银灯欲将心事写,长吁气一声欲灭。

人初静,月正明,纱窗外玉梅斜映。梅花笑人休弄影,月沉时一般孤另。

这里有恋爱时的美好,恋人间的真诚与温情。与恋人离别后二人互相的思念,“长吁气一声欲灭”给人以想象的空间,情人的爱恨交织,心情之复杂跃然纸上。可谓深谙“含不尽之意见于言外”。这里含有多少思念,多少泪水,多少情怨;千里之外的人儿何尝能安然入眠,以窗外梅花写人,更见离人之“孤另”。

---

① 陈圣争、鹏宇、黄霖:《〈天净沙·秋思〉作者及流传新说》,《中国文学研究》2011年第4期。

白发劝东篱，西村最好幽栖

历经仕途坎坷，漂泊无依之后，他深沉反省自我，领悟人生，表现放脱情怀。

［双调·夜行船］《秋思》一套：

百岁光阴一梦蝶，重回首往事堪嗟。今日春来，明朝花谢，急罚盏夜阑灯灭。

［乔木查］想秦宫汉阙，都做了衰草牛羊野。不恁么渔樵没话说。纵荒坟，横断碑，不辨龙蛇。

［庆宣和］投至狐踪与兔穴，多少豪杰！鼎足虽坚半腰里折魏耶？晋耶？

［落梅风］天教你富，莫太奢，没多时好天良夜。富家儿更做道你心似铁，争辜负了锦堂风月？

［风入松］眼前红日又西斜，疾似下坡车。不争镜里添白雪，上床与鞋履相别。休笑巢鸠计拙，葫芦提一向装呆。

［拨不断］利名竭，是非绝。红尘不向门前惹，绿树偏宜屋角遮，青山正补墙头缺。更那堪竹篱茅舍。

［离亭宴煞］蛩吟罢一觉才宁贴，鸡鸣时万事无休歇。何年是彻！看密匝匝蚁排兵，乱纷纷蜂酿蜜，急攘攘蝇争血。裴公绿野堂，陶令白莲社。爱秋来时那些：和露摘黄花，带霜分紫蟹，煮酒烧红叶。想人生有限杯，浑几个重阳节？分付俺顽童记者："便北海探吾来，道东篱醉了也！"

马致远认识到人生若梦，历来多少帝王将相、英雄豪杰都已成为往事，如今安在？还不是都做了土。人生百岁光阴也不过一梦蝶，岁月逝去犹"疾似下坡车"，世人还争什么半张名和纸；不如在这有限的时光中及时行乐，开怀畅饮。有人批判马致远在这里展现的是一种颓废的处世态度，但我们站在他的时代看，马致远不是不思进取，不是玩世不恭，不是消极堕落；他是对现实的一种无奈的抗争，从这些故作潇洒的语句中我们看到的是马致远无尽的心酸与苦涩；他饮下的是一杯看似甘醇的美酒，却尝尽了其中之苦楚，还要展现给世人一副洒脱的姿态。

对于这一套曲，后人推崇备至。元人周德清的《中原音韵》中评其："不重韵，无衬字，韵险语俊"，"无一字不妥"，堪称"万中无一"。明人王世贞《曲藻》中评这套曲："放逸宏丽，而不离本色，押韵尤妙。长句如：'红尘不向门前惹，绿树偏宜屋角遮，青山正补墙头缺。'又如：'和露摘黄花，带霜烹紫蟹，煮酒烧红叶。'俱入妙境。小语如:'上床与鞋履相别。'大是名言。结尤疏俊可咏。元人称为第一,真不虚也。"

马致远心中远大的理想抱负终于被彻底地浇灭了。他不能像有些人一样痴呆、糊涂,他是聪明的、清醒的。所以他享不了痴呆福、糊涂富,他只能受聪明苦、清醒哭。此后,自号"东篱",效仿陶渊明离弃官场,归隐山水,漫游各地,放浪江湖,在祖国美景中怡然自乐,过着"酒中仙,尘外客,林间友"的闲适生活。[双调·新水令]《一锭银》:"欲赋终焉力不加,囊箧更俱之。自赛了儿婚女嫁,却归去林下。"[般涉调·哨遍]:"半世逢场作戏,险些儿误了终焉计。白发劝东篱,西村最好幽栖,老正宜。"[双调·清江引]《野兴》:"西村日长人事少,一个新蝉噪。恰待葵花开,又早蜂儿闹,高枕上梦随蝶去了。"这里他憧憬着自由快乐的生活,想象着美好的理想家园。

[南吕·四块玉]《恬退》四首:

绿鬓衰,朱颜改,羞把尘容画麟台。故园风景依然在。三顷田,五亩宅,归去来!

绿水边,青山侧,二顷良田一区宅。闲身跳出红尘外。紫蟹肥,黄菊开,归去来!

翠竹边,青松侧,竹影松声两茅斋。太平幸得闲身在。三径修,五柳栽,归去来!

酒旋沽,鱼新买,满眼云山画图开。清风明月远诗债。本是个懒散人,又无甚经济才,归去来!

不由得使人觉得又一次看到了陶渊明的《归去来兮辞》。马致远如陶渊明一般幸运,在遍尝世间艰辛后得以归隐,找到了生命之趣。他晚年的作品多有对理想乐土、自由生活的讴歌。

[双调·寿阳曲]三首:

[山市晴岚]花村外,草店西,晚霞明雨收天霁。四围山一竿残照里,锦屏风又添铺翠。

[远浦帆归]夕阳下,酒旆闲,两三航未曾着岸。落花水香茅舍晚,断桥头卖鱼人散。

[渔村夕照]鸣榔罢,闪暮光,绿杨堤数声渔唱。挂柴门几家闲晒网,都撮在捕鱼图上。

山村傍晚雨雾的绮丽景色,清新明朗,渔村风景画栩栩如生,不仅表现自然之美，也是抒发自己融入大自然的美好体会。

理想是美好的，马致远晚年可谓是实现了他归隐的愿望，但心系天下的他仍然旁观世态，始终留意人生。他的许多写景之作多是“景以情合，情以景生”“互藏其宅”。如沈祥龙《论词随笔》中所说：“咏物之作，在借物以寓性情，凡身世之感，君国之忧，斯寄托遥深，非沾沾焉咏一物矣。”

［双调·寿阳曲］《洞庭秋月》两首：

春将暮，花渐无，春催得花落无数。春归时寂寞景物疏，武陵人恨春归去。

一阵风，一阵雨，满城中落花飞絮。纱窗外蓦然闻杜宇，一声声唤回春去。

虽是纯为写景，而景中有情，兴寄遥深。以“落花飞絮”的景象，感惜春归去，其实是对自己风华易逝、理想成空喟然叹之。从这里我们看到的是一颗热爱生命和生活的炽热的心。

又如他抒写独处孤居的幽寂生活的［双调·寿阳曲］《烟寺晚钟》：

寒烟细，古寺清，近黄昏礼佛人静。顺西风晚钟三四声，怎生教老僧禅定。

归隐后，古寺烟寒境清，黄昏人初静，三四声钟声就扰乱了老僧的心。钟声打破了一片岑寂，使老僧不能禅定，更敲击着马致远独处的难耐，对外界生活的期盼。

马致远一生处在入世、出世和出入世之间，备受煎熬地度过他的“蹉跎的半生”，可以说他的一生就是一个悲剧。正如李昌集所说：“在马致远散曲中，自我的分裂，两种形象的对峙极其明显。其一端是‘君子以自强不息’的进取性传统文人形象；另一端则是超脱放旷的隐士形象。这两种‘自我’又交织在一起而互为底蕴：进取不得，故超旷；而超旷之中却总透露着追求，从而使两种‘自我’重叠成一个悲剧化的身影。”①

① 李昌集：《论马致远的散曲》，《扬州师院学报》1985 年第 2 期。

张岱:一场大梦谁先觉

张岱的一生具备了多重角色:纨绔子弟、风流名士、山中遗民。他是一个真正的精神贵族。明亡之后的张岱其生命也许只剩躯壳,但他用剩下的回忆为我们装扮出千般美好万般温柔的生活面貌。

经历似雪芹,自为墓志铭

张岱,号陶庵,浙江山阴(今绍兴)人,生于万历二十五年(公元1597年),卒于康熙二十八年(公元1689年)。祖籍四川绵竹。据说远祖为宋代名将张浚,祖父辈皆是高官名士,张岱是明末有名的世家公子。

张岱年幼时即有才名,据说张岱8岁时曾遇名士陈继儒跨鹿而来,陈氏有意考他,指纸屏上的一幅画《李白骑鲸图》说:"太白骑鲸,采石江边捞夜月。"张岱则对:"眉公跨鹿,钱塘县里打秋风。"陈继儒不由惊叹:"何等敏慧,是吾小友也。"

然而才情天分如不得善加利用,则难免仲永之叹。而张氏家族却是书香名世——据传其家以积书三万余卷名闻江南。祖父张汝霖对于张岱影响最为深远,其读书态度与科场遭遇令张岱养得不以科考萦怀的通达情怀,同时又得以广搜博取学问,无意间为日后的文字创作完成了所该有的修养储备。

张岱的一生以明朝灭亡为界。国破家散,张岱的生活以致到了"瓶粟屡罄,不能举火"的地步。据说曹雪芹最潦倒之时至"举家食粥",张岱似困顿有过曹雪芹。

顺治三年(公元1646年),方安国以"商榷军务"为名胁迫49岁的张岱出山。其时,张岱适疽发于背,夜梦其友祁彪佳嘱其"天下事至此,已不可为矣"。惊醒过后即仓皇出走,隐居于绍兴西南之越王台。

晚年避居山中，“破床碎几折鼎病琴，与残书数帙，缺砚一方而已”。虽是“布衣蔬食，常至断炊”，仍然坚持著述。

张岱的卒年，学术界至今尚未有统一意见，有 84 岁、88 岁、93 岁的几个可能性存在，然不管怎样，也算长寿。

“墓志铭”本是人死后由他人去操刀的一种文体。然而有个性的人如徐渭等人或许并不情愿让他人强作解人，索性自道。而自我写照，即使胡打海摔，却也显得真实、夺目，于后人而言正是通过观其言来窥视这些灵魂的绝妙材料。

张岱的自为墓志铭尤具特色：

少为纨绔子弟，极爱繁华，好精舍，好美婢，好娈童，好鲜衣，好美食，好骏马，好结灯，好烟火，好梨园，好鼓吹，好古董，好花鸟，兼以茶淫橘虐，书蠹诗魔。

对于这些，后人或认为是炫耀或认为是忏悔，然而结合那个时代，以及地域和人文环境来看，却是很不必大惊小怪。

那是晚明。其时，政治腐败，商业经济却高度繁荣，市民阶层的崛起，加剧了社会阶级和价值观念的变化。在金钱和权势的猛烈冲击下，奢华淫逸之风迅即弥漫了整个社会。而对物质的沉溺固然是末世的体现，也未尝不是个人性情的一种解脱。从皇帝到平民都恣意作片刻之欢，几近肆无忌惮，几至“恬不知耻”（袁宏道《与龚惟长先生书》）。

从其时的社会氛围来看，则张岱那美姬娈童之癖好也不算什么惊世骇俗的地方。更何况，在张岱那里，尤其不乏对人性的尊重，他不是鲁迅所说的那种“吃完许多米肉，搽了许多雪花膏之后，就什么也不留一点给未来的人们”贵族老爷。

处于江南繁华之地，有家族优厚的经济、文化作后盾，又有大量的空闲和卓越才情的张岱将这些爱好玩出了格外精致的花样，做到了作为富贵闲人的最好：其于精舍美食、梨园鼓吹、古董花鸟等的赏玩已从喜爱进入到专家的行列。而据说张岱曾自制一种“兰雪茶”，声名传开，很快市场上就有冒牌“兰雪茶”流通。

这种莳花弄草、煮酒煎茶的生活，在现代人看来，颇有“高级小资”的味道。其实“小资”的说法实在是妄自菲薄了，若论情趣，又有哪个国家精致过古典中国里的贵族之家？

而文人士子的风流，却又超越了一般意义上的风花雪月：张岱曾言“人无癖不可与交，以其无深情也；人无疵不可与交，以其无真气也”，且自得于“余家瑞阳之癖于钱，髯张之癖于酒，紫渊之癖于气，燕客之癖于土木，伯凝之癖于书史，其一往情深，小则成疵，大则成癖”，将爱好上升到价值观和人生态度上来，认为即使“绝无益于世界、绝无益于人身,而卒为世界、人身所断不可少”,这样的观念颇有点“独立之精神,自由之思想”的味道了。

张岱没有忏悔的必要,他虽玩物却并未丧志;他不忘富贵繁华,却绝不会为了重新得到而做出屈服和交换,正所谓:“五羖大夫,焉肯自鬻!”

然而,又不能完全无悔。墓志铭里言:

学书不成,学剑不成,学节义不成,学文章不成,学仙学佛,学农圃俱不成。任世人呼之败子,为废物,为顽民,为钝秀才,为瞌睡汉,为死老魅也已矣。

这已不仅仅是自谑调侃,而是沉痛自责。国家沦亡,坐而论道的文人们有责任、事实上也是很自觉地承担上责任。张岱的内心充溢的自也是曹雪芹那“于国于家无望”的悲凉与自责。而两人之大凄凉无处排遣,又都不约而同地化为寻梦文字:《陶庵梦忆》、《西湖梦寻》。

亡国遗民,性灵小品

因为有愧,故而不能坦然,更不能觍然事敌。张岱选择成为“遗民”。

中国古代无数朝廷更替中,亡国之痛莫过于元初和清初。盖因此时沦陷中华山河者是都被中原士大夫看不起的“蛮夷”,连不食周粟的首阳山都找不到——现实是如此的逼仄。

说到“不食周粟”,虽然饿死首阳山的伯夷、叔齐从此成为士大夫的精神偶像。但对于士大夫而言,让他们舍生取义、慷慨赴死的动力其实更多是“殉道”,而非“殉国”。故而元、清两任王朝所面对的是比以往任何时候的规模更为强大的遗民集团。他们的心态从顾炎武的笔下有着鲜明的表述:“亡国”与“亡天下”。而“天下”之兴亡,汉人是匹夫有责。——姿态又是如此的刚烈。

这样的情势下,遗民的选择无非就是几种:要么是抽刃反抗,要么削发为僧,要么隐姓埋名,要么披发入山,最决绝便是不食周粟而死。较之于血刃相向的惨烈和不食周粟的悲壮,张岱的选择较为平和,而其心理状态也很真实:他在《陶庵梦忆·自序》中说自己曾披发入山,“然瓶粟屡罄,不能举火,始知首阳二老直头饿死,不食周粟,还是后人妆点语也。”由此看来,张岱倒是看透了历史人生,洞穿了节义牌坊之类看似光鲜的把戏,反而比那些迂腐不堪的理学家更能获得现代人的关注和研究的目光。

当然，在历史的风口浪间，张岱也感受到了前所未有的困顿和重压。且不说文天祥、史可法、陈子龙、顾炎武等人的激励，便是好友祁彪佳选择弃世之后，张岱也想过投湖以速自了。然而张岱又有一个理想——修史，要像太史公一样忍辱负重地写一部史书，藏之深山，传之后人。世事一场大梦，也许只有留下点点文字，才可以此证明自己和王朝、国家一样曾经存在——而这几乎也是遗民们所共有的、仅有的选择。

在此后的岁月里，张岱开始写他的回忆。他的回忆性文字有很多种，而最为称道的是小品文。袁行霈《中国文学史》里对小品文是这样定义的："顾名思义，小品文体制较为短小精练，与'春容大篇'相区别。体裁上则不拘一格，序、记、跋、传、铭、赞、尺牍等文体都可适用。"同时又指出："小品文在晚明时期趋向兴盛，与当时文人文学趣味发生变化有着重要的联系。"

刘大杰先生也曾指出晚明这些作品"不是代圣人立言的大块文章，也不板起严肃的面孔，进行说教，或是宣传儒学圣道。题材多样，形式也很自由。叙事抒情，谈情说理，信笔直书，毫无滞碍，其中有幽默，也有讽刺。因此不是应世干禄的文章，与高文典册不同，与经、史不同，与唐宋八家的散文传统，也很有不同"。

晚明小品文独具异彩要归结于那支星光灿烂的创作队伍：徐渭、李贽的狂诞豪放、公安三袁的自然灵动，实是各有千秋。张岱则是"行文洒脱不拘似徐渭，性灵隽永似中郎，诙谐善谑似思任"，在取众人之长的基础上自成风格："有一种人不及知，而已独知之妙。"（《跋寓山注二则》）

相对于时人的评价，倒还是1932年周作人在燕京大学作题为《中国新文学的源流》的重要讲演，最终奠定了张岱的文学史意义，周氏明确指出是以清丽见长的公安派和以流于险僻的竟陵派"两派结合后的大成绩"，日后的文学史著作几乎也都沿用此观点将张岱置于"晚明小品集大成者"之交椅之上。

人生如梦，文章"二梦"

张岱自言人生直如一梦，而其文章精彩全在"二梦"。

似乎明清文人对梦有着格外的情愫，"临川四梦"、《红楼梦》部部皆是时代扛鼎之作，而一个一个色彩斑斓而又如电如露的美梦里游荡的是两代人那怅然若失的灵魂。

《陶庵梦忆》一书成于清,但所述之事、灵感之源皆来自前朝。

梁文道提到张岱的《陶庵梦忆》时说:"《陶庵梦忆》始终是我不能忘却的一本书,它本身就是一趟从杭州开始的时间回溯,中国追忆文学集大成之作。在《陶庵梦忆》里面,即使最渺小的一件物事说起来也都是个故事。故事,故去之事。天宝物华,盛世遗风,痕迹全留在一盏灯一管笔身上了,作者的责任就是把握这点前朝余留的幽暗微光,在未来的无尽黑暗里往回照出一点点回忆的朦胧。"

这段文字可谓是触到了《陶庵梦忆》的灵魂深处。的确,《陶庵梦忆》这本书中重在展示的昔日的生活画卷,鲜有家国之痛的直接显现,然在描摹声色光影极致热闹的表象之下,有一种寂寥玄思若隐若现。在读者而言,被唤起的是"梦里不知身是客,一晌贪欢"的叹惋,也就越发"增其哀乐"。

就性质而言,《陶庵梦忆》类同与宋人之《东京梦华录》和《梦粱录》,但《陶庵梦忆》"不次岁月、不分门类",行文更为自由,且写意空灵,成就远超后人。

一篇《湖心亭看雪》,包括标点符号在内,不足 200 个字,却勾勒出一派空濛淡远的意境。柳宗元的《小石潭记》中写"同游者"有六人,而行文竟能令人生"寂寥无人,凄神寒骨,悄怆幽邃"之感。张岱的笔下也有自己、童子、南京客、舟子数人,而被一句"惟长堤一痕,湖心亭一点,与余舟一芥,舟中人两三粒而已。"则人物被晕染入静物风景之中,别是一番纯美极静。可见大家手笔,各尽其妙又各不相犯。而这里量词的绝妙使用尤为生色:这里"痕""点""芥""粒"等词,真正是"笔花四照,一字动摇不得者也"(梁文道《我执》)。

行文至此,若就此打住,原本已可流韵淡远,而作者意犹未尽,又复点染一句:"及下船,舟子喃喃曰:'莫说相公痴,更有痴似相公者!'"两个"痴"字,特犯不犯①;"喃喃"二字,形容舟子之状固然如闻其声,如见其人,且又有"背面敷粉,注此写彼"②之效果。文情摇曳若此,更是余味无穷。

文如其人,人如其文。张岱的文字看来是淡的,但眼角眉梢却是风流妩媚的味道。李敬泽先生《一世界的热闹,一个人的梦》里写张岱就真正能知情知味,如

---

① 特犯不犯:历来,诗家最忌"犯复",即一首诗中不宜用相同的字。不过,这不是绝对的法则。特犯不犯,就是诗人在这一种情况下所进行的艺术追求。特犯,是指诗人为表情达意的需要特地在诗中用相同的字;不犯,是指诗人于犯复中取得使读者不觉重复的艺术效果。

② 背面敷粉:是指不用全力对作品所描写的事物作正面刻画,而是着力去写与其特征相反或相对的其他事物,互相映衬对照,从而使这一事物的特征鲜明突出的写作方法。

他所言:“张岱是爱繁华、爱热闹的人,张岱之生是为了凑一场大热闹,所以张岱一生都要挨到热闹散了,繁华尽了。”

这样的评价,参考着《西湖七月半》和《金山夜戏》两篇来看或可真正有所会心:张岱爱热闹,也会看热闹,别人站在桥上看风景,他在风景边上看人。如粥如沸的人群里,他一边叹息太吵一边又兴致勃勃地观赏着各色人等上演的世情好戏。

张岱爱凑热闹,却也能挨到热闹散了,繁华尽了:人群散去,张岱与三五人就着一缕凉笛、一弯残月,静坐静听天地心灵的声音。偶尔兴致上来,于寂寞古寺边,唱一出热闹大戏,曲终人不见,惊倒一寺人。

张岱的人生,真正是如戏又如梦。

《陶庵梦忆》的最后写到一处“琅嬛福地”。“琅嬛福地”不存在于现实中,只是他的梦境:“陶庵梦有夙因,常梦至一石厂……闲居无事,夜辄梦之,醒后伫思,欲得一胜地仿佛为之……门临大河,小楼翼之,可看炉峰、敬亭诸山。楼下门之,匾曰‘琅嬛福地’。缘河北走,有石桥极古朴,上有灌木,可坐、可风、可月。”陈述文字不似曹雪芹所拟的太虚幻境,然读来那种恍惚迷离的感觉却庶几近之。那处“可坐、可风、可月”的“琅嬛福地”就是西湖吧?能够让作者内心真正安定,并可在记忆的支持下开始生命的再度前行。

西湖风物之佳,让身为江南名士的张岱有着“日日看西湖,一生看不足”的一往情深,而西湖所承载的文化信息之丰富,最适合用来承载“黍离”之悲。所谓废池乔木在有心人眼中处处是“犹厌言兵”,然而名胜“虽则如毁,意犹楚楚”。所以张岱立意寻梦:“余生不辰,阔别西湖二十八载,然西湖无日不入吾梦中,而梦中之西湖,实未尝一日别余也。”且“梦中之西湖,尚得安全无恙也”。

《西湖寻梦》72篇回忆文章,既是研究西湖历史的宝贵文献,又可视为游览西湖的导游书。不仅那些已经湮灭在历史风云中的遗迹与历史,在我们按书索骥的过程中一一重现,而那些尚存的胜景更是鲜活有如可对语之知己。在西湖的无边风月里,张岱的生命得以自由舒展、徜徉,这种体验反过来进入他的文字中不断深化、回旋,文字也越发地圆美流转如弹丸起来。

吴梅村:薄幸萧郎憔悴甚

如尾生抱柱般以生命成全理想的人是最可尊敬的,而在矛盾中挣扎的灵魂也不无怜悯之处。吴梅村难能可贵之处在于在中国古代普遍缺少忏悔意识的文化环境中,他能够再三地反思自己,批判自己。中国人比较缺乏忏悔意识。既不知道忏悔,也不肯忏悔。西方有圣奥古斯丁的《忏悔录》和卢梭的《忏悔录》,而在中国文学里唯有吴梅村与之相类似。

苦被人呼吴祭酒,自题圆石作诗人

据说吴梅村出生时,他的母亲曾梦见一位身穿红衣的使者送来会元坊。传说无可考辨,但吴梅村确实年少聪慧。其师为古文大家张溥,张溥的书斋叫七录。盖张溥认为读书必要手抄,每本书抄一遍朗诵一遍,六七遍后就能记得。其治学严谨可知。严师出高徒。吴梅村之学通今古甚至让比他年长7岁的老师大为叹息:"文章正印,其在子矣!"崇祯三年(公元1630年)秋,吴梅村去南京参加省试举第十二名。崇祯四年(公元1631年)二月会试,考中第一名。但因为主考官是吴家世交,引起人们"舞弊"的猜疑,最后吵至皇帝那里。崇祯阅卷后批了八个字:"正大博雅,足式诡靡。"此一"圣裁"不仅堵住了悠悠之口,且使得吴梅村名声大噪。同年八月,崇祯皇帝再次降恩于吴梅村——赐假归娶——这样的荣耀据说在整个明代只有两次。陈继儒描绘当时盛景说:"年少朱衣马上郎,春闱第一姓名香。泥金帖贮黄金屋,种玉人归白玉堂。"张溥也高兴地夸奖自己的弟子:"人间好事皆归子,日下清名不愧儒。"

崇祯皇帝,历史上甚至有刻薄寡恩的评价,然而对吴梅村还是颇施恩遇的。

吴梅村的为官生涯里，尽管朝局混乱，同仁或有升浮不定，他本人却是先为湖广乡试主考，后又任命为东宫讲读，可谓春风得意。“人间好事皆归子”，日后在吴梅村那里有着别样的总结，是他给儿子的书信中所说的那句话：“福过其分。”惊天动地的大变化很快到来。

顺治元年（公元 1644 年），李自成农民起义军攻入北京，崇祯帝自缢煤山，“先生里居，闻信，号痛欲自缢，为家人所觉。朱太淑人抱持泣曰：‘儿死，其如老人何？’乃已”。顺治二年（公元 1645 年），南京的福王偏安朝廷召拜吴梅村为少詹事，居官仅两月，因与马士英、阮大铖等权臣不合，谢官归里。明亡以后长达十年的时间内，吴梅村一直屏居乡里，保持名节。对清朝，吴梅村开始采取的是“非暴力不合作”的态度。

然而，顺治九年（公元 1652 年），出于笼络南方士子的需要，清廷“诏起遗逸”，声名在外的吴梅村榜上有名。吴梅村被逼到了人生的十字路口。昔日同仁们或选择以死赴国难或选择奋起抗争，当然如钱谦益、龚鼎孳辈则早已易服薙发矣！这时，“明末四公子”之一的侯方域曾致书规劝吴梅村，认为其蒙崇祯皇帝重恩，举科名第一，这是第一不可出；短短数年吴梅村就被崇祯提升为大臣，这是第二不可出；吴梅村再次出山官位清望都会有所损失，这是三不可出。此时侯方域以自己的悔恨来规劝吴梅村，其用心不可谓不良苦。而由侯方域之劝亦可知吴梅村的标杆作用是何等受到世人的注目。一切均因吴氏身受的皇恩太重，几乎没有什么其他人可以与之相比。

当是时，吴梅村复书慷慨激昂表示：“必不负良友。”于是上书马国柱，以“清羸善病，即今在京同乡诸老共所矜谅”为由，陈述少年咯血、久治不痊等等困劣之状，婉言相辞，然而却没有收到李密《陈情表》的效果，未被接受。

顺治十年（公元 1653 年），吴梅村不得已乃应诏入都，授秘书院侍讲，寻升国子监祭酒。日后他自己说是：“荐剡牵连，逼迫万状。老亲惧祸，流涕催装，同事者有借吾为剡矢，吾遂落彀中，不能白衣而返矣。”

然而没有人能够强迫另一个人做誓死不为的事情。害怕贻祸于家的说法，只如龚鼎孳“不惜一死，只是小妾不肯尔”的托词一样，是为自己开脱责任罢了。他不是没有其他的选择的。之前，他的好友王翰国曾相约他出家，吴梅村就以舍不得家人为由拒绝。可见做出这样的人生选择其实符合吴梅村一贯的性格。他自幼体质不佳，性格懦弱胆小怕事，并不是血性之人。加之推荐吴梅村出来做官的是当时清朝吏部侍郎孙承泽，他的儿女亲家陈之遴和大学士陈名夏也极力帮衬，来自故交的呼唤使得名利心从内心深处浮上来。有人将吴梅村的患得患失和首鼠两端归为是封建制度下的知识分子的软弱性。然则人性之短缺世人皆不能免,何必尽是知识分子。

更讽刺的是,大清王朝并没有特别优厚这位前朝名重一时的会元榜眼、宫詹学士、复社党魁。只委任个国子监祭酒的闲职。白担了个“贰臣”的恶名,所获如此之微,完全出乎吴梅村的意料之外,其内心的懊恼可想而知。顺治十四年(公元1657年),吴梅村借口身体有病,辞官请假归里。

此后江南的政治环境并无改善。清廷在其政权相当稳固后,又开始谋划对中原知识分子的整肃,因此有了奏销案、哭庙案的相继发生。奏销案,通俗地讲就是江南税案。吴梅村本身并未欠交税款,但却受到牵连。靠花钱疏通赎买才得以平息。顺治十五年(公元1658年),他的儿女亲家陈之遴革职问罪,而同年的江南科举案更是牵连广泛。

如果说政治的翻云覆雨摧毁的是吴梅村的用世之心的话,那么来自己方阵营的奚落则断绝了吴梅村内心的退路。

舆论对吴梅村始终严苛:民国蒋芷侪《都门识小录》载:“昔吴梅村宫詹,尝于席上观伶人演《烂柯山》(即《买臣休妻》),某伶于科白时,大声对梅村曰:‘姓朱的有甚亏负于你?’梅村为之面赤。”还有更不堪的说法,据《荷牐谈丛》“鼎甲不足贵”条中道:吴梅村当时因为无子,“多携姬妾”入京。“为满人所诇知,以拜谒为名,直入内室宣淫。”这段记载或属耸人听闻,但愈见其处世之难堪。

如此严厉的社会舆论,对吴梅村来说,对其内心的摧毁是彻底的。好友侯方域以年仅37岁的壮年而下世,吴梅村在《怀古兼吊侯朝宗诗》中万分悲痛地自责:“死生总负侯嬴诺,欲滴椒浆泪满尊。”康熙十年(公元1671年)夏季,江南酷热,吴梅村“旧疾大作,痰声如锯,胸动若杵”(《致冒辟疆书》),他预感自己不久于人世,便留下遗言:“吾一生遭际万事忧危,无一刻不历艰险,无一境不尝艰辛,实为天下大苦人。吾死后,敛以僧装,葬吾于邓尉灵岩相近,墓前立一圆石曰:‘诗人吴梅村之墓’。”

草间苟活沉吟不断,忧郁忏悔终其一生

吴梅村的一生经历,颇具典型性,因而更具探讨性。

当时有所谓“钱牧斋、吴梅村、龚芝麓、陈素庵、曹倦圃为江浙五不肖，皆蒙面灌将人也”的评论，连带他的作品都被看成是“失贞之妇擗标故夫；二心之仆号咷旧主”的辩解之词，并说“徒增戮笑，谁为信之”。也有人客观地说，吴梅村应召出仕前后仅仅三年不到，这期间并未做什么对不起民族、百姓的事，是不能与吴三桂、洪承畴等人等同观之的。

历史的本身就是一笔糊涂账。看明末历史，政治的黑暗与残酷，作为后世的局外人，我们可以归纳总结的只是事实本身，而事实背后隐藏着的挣扎与无奈不是亲身经历者有谁能真正感受？换位而处，有多少人真的可以做到用决绝维护自己的尊严？

儒教给文人定义的人生似乎只有“达则兼济天下，穷则独善其身”，舍此二元，别无他途。然而这些不足以应付政治的翻云覆雨、变幻莫测。城头变幻大王旗在古老的中国是如此的频繁，当是时，“五更进朝，才知圣上潜逃”，缘何独独苛求一介书生用生命去殉理想。

政治道德的标准虽然严格，而标准本身却由统治者因时制宜。用人之际有“楚才晋用”的理由，鸟尽弓藏又有写“贰臣传”的必要。然则如要细细追究，如曾国藩等人算不算“贰臣”，恐怕可以引起牵动整个历史文化的大争执。就吴梅村个体而言，因目标太大而首当其冲承受一切压力，相较于愚夫愚妇的可以避免岂非是生命中不能承受之重？

对于文人的忏悔之作，历来也有情之“真伪”的争论。章太炎曾评价道：“以人情思宗国言，陈名夏至大学士犹拊顶言不当去发，以此知谦益不尽诡伪矣。”思宗国是人情的自然表现，即使降臣也无例外。以降臣中陈名夏为例，入清以后位至大学士，却私下讲不改明朝衣冠、不去发，说明即使降清也有不能完全忘怀故国的时候。章太炎据此论证钱谦益虽然声名有玷，但诗中所流露的复明思想未可认为全是出于矫饰诡伪。如钱谦益者尚且可作此论，则吴梅村更值得原谅！

曾有学者指出吴梅村的悔恨远不到位也不够彻底，没有顾炎武那种“亡国亡天下”的理性认识高度，只是在受恩图报的浮浅层面上鞭挞自己，故而只能算作后悔而不是忏悔。吴氏的话说得很重，有“不如鸿毛”等等，但意思浅薄。意思浅薄是思想视野所限，而话说得很重，却适足以见其真诚。

他对自己“草间苟活，沉吟不断”、“一钱不值”的痛悔、“浮生所欠只一死”的自责，还是有其自身的历史价值的。也许正是因为愧悔之深，以致红学界曾有过一个观点：认为吴梅村才是《红楼梦》全书120回的真正作者，而曹雪芹只是《红楼梦》前80回的重要增删、编修者。这虽然仅是一家之言,未得到普遍认可,但有此说法足见吴梅村之忏悔与《红楼梦》作者那“堂堂须眉,诚不若彼裙钗哉”的真诚愧悔同样得到人们的认可。

吴梅村的忏悔即使没有得到人们的原谅,至少也得到了理解。《中国文学家大辞典》“吴梅村”条中写道:“《清史列传》列(吴梅村)入‘贰臣传’中,殊属不当。”承认了他与钱谦益的失节降清在本质上是有区别的,这也是对吴氏本人“苦被人呼吴祭酒,自题圆石作诗人”的最大安慰罢。

有人说,吴梅村一生,其悔不止一端:首先是仕清,当了贰臣,丧了名节。其二是当年没有勇气接受卞玉京的爱情。其三是为名所累,没有早早学学陶渊明。此言不为夸张。对于与秦淮名妓卞玉京的恋情,吴梅村直到临死前还念念不忘:

忍死偷生廿载余,而今罪孽怎消除?

受恩欠债应填补,总比鸿毛也不如。

年轻时的吴梅村曾经在虎踞龙盘的南京度过他最好的人生时期,其时的他功成名就,有着充分的本钱参与到晚明风流人物们的活动中去。崇祯十六年(公元1643年),吴梅村与卞玉京相见,名满天下的诗人与“秦淮八艳”之一的佳丽相遇,似乎不发生点什么都对不起秦淮河的风光。果然,吴梅村盛赞卞玉京之“双眸泓然,日与佳墨良纸相映彻”,卞玉京更是手抚几案,脉脉相问“亦有意乎”,其中托付终身的信息是很明显的。然而吴梅村表现得颇为暧昧,只是不置可否。

此后的多年,二人在乱局里失去了联系。直到顺治七年(公元1650年)再见时,卞玉京却已是一身道袍。她为梅村弹了一曲古琴,一弹再三叹,慷慨有余哀。吴梅村如醉如痴中写下了《听女道士卞玉京弹琴歌》。后人评曰:“有此等恨事,却有此等好诗。千载伤心,一时掩泪。……细细叙来,悲泣莫诉。”后吴梅村又送卞玉京回去老家横塘,又有《琴河感怀》四首相赠。此后二人大约再未相见,然而却并未相忘于江湖。晚年的吴梅村,那生花妙笔再也写不出雄心壮志,而在祭扫卞玉京墓后却是凭吊伤怀,写下了《过锦树林玉京道人墓并序》,凄然情怀,令人唏嘘。

吴梅村于卞玉京之事上为什么退缩,后人也是议论纷纭。有人说是他胆怯,怕得罪权贵,又不愿为一女子失了名望、前程。其实得罪并不见得,有失声望倒也未必,然而吴梅村却是积极地选择了放弃。吴梅村的选择或许更接近张爱玲小说《红玫瑰与白玫瑰》里佟振保的想法:“现在正是报答他母亲的时候。他要一贯的向前,向上,第一先把职业上的地位提高。有了地位之后他要做一点有益社会的事……”而这些全与秦淮名妓这类的女子不搭界。

谨守礼数对于他本人何尝不是灵魂的受苦，只是终究割舍得下。而讽刺的是，在历史的大变局里，他的割舍失去了所有的意义。最后，君主恩深，美人情浓，都那样的辜负了。吴梅村自语：“乃天下大苦人。”有苦说不出，是乃真苦。也许正是因此，吴梅村的诗歌里对女性的关注是颇具分量的，一改古代文人常见的讽刺口吻，而是倾注大量的同情。大约是红粉飘零的命运像是一面镜子，照出了吴梅村自己忧郁的灵魂。怜人即是怜己。

梅村体叙事诗，可备一代诗史

吴梅村的才能是多方面的。他是清初有名的画家，还是清初重要的戏剧家，代表作品有《秣陵春》、《通天台》、《临春阁》等。他希望通过戏剧创作来表达自己的“伤心痛哭之调”，正如他自己所说：“一唱三叹，于是乎作焉，是编也，果有托而然耶？果无托而然耶？余亦不得而知也。”另外还有学术专著如《春秋氏族志》、《春秋地理志》等。而《绥寇纪略》则因为是站在亡明的立场之上，触犯了清朝统治者的忌讳，几构一场文字狱。

吴梅村最成功处还是诗。吴诗被人称赞为“可备一代诗史”，以明末清初的历史现实为题材，反映山河易主、物是人非的社会变故。且作者有意分别以宫廷、明清战争、歌伎艺人、平民百姓为中心，全面展示了动荡岁月各类人生的生存图画。其突出的创作成绩，高过同时代的其他诗人。

从艺术风格上来说，吴梅村的诗歌创作以明亡为界，分为两个阶段。前期诗作，风流华艳；后期诗作，风格一变，苍凉萧瑟，像足晚年庾信，所谓“萧瑟真怜庾子山，空余词赋动江关”。

吴梅村在继承前人的基础上，自成一体，即所谓的“梅村体”。清诗史对梅村体的定义为：“指在继承初唐四杰七言乐府的格律和元白长庆体叙事体制基础上变化创新而成的长篇七言歌行。它吸取白居易《长恨歌》、《琵琶行》和元稹《连昌宫词》等歌行的写法，重在叙事，辅以初唐四杰的采藻缤纷，温庭筠、李商隐的风情韵味，融合明代传奇曲折变化的戏剧性，在叙事诗里独具一格。”四杰乐府、七言古诗在唐人手里已是发展至难以企及的境地，元、白体的高格也不是轻易即可比拟的，梅村能够在此基础上更有所树立，实在难得。梅村体对后世的影响直至近代、民国。"梅村体"叙事诗约有百首,如《永和宫词》、《萧史青门曲》、《鸳湖曲》、《圆圆曲》、《听女道士卞玉京弹琴歌》等,其中《圆圆曲》尤为脍炙人口。

《圆圆曲》的故事原型,即吴、陈二人的这场离合情事本身的传奇性就非常充沛。而吴梅村在处理故事时手法也极高明。其叙事"……结构,是以往的叙事诗从来没有出现过的"。"打破时空限制,不仅重新组合纷繁的历史事件,动人心魄,也使情节波澜曲折,富于传奇色彩。"①全诗"大开大阖,突兀跳宕,简直令人目不暇接,却又无不合情合理,圆转自如"②。其他如比喻、联珠的运用、历史典故与前人诗句的化用、注重转韵、错金镂彩的华丽辞藻等艺术的镂刻,包括"恸哭六军俱缟素,冲冠一怒为红颜"的点睛之笔,使得《圆圆曲》的艺术成就之高是众所公认,绝无异词的。

然而全诗的主题是什么,历来争论甚大。有"讽刺"说:讥刺吴三桂为一己之私情叛明降清,是民族的千古罪人。据传"三桂重币求去此诗,吴勿许"。时人颇称赞"祭酒能显斥其非,却其贿遗而不顾"的品格。也有"讴歌"说:宋谋玚《吴梅村(圆圆曲)疏解》中认为"据说吴三桂曾厚贿梅村求毁板,恐怕主要就是因为这类(指'冲冠一怒为红颜')意有讽刺的个别句子。至于全诗的基调,还是以讴歌艳羡为主,这不是吴三桂及其庇护者、追随者所不能接受的。"

也许最客观者倒是章培恒《元明清诗鉴赏辞典·序》里所认为的那样:"这首诗最动人的所在,并不在于批判了吴三桂的罔顾君亲大义,而在于讴歌了陈圆圆的美丽,她那可怜的身世和在爱情上的悲欢。也在于讴歌了吴三桂对爱情的坚贞、捍卫爱情的勇敢,并倾诉了个人在群体缠绵下的悲哀与痛苦。"

事实上,《圆圆曲》本身具备了多重音调。诗中叙事人称变化快速,有时是全知全能的第三人称叙述,有时变为三桂或圆圆自述。而用语也有多重色彩,作者在语涉陈圆圆时有时显得很轻薄。比如"梦向夫差苑里游,宫娥拥入君王起"、"遍索绿珠围内第,强呼绛树出雕阑"句,把陈圆圆和历史上的误国的祸水相提并论。而对于圆圆的一生命运,作者既有"风里落花"的疼惜,也有"妻子岂应关大计"的辩解。一介弱女子对当时整个大局并不可能会具有决定性的影响,却更容易被当作借口。《圆圆曲》里以圆圆为传主,述尽了封建时代里女性的悲哀。

对于吴三桂,吴梅村不能没有谴责与讥讽,毕竟他无法对明朝的灭亡无动于

---

① 叶君远:《吴梅村诗选》,人民文学出版社2000年版,第8页。

② 袁行霈:《中国文学史(第四卷)》,高等教育出版社2005年版,第221页。

衷。但这讽刺却显得那么的温和委婉。盖"两代仕君王"的经历,作者最能感同身受,因此对吴三桂有着某种程度上的理解,更多的则是对世事的无奈之感。

是谁说过:"说不清的作品未必是好作品,但好作品又往往是说不清的。"如《长恨歌》、《红楼梦》,即《圆圆曲》亦然。主题的自相矛盾显示的不仅是作者内心的情感张力,更是对浑然的生活的一种尊重。很难想象,假使作者上纲上线,将人物意识形态化,《圆圆曲》是否还具备这样一唱三叹的艺术效果。

而因为这份含浑手法,吴梅村的立场也没少受到批判:钱仲联认为"爱国诗要昂扬,要鼓舞人,梅村诗的较隐晦的就不够了"。刘世南则言辞更为严厉:"《圆圆曲》抹掉吴三桂出卖明室的汉奸罪行,以及清人乘乱夺取明朝天下的史实,只在'英雄儿女'的艳情上做文章,根本够不上'诗史'。"

表达亡国之痛、失节之恨,是他诗歌的另一重要主题。如《自叹》、《过吴江有感》、《过淮阴有感》、组诗《遣闷》等,忏悔自赎,格外凄婉动人。

特别是《过淮阴有感》第二首:

登高怅望八公山,琪树丹崖未可攀。
莫想阴符遇黄石,好将鸿宝驻朱颜。
浮生所欠止一死,尘世无由识九还。
我本淮王旧鸡犬,不随仙去落人间。

这样的词句感觉上有李龟年或者李师师执琵琶檀板唱沧桑旧事的味道,心头是有几许的悲凉,才生出这般灰懒的感慨?

又如《贺新郎·有感》:

万事催华发。论龚生、天年竟夭,高名难没。吾病难将医药治,耿耿胸中热血。待洒向西风残月。剖却心肝今置地,问华佗解我肠千结。追往事,倍凄咽。

故人慷慨多奇节,为当年、沉吟不断,草间偷活。艾炙眉头瓜喷鼻,今日须难诀绝。早患苦,重来千叠。脱屣妻孥非易事,竟一钱不值,何须说,人世事,几完缺。

这首词不是写于临终,而是病中产生的感触。但一个人在将死(以为必死)时,并不诿过他人,而是进行深刻的自我忏悔。那五内俱焚的哀伤,杜鹃啼血般的告白,到底还是赢回了人心的,陈廷焯就说:"千载下读其词,思其人,悲其遇,固与牧斋不同,亦与芝麓辈有别。"(《白雨斋词话》)梁启超也说:"鸟之将死,其鸣也哀,梅村固知自爱。"(梁令娴《蓺艺馆词》)

真正可以确定为吴梅村遗作的是《临终诗四首》:

忍死偷生廿载余,而今罪孽怎消除。
受恩欠债应填补,总比鸿毛也不如。
岂有罪名比照邻,发狂恶疾总伤情。
丈夫遭际须身受,留取轩渠付后生。
胸中恶气久漫漫,触事难平任结蟠。
块垒怎消医怎识,惟将痛苦付丸澜。
奸党刊章谤告天,事成糜烂岂徒然。
圣朝反坐无冤狱,纵死深恩荷保全。

这是对于一生遭际的最后的自我反省。

四首诗各有侧重,悔恨与悬情兼具,全面展示一个天下"大苦人"的形象。

梅村的作品的确很悲伤,表现了悲剧性,但悲剧性在文学中占有很崇高的地位,正如波德莱尔所言:"我几乎不能想象任何一种美会没有不幸存在其中。"阿多诺也曾说过:"最伟大的抒情诗,力量在于存在的苦难与存在中的爱的对立统一。"

蒲松龄:生命之欢歌　自由之乐章

他的一生热衷于科举,经受过无数次的失败,有过“相看牢落沧洲外,愁对寒烟夕照间”的失意哀愁。但他没有因为一次一次的失败而放弃,所谓:“英雄有迍邅,由来自古昔,何世无奇才,遗之在草泽。”他在坚持与等待中终老林泉,囿死乡里。

蒲松龄的《聊斋志异》使中国文言短篇小说达到了一个高峰,备受后人推崇。鲁迅先生说此书是“专集之最有名者”;郭沫若先生赞蒲氏著作“写鬼写妖高人一等,刺贪刺虐入木三分”;老舍先生评价蒲氏“鬼狐有性格,笑骂成文章”;马瑞芳先生称他是“世界短篇小说之王”。西方心理学家弗洛伊德说:“梦是愿望的达成。”现实理想的不能实现,蒲松龄在这里做梦,在这里追寻,在这里实现;生命之光芒使世人惊叹。

家徒四壁妇愁贫,辛酸科举路漫漫

蒲松龄(1640—1715),字留仙,又字剑臣,淄川(今属山东淄博市)人。出生于淄川县城东蒲家庄,据说“庄东有井,深丈许,水满而溢,穿瓷石,水灌灌出其间,此为柳泉,庄民又名之为满井也。其庄由此而得名。泉傍垂杨绿柳,百余章,环合笼盖,阴璐蔽天;泉涓涓自流,随势透逸。”①他因自号柳泉居士。

其父蒲槃,字敏吾,“少力学,文效陶、邓,虽终困于童子业,然淹博经史,宿儒不能及也。”20岁却还未考中秀才,于是弃儒经商,却是广读经史,学问渊博。躬

---

① 盛伟:《蒲松龄年谱(简)》,《蒲松龄生平研究》1995年第4期。

亲教导诸子,在思想和文化教养上都对蒲松龄产生了极大的影响。蒲松龄从小受到儒家思想的影响,曾写过文章《循良政要》,他热切地希望能通过科举考试进入仕途,实现他经世济民的政治理想。

顺治七年(公元1650年)蒲松龄与本县秀才刘季调之次女订婚,刘季调在当地颇有声望,"讳文鼎,文战有声。"有人说蒲家贫穷,常为其辩解:"闻其为忍辱仙人,又教儿读,不以贫辍业,贻谋必无蹉跌,虽贫何病?"顺治十二年(公元1655年),讹传朝廷将选宫女,于是提前将女儿送入蒲家。两年后,蒲松龄17岁时,二人"行御轮之礼"。刘孺人入门"最温谨,朴讷寡言,不及诸宛若慧黠,亦不似他者与姑悖傒也"。深得蒲母喜爱,不免遭到妯娌的嫉妒,家庭不和,终致分家。结果"时岁歉,菽五斗,粟三斗。杂器具,皆弃朽败,争完好;而刘氏默若痴。兄弟皆得夏屋,爨舍闲房皆具;松龄独异,居惟农场老屋三间,旷无四壁,小树丛丛,蓬蒿满之"。后来又由于蒲松龄年年游学在外,家里的生活重担就落在了一个柔弱的女子身上,刘孺人一个人默默地承受着,从无半句怨言。

蒲松龄自幼好学,且"天性慧,经史皆过目能了"。顺治十五年(公元1658年),18岁参加秀才考试,"以县、府、道三第一,补博士弟子员,"考中了秀才,并且得到山东学使施愚山的赏识,"文名籍籍诸生间。"

顺治十六年(公元1659年),19岁时与同乡好友张笃庆、李希梅等人结郢中社。目的是互相鼓励切磋,以期增进友谊与学问,进而培养高尚之情操。不幸的是他们都是科举路上的失意人,李希梅以诸生终其一生,张笃庆最终也只不过是一个岁贡生。科场失意、仕途艰辛,给蒲松龄的心灵以重创,怀才不遇的悲慨和激越难平的孤愤,多次从他心中迸发:

"世上何人解爱才,投珠犹使世人猜。"(《访逯济宇不遇》)

"世人相逢惟按剑,明珠此夜向谁投。"(《偶感》)

"良马非不骏,盐阪徒悲鸣。美玉非不贵,抱璞为世轻。"(《咏史》)

"与君共洒穷途泪,世上何人解怜才!"(《中秋微雨,宿希梅斋》其二)

感叹自己与友人命运遭际,落拓不遇,困顿偃蹇。如阮籍路遇穷途一样,不由得洒泪恸哭,感叹世上没有谁能够怜惜像自己及友人这样有才能的人。

康熙三年(公元1664年),蒲松龄与赵晋石,同借读于李希梅家中;并写《醒轩日课序》,朋友之间"朝分明窗,夜分灯火"。以期望"他日勋名上麟阁",却是落第而归。

康熙八年(公元1669年),应同乡好友孙惠之邀,到江苏宝应县做了孙惠的幕僚，这是他一生唯一的一次离开山东农村的南游经历。后来蒲松龄一方面非常挂念家中的妻儿；另一方面时时惦念着参加科举考试，不甘心一生只做别人的幕僚，所以一年左右就辞幕返回了故里。

南游归来后，他一边舌耕度日，一边积极准备科举考试，生活很是艰苦。王洪谋《柳泉居士行略》："自是（指北归）以后屡设帐缙绅先生家，日夜攻苦，冀得一第。""屡设帐"，指他不止一次，也不止在一家教书。蒲松龄一生在几家坐馆教书呢？据考，康熙六年（公元 1667 年），27 岁的蒲松龄设馆于西铺。康熙十二年（公元 1673 年）到康熙十四年（公元 1675 年），馆于淄川县丰泉乡王氏家设帐，与王观正（号如水）关系密切。从王家撤帐后，先到罢职归田的翰林院检讨唐梦赉家作了西宾，后又到刑部侍郎高珩家坐馆。康熙十八年（公元 1679 年），开始在淄川西铺毕际有家坐馆，直到康熙四十九年（公元 1710 年）初，70 岁时，才撤帐回家，在毕家设帐前后共历 30 年的时间。舌耕度日、坐馆教书的生活，对当时的蒲松龄来说，既迫不得已，又非常合适。这样既可谋生计，又可习举业，同时还能有机会搜集民间传说，创作《聊斋志异》。

蒲松龄晚年生活清闲，基本放弃了举业，而是致力于著述。晚景甚为凄凉，特别是妻子刘孺人去世后，曾有"迩来倍觉无生趣，死者方为快活人"之语。康熙五十四年（公元 1715 年），自卜不吉，正月十五，因外出祭父感染风寒，至二十二日酉时，依窗危坐溘然而逝，终年 75 岁。

蒲松龄一生寂寞于乡间。如孙立德所撰《聊斋志异跋》中所说："（蒲松龄）幼有轶才，学识渊颖；而简浅落穆，超然远俗。虽名宿宗工，乐交倾赏。然数奇，终身不遇，以穷诸生援举子业，潦倒于荒山僻隘之乡。"科举道路如此艰辛，前途如此渺不可知。蒲松龄却始终在坚持，在清冷而贫寒的生活中走完了他默默的一生。

关于蒲松龄一生参加过多少科举考试？具体的数字已不能知道，从他 18 岁参加第一次考试，南游时远在千里之外也要辞幕回乡参加考试，只要是有考试他应该都会参加。至于考到什么时候？一般认为是蒲箬"柳泉公行述"的说法，最后一次是康熙二十九年（公元 1690 年）他 50 岁时。但据高明阁先生的《蒲松龄的一生》文章中认为最后一次科考应是康熙四十四年（公元 1704 年）他 65 岁时。总之，蒲松龄一生科考十几次，直至 70 岁后，为了考岁贡，"冬十月，一仆一骑，别无伴侣，弃驰青州道中，六日归来。"已到暮年，为了一个没有意义的岁贡，劳碌奔波。

人生大半不如意,放言岂必皆游戏?

蒲松龄泪洒科场,情忘江湖,心系民众,穷其一生写《聊斋》。

历来有多少怀才不遇、命运坎坷的文人,仕途的不顺使他们只能通过文学作品抒发自己的不平。如贾谊感慨:“鸾凤伏窜兮,鸱枭翱翔。阘茸尊显兮,谗谀得志。”(《吊屈原赋》)鲍照独叹:“自古圣贤尽贫贱,何况我辈孤且直。”(《拟行路难》)陈子昂感叹:“前不见古人,后不见来者。念天地之悠悠,独怆然而涕下。”(《登幽州台歌》)李白呼号:“大道如青天,我独不得出。”(《行路难》)辛弃疾更是:“半夜一声长啸,悲天地,为予窄。”(《霜天晓角·赤壁》)相比前贤,蒲松龄的人生更加艰难。前贤有呼喊,有愤怒,但他们毕竟有过人生的辉煌。蒲松龄的生命里连昙花一现的光亮都没有,有的只是“三年复三年,所望尽虚悬”,一辈子过着清凉、孤寂的舌耕生活。蒲松龄才学和命运的不公向世人诉说的是一种无以言表的、痛彻心扉的无可奈何的悲哀。

《淄川县志·蒲松龄小传》谓蒲松龄“文章风节著一时”“新城王渔洋先生素奇其才,谓非寻常流辈所及也”。结果却是终身考试终身未中,潦倒于偏僻之乡。他笔下的叶生“文章词赋,冠绝当时;而所如不偶;困于名场”。(《叶生》)叶生“困于场屋”,“家贫子幼”,以至于“门户萧条”的生活,何尝不是蒲松龄一生执着于科举,家境窘迫的写照。《聊斋自志》谓:“笔墨之耕耘,则萧条似钵;门庭之凄寂,则冷淡如僧。”清代聊斋评论家冯镇峦评:“余谓此篇即聊斋自作小传,故言之痛心。”

所不同的是叶生死了,蒲松龄没有因为失意于科举而丢掉性命。他虽活着,内心却比死还痛彻。不仅仅是冯镇峦言之痛心,但明伦说“我读之为之大哭”。《叶生》是蒲松龄科举生涯的写照,他饱含血泪地给世人勾画了一幅科举失意泪墨图。落第是“零涕不已”;接到安慰信函是“持书啜泣”;魂归,妻子是“大恸,抱衣悲哭”,弟子是“涕堕垂膺”。但明伦“大哭”,冯镇峦也“放声一哭”,更有多少后人为之哭泣不已。

哭的不仅是蒲松龄颠沛的科举生涯,更是像蒲松龄一样的文人书生一生都摆脱不了科举的精神奴役。叶生落第时“嗒丧而归,愧负知己,形销骨立,痴若木偶”。蒲松龄应乡试未中何尝不是?“觉千瓢冷汗沾衣,一缕魂飞出舍,痛痒全无。痴坐经时总是梦。”

《聊斋志异·王子安》是对热衷于科举的文人痛苦而空虚的精神描写，篇末“异史氏曰”的“入围七似”：

初入时，白足提篮，似丐；唱名时，官呵隶骂，似囚；其归号舍也，孔孔伸头，房房露脚，似秋末之冷蜂；其出场也，神情惝恍，天地异色，似出笼之病鸟；迨望报也，草木皆惊，梦想亦幻，时作一得志想，则顷刻而楼阁俱成，作一失意想，则瞬息而骸骨已朽，此际行坐难安，则似被絷之猱；忽然而飞骑传入，报条无我，此时神情猝变，嗒然若死，则似饵毒之蝇，弄之亦不觉也。初失志，意败，大骂司衡无目，笔墨无灵，势必举案头物而尽炬之；炬之不已，而碎踏之；踏之不已，而投之浊流。从此披发入山，面向石壁，再以‘且夫’、‘尝谓’之文进我者，定当操戈逐之。无何，日渐远，气渐平，技又痒，遂似破卵之鸠，只得衔木营巢，从新另抱矣。如此情况，当局者痛哭欲死，而自旁观者视之，其可笑孰甚思。

这是以“漫画”的笔法，以嘲笑的态度写出了科举者之可笑，这种笑不由得使人满含泪水。这不仅是蒲松龄终身落榜终身考的心酸体验，更是中国封建科举制度下千千万万的读书人共同的命运，在这里世人看到了科举考试怎样将人变为非人的过程。不论是叶生的可悲，还是王子安的可笑，我们看到的都是蒲松龄的科举历程，是血泪交织的，甚至步步看来都是血。王国维《人间词话》：“尼采谓：一切文学，余爱以血书者”。《叶生》就是一部血泪之书。

对于蒲松龄的感情生活，人们知道的是他与妻子刘孺人一生相濡以沫。二人的结合来之不易，婚后又迫于生计，蒲松龄很早就走向了设帐舌耕的生涯，二人总是聚少离多，蒲松龄自己也说“久以鹤梅当妻子，直将家舍作邮亭”。长期的分居生活，给二人带来了很大的痛苦和寂寞，给妻子带去的还有沉重的生活重担。蒲松龄岁岁游学在外，一个女子撑起了一个贫困不堪的家，妻子对家的贡献之大，怎能不令蒲松龄感念动容。

卸妆入厨下，刀砧盈耳矣。俄而肴胾罗列，烹饪得宜。(《湘裙》)

晨兴夜寐，经纪弥勤。每先一年，即储来岁之赋，以故终岁未尝见催租者一至其门；又以此法计衣食，由此用度益纾。(《细柳》)

妾归君后，当常相守，勿复设帐为也。四十亩聊足自给，十亩可以种黍，织五匹绢，纳太平之税有余矣。闭户相对，君读妾织。(《细侯》)

《聊斋志异》中这些女子身上无不含有妻子刘孺人的影子。足见蒲松龄对为他为家操劳一生的妻子的感情。这对贫贱夫妻情感老而弥笃，携手走完了生命之途。

相对于科举上的不幸,情感上他是幸运却又不幸的。有相濡以沫的妻子是他的幸运,不幸的是他与一生唯一的红颜知己只能相忘于江湖。顾青霞像彩虹一样使他的生活变得色彩斑斓,二人相识在风光旖旎的江南,顾青霞不仅具有一般歌姬所具有的特点,同时还善书法、爱吟诗,"闺阁才名日日闻。"她的色艺与才情都令蒲松龄为之迷恋,为之倾心。蒲松龄多次赞美她吟诵:"曼声发娇吟,入耳沁心脾。如披三月柳,斗酒听黄鹂。"(《听青霞吟诗》)蒲松龄还特别为她选了唐诗绝句中既符合香闺内容又适宜吟诵的百首抄录成集,供她吟唱,附《为青霞选唐诗绝句百首》:"为选香奁诗百首,篇篇音调麝兰馨。莺吭呖出真双绝,喜付可儿吟与听。"

"女每于灯下为杨写书,字态端媚。又自选宫词百首,录诵之。使杨治棋枰,购琵琶,每夜教杨手谈。不则挑弄弦索,作'蕉窗零雨'之曲,酸人胸臆;杨不忍卒听,则为'晓苑莺声'之调,顿觉心怀畅适。"(《连琐》)读至此处,不仅使人眼前如现蒲松龄与顾青霞当日吟诵相和时你侬我侬之影像。

不幸的是蒲松龄只在南方待了一年左右,时间之短,且经济有限,二人情感之美好已不复再现。顾青霞后被孙惠纳为侍妾,"从此萧郎是路人。"二人虽旧情难忘,却"相见争如不见",从此只能互相怀念。顾青霞病逝,蒲松龄作诗哀悼:"吟音仿佛耳中存,无复笙歌望墓门。燕子楼中遗剩粉,牡丹亭下吊香魂。"(《伤顾青霞》)将其比作《牡丹亭》中的杜丽娘,可见情感之深挚。这是一段刻骨铭心的情感,虽然不曾再相见,"情就在那里,不来不去。""爱就在那里,不增不减。"二人"默然相爱"。

早年南游做幕僚的经历使他有机会接触封建官僚,看到了官府的种种黑暗内幕和政治腐败。晚年又参加过反对淄川蠹役康利贞的斗争,饱受被逼租税的屈辱,亲身经历和目睹了人民的苦难和血泪,深切地感受人民悲惨的生活。他对于官场的腐败黑暗,对于贪官污吏的鬼蜮行径,有着透彻的了解,有着满腔的忧愤。

《梦狼》中白翁在梦中看到的是巨狼当道,"堂上、堂下,坐者、卧者,皆狼也"。庭院之中"白骨如山",儿子白甲也化为老虎。这种梦中的幻境,实际上是黑暗现实的反映和写照。运用象征的艺术手法,通过梦境来揭露封建官吏的吃人本质。异史氏曰:"窃叹天下之官虎而吏狼者,比比也;即官不为虎,而吏且为狼,况有猛于虎者耶!"《成仙》中也借人物之口说:"强梁世界,原无皂白,况今日官宰半强寇不操矛弧者耶?"

蒲松龄的一生,科举的失意,情感的幸与不幸,民众的苦难,都写入了他的"孤愤”之作《聊斋志异》。他以毕生的精力创作出了这部文言短篇小说集,不仅熔铸进自身的生活体验和爱憎感情,也将热情和生命融入其中,使自己的人生追求有所寄托。蒲松龄在南游时写有:“漫向风尘试壮游,天涯浪迹一孤舟。新闻总入《夷坚志》(一作“鬼狐史”),斗酒难消磊块愁。”《聊斋志异》是以真实的现实生活为基础创作的一部抒发内心悲愤不平之作。蒲松龄曾深深地感叹说:“寄托如此,亦足悲矣!”

可贵的是蒲松龄不仅是因为他个人科举失意、穷困潦倒而产生的不平,他的这份情感是同广大被压迫人民思想感情息息相通的,他通过描写自身的不幸遭遇,来表现普通大众的痛苦,抒发对黑暗现实的强烈愤懑。蒲松龄之所以伟大,是他的“痛苦和幸福的根子深深地伸进了社会和历史的土壤里,因为他是社会、时代、人类的器官和代表”。

青林黑塞有知己,鬼狐世界寄理想

蒲松龄几十年“入棘闱辄见斥”的惨痛经历,耳闻目睹了种种科场内幕,他认为科考最大的弊端在于考官的昏庸无能。以致“黜佳士而进凡庸”,造成了“陋劣幸进,而英雄失志”的局面。《司文郎》中“最能知文”的盲僧也不禁感叹:“仆虽盲于目,而不盲于鼻,帘中人并鼻盲矣!”《贾奉雉》中的贾生久考不中,后来把落卷中写得最不好的文句连缀成文去应试,却意外中了经魁(经书试题第一名)。再读旧稿,“仆适自念,以金盆玉碗贮狗矢,真无颜出见同人。”不禁遍身出汗,重衣尽湿,羞愧得无地自容,决心“行将遁迹山林,与世长辞矣”以保持自己的清白。这些讽刺之作的矛头直指科场考官的耳鼻并盲、昏庸无知,也表达了像蒲松龄一样的文人怀才不遇的愤懑心情。

蒲松龄相信“天下自有不盲之人”。《叶生》中叶生就遇到了识才的不盲人——知县丁乘鹤,知县“见其文,奇之。召与语,大悦。使即官署,受灯火;时赐钱谷恤其家。值科试,公游扬于学使,遂领冠军”。因知县赏识提携成为秀才考试的第一名,这也是蒲松龄早年参加科考的经历,蒲松龄在参加秀才考试前,受到淄川县知县费祎祉的赏识,《折狱》记述费祎祉“方宰淄时,松裁弱冠,过蒙器许”。同时还受到著名文学家、山东学道施闰章的高度赞赏:“首艺空中闻异香,百年如有神,将一时富贵丑态毕露于二字之上,直足以维风移俗。”“观书如月,运笔如风,有掉臂游行之乐。”

只是这种知己之遇在蒲松龄的科考生涯中再也没有出现过,在苦难的不被赏识的道路上,蒲松龄越发感到知己的分量。如叶生感慨:“士得一人知己,可无憾。”在蒲松龄看来苦苦追求而不可得的科举路上能得到一知己是何其难得。现实中知己的不可再遇,蒲松龄只能在青林黑塞间追寻,“叶生魂从知己,竟忘死耶?”人生得一知己足矣,真正做到了生死相随,死而不已。蒲松龄在多次“遇合难期,遭逢不偶”之后,不由得发出这样的声音:“知我者,其在青林黑塞间乎。”

情感的美好是所有人的毕生追求。“清初淄川蒲留仙松龄《聊斋志异》中所记诸狐女,大都妍质清言,风浪放诞,盖留仙以齐鲁之文士,不满其社会环境之限制,遂发遐思,聊托灵怪以写其理想中的女性耳。”①蒲松龄写理想中女性的同时也表达了自己的爱情理想,他笔下的女性多为花妖狐魅,通过她们与文人书生的爱恋故事,歌颂青年男女的真挚爱情,寄托他的爱情理想。

蒲松龄主张爱情婚姻自由,不受封建礼教的束缚,甚至于“情之至者,鬼神可通”。(《香玉》)牡丹花精香玉与黄生相爱,牡丹花枯死后,黄生的痴情最终感动了花神,使香玉重生,黄生死后也变为一株牡丹,生死相依。爱情的力量还可以超越生死。《连城》中连城与乔生二人因情而死,后又因情而生;二人的爱情可以和汤显祖《牡丹亭》中的“至情种”杜丽娘与柳梦梅之间的爱情相媲美。清代王渔洋评价:“雅是情种。不意《牡丹亭》后,复有此人。”

《聊斋志异》中的花妖鬼狐同人一样具有真挚的情感,更富有浪漫的自由气息,更具有理想性。她们不必承受沉重的封建压力,可以置礼法于不顾,与书生相会,或“夜扣书斋”,或“花梯度墙,遂共寝处。”《荷花三娘子》中狐女面对书生的询问说:“春风一度,即别西东,何劳审究,岂将留名字作贞坊耶!”另外,她们没有贫富思想,钟情于相爱的穷书生,一旦结合,从此她们过上了幸福的生活。《翩翩》中翩翩与罗子浮结合,有了儿子,在儿子的婚宴上唱道:“我有佳儿,不羡高官;我有佳妇,不羡绮纨。”表现出了现实女性身上所没有的高尚的人生情趣。

他还认为男女之爱应是一种心灵契合的知己之爱,而不是以才貌、门第、金钱等条件为前提。《连城》中的乔生与连城之间就是以两心相知为基础,乔生割肉为连城治病是:“‘士为知己者死’,不以色也。”《瑞云》更是“不以妍媸易念”的知己之爱。贺生贫穷时得到名妓瑞云的尊重和热情接待,她倾心的是贺生“惟有痴情

① 陈寅恪:《柳如是别传》,生活·读书·新知三联书店2002年版,第75页。

可献知己的诚意”。后来瑞云容貌尽毁，遭人鄙弃，贺生对她仍然不离不弃，并说：“人生所重者知己；卿盛时犹能知我，我岂以衰故忘卿哉！”这是一种打破世俗观念的纯真的情感，在当时的时代背景下极具积极意义。

《娇娜》中表达的是一种精神相通的爱情。作者说：“余于孔生，不羡其得艳妻，而羡其得腻友也。观其容可以忘饥，听其声可以解颐，得此良友，时一谈宴，则色授神与，尤胜于颠倒衣裳矣。”作者认为得到“艳妻”不算美满，更重要的是“腻友”般的心灵、精神上的契合，不言而喻，美满应是两者的统一。①

蒲松龄的伟大之处还在于他时刻关心民生疾苦，他不仅揭露封建时代的官贪吏虐，豪绅的为富不仁，还抒发了百姓的愤怒，表达了广大人民群众反压迫、反剥削的要求，表现了自己的爱憎感情。总是借助于现实的或超人的力量，使恶人受到应有的惩罚，为被压迫者伸张冤屈。《梅女》中受贿的典史，在受到杖击、簪刺后患脑病而死；《席方平》中的冥官鬼役，受到了二郎神的严厉惩罚，并通过二郎神的判词，斥责这些统治者是：“唯受赃而枉法，真人面而兽心！”《梦狼》中白甲，最终被冤民砍下脑袋，且被人将其头歪装到脖子上，使之“目能自顾其背，不复齿人类矣。”还说：“邪人不宜使正”。《续黄粱》中曾孝廉被冤民杀死后，到了阴间下油锅、上刀山还将他生前所贪占的三百二十一万钱，烧化灌进他的嘴里。异史氏曰：“梦固为妄，想亦非真。彼以虚作，神以幻报。黄粱将熟，此梦在所必有，当以附之邯郸之后。”所谓善有善报，恶有恶报。恶人受到了惩罚。被压迫者历尽磨难之后终于冤屈得以伸张，都过上幸福美满的生活。

蒲松龄一生经历了多少坎坷，尝受了多少酸甜苦辣，体验了多少悲欢离合。他没有沉沦，没有绝望，没有丧失生命的热情。他畅游在青林黑塞间、鬼狐世界里，生命得到了彰显，理想得以实现；追求到了生命之美、自由之美。他的脚步没有停止，还在追求，追求美中的至美；什么是美中的至美？蒲松龄回答道：至美的不是完成了的美，而是生活中对美的无限追求。②

① 袁行霈主编：《中国文学史第四卷》，高等教育出版社2004年版，第323页。

② 何满子：《蒲松龄，在美学层面上》，《国际聊斋论文集》，北京师范学院出版社1992年版，第56页。

纳兰性德:我是人间惆怅客

不知不觉间,纳兰词再度流行起来。

毕竟纳兰的一切都让人艳羡:既符合世俗世界的定义又有着诗意优雅的灵魂。而容若那些个精致的言语也可以广泛地运用在思乡、爱情、理想等等各样文章里。

如果说行动是最好的纪念,发展就是最好的继承。然纳兰那“若赤子之笑啼”,在这个匆忙致灵魂失落的时代又有几人能至?即就文章而论,“天然”二字“看似至易,而实至难者也。”

“家家争唱《饮水词》,纳兰心事几曾知?”(曹雪芹语)

翩翩浊世佳公子,富贵豪门有情痴

曾经有人说,纳兰性德就是《红楼梦》中贾宝玉的原型。持此论者中最有名的应该数乾隆皇帝。据说和珅将《红楼梦》文稿呈给乾隆,乾隆阅后说了一句:“此盖为明珠家事作也。”以皇帝之尊俯视众生因果,也是一种视角。且可证此说并非捕风捉影的论据有很多,如曹雪芹的祖父曹寅与纳兰父子交情颇深。纳兰之《饮水词》对《红楼梦》的影响是显而易见的:所谓“今宵便有随风梦,知在红楼第几层?”“此夜红楼,天上人间一样愁。”词中多次提到“红楼”。纳兰性德之情感历程往事和《红楼梦》中宝黛钗的纠葛关系也有相似之处。更重要的是纳兰性德与红楼主人公贾宝玉在性格上有惊人之相似:以富贵人而好作愁苦语。

纳兰之身世较贾宝玉甚至更为显赫:其父纳兰明珠乃是康熙朝名噪一时,权倾朝野,人称“相国”的重臣。纳兰本人比之贾宝玉更见出色:少年英才,22 岁时参加进士考试即中二甲第一名，后任为一等御前侍卫，这一职位的任命足见这位豪门公子之文武双全。满人在马背上打天下，尚武之风促使纳兰性德“数岁即善骑射”（徐乾学《纳兰君墓志铭》）。看来当代小说家梁羽生将纳兰作为武侠形象写进其小说《七剑下天山》里，也不算毫无根据。

当然，纳兰骨子里还是个文人。且较之一般文人，他身上有着更多的矛盾之处：生为满人，却痴迷于汉文化；身在富贵场上，心却游离于繁华之外，“视勋名如糟粕、势利如尘埃”（顾贞观《祭纳兰君文》）；身为满族八旗贵族，却喜结交汉族落拓文人，“以风雅为性命、朋友为肺腑”（同前）；人在仕途，却常为情所苦……

这样反差式人生，不是缘自小说家的想象，而是文化史上真实的实例，堪称是典型性存在。

《红楼梦》第二回中曹雪芹借贾雨村之口曾言：“清明灵秀的天地之正气与残忍乖僻的天地之邪气必至搏击掀发后始尽……使男女偶秉此气而生者，在上则不能成仁人君子，下亦不能为大凶大恶。……其聪俊灵秀之气，则在万万人之上，其乖僻邪谬不近人情之态，又在万万人之下。若生于公侯富贵之家，则为情痴情种，若生于诗书清贫之族，则为逸士高人，纵再偶生于薄祚寒门，断不能为走卒健仆，甘遭庸人驱制驾驭……”

然则何故公侯富贵之家，便为情痴情种？

古人云仓廪足而后知荣辱，阐明了一个客观的事实，那就是精神的拔高要有坚实的物质作基础。作家王蒙也曾经感慨，虽说诗穷而后工，但极端残酷的生活对作家实在是一种灭顶的摧残。事实上，鲁迅所说人必须先活着，爱才有所附丽何尝不是这个意思？贾宝玉说富贵把他给荼毒了，其实贫或富何尝有罪？重要的是富而不骄、贫而无谄。富贵至骄奢淫逸才真正荼毒人。

贵族的出身提供给容若极好的教育，加之以惊人的天赋、敏感的心思，造就了容若作品中的典雅高华，细腻优雅。只有拥有过，才可以言放弃。所谓看破又何尝不是经历大富贵者才有的顿悟，即如悉达多王子（即释迦牟尼），又如纳兰容若。最伟大的作家往往能够超越自身的阶级。如同向往贵族身份的巴尔扎克在作品里谱写贵族的挽歌、身为农奴主的托尔斯泰却最终走出家庭来到民众中间一样，纳兰容若自言自己“不是人间富贵花”，“十八年来堕世间，吹花嚼蕊弄冰弦，多情情寄阿谁边？”出身贵族家庭，却认为贵族生活不过是“勉为欢谑，到底总无聊”！这种对富贵无常的认识，让研究者们得出容若有“一种对于整个王朝盛极而衰的预见”的结论也是最自然的了。

相较于每个人生来都背负着的人生的苦难,作为看破者的纳兰显然要背负更多。情在不能醒。以纳兰之慧根不会不明白“放下”的自在,连贾宝玉最终都能悬崖撒手,纳兰却是情多至不能自胜,直到为情而死——真是一个地道的“情痴情种”。不过,也多亏是这样,我们才能看到那带着宗教式的深爱所谱就的动人辞章。

知我者谓我心忧,不知我者谓我何求

纳兰早年将自己的词集命名为《侧帽集》。“侧帽”典出《北史·独孤信传》:“信在秦州,尝因猎日暮,驰马入城,其帽微侧,诘旦而吏人有戴帽者,咸慕信而侧帽焉。其为邻境及士庶所重如此。”独孤信人长得帅极,常被人当作模仿的对象。某天,出城打猎至天色已晚,为赶在宵禁之前赶回,马骑得甚快以致帽子带歪了也不自觉。不明就里的人看到他帽子微侧的姿态,反而觉得更有韵味。于是满街都是模仿独孤信侧帽而行的男人。曹雪芹的祖父曹寅有一首诗中这样写道:“忆昔宿卫明光宫,楞伽山人貌姣好。”楞伽山人是纳兰性德的号。可见纳兰“玉树临风”之质。这样的人物,自命侧帽风流也算名副其实。

纳兰后期则将词集命名为《饮水词》,典出“如鱼饮水,冷暖自知”。从侧帽风流的自赏到冷暖自知的自悟,贵族生活带给纳兰的却是日渐浓厚的悲凉。据说,纳兰明珠罢官后,读儿子容若的遗作《饮水词》,老泪纵横道:“这孩子的心怎么这么苦呢?”事实上,这一疑问同时也是纳兰研究者最感兴趣之话题。

有些学者侧重于从纳兰贵胄生活之环境中去寻找其悲凉怀抱之成因,认为纳兰长期充任侍卫,“弭节帝侧”在世俗的眼中是“贵幸极矣”,在纳兰,却以为是皇家粗佣之役,“弗遂成德文学清华之愿”(赵秀亭《纳兰丛话》续)。正是人以为荣,我以为苦。也有很多人认定是由于其天生禀性决定,纳兰的挚友顾贞观就认为是:“非文人不能多情,非才子不能善怨。……惟其情之所钟为独多也。”咸丰时人李慈铭更是认为:“以承平贵公子,而憔悴忧伤,常若不可终日。虽性情有独至,亦年命不永之征也。”这样的推测,唯心到了宿命的地步。更有人回溯到久远的历史去,认为纳兰是忘不了“那拉上代(叶赫部)与爱新觉罗族(清皇族)一段恨事”。

也许“理想破灭”说最能容纳所有的揣测。因为这理想可以是“个性发展”,也可以是“壮志能酬”,也许是“婚姻爱情”,总之,重重的追求只带来重重的失落。

理想的破灭使纳兰性德产生深沉的失落感、幻灭感。而从文学的角度出发，也不难找到各种成因：以纳兰之资质禀赋和学术修养，自是“伤心人别有怀抱”（梁启超评辛弃疾《青玉案·元夕》）。而一个敏感的灵魂在一个表面繁荣平静实际开始颓唐没落的社会中所提前感受到的哀伤也是先觉醒的人们所不可避免的痛苦。

然而，无论人们持何种论点，都无法否认的一点即是：在纳兰的笔下，生活并不是真实存在的生活。法国诗人兰波曾喊出一句响亮的口号：“生活在别处。”在纳兰，是虽无口号，却早在以生命躬行实践着这句话，而东方社会格外沉重的束缚使得纳兰的追求是如此的痛苦。最适合自己的却是一生无由到达的别处，这在心思粗糙的人们看来，有无病呻吟的嫌疑。然而正如“白天不懂夜的黑”，天才在他的时代往往是“古怪”，纳兰之伤怀真正是“知我者谓我心忧，不知我者谓我何求”！

一生一代一双人，柔情之人亦狷狂

纳兰早年有些小词温柔旖旎，情辞隐约。如：

减字木兰花

相逢不语，一朵芙蓉著秋雨。小晕红潮，斜溜鬟心只凤翘。

待将低唤，直为凝情恐人见。欲诉幽怀，转过回阑叩玉钗。

画堂春

一生一代一双人，争教两处销魂。相思相望不相亲，天为谁春？

桨向蓝桥易乞，药成碧海难奔。若容相访饮牛津，相对忘贫。

有说法称纳兰与卢氏结婚之前与一青梅竹马的女子暗生情愫，后因恋人入宫而恋情破灭。细细品咂词意，尤其是“蓝桥”、“碧海”的典故使用，此说甚为可信。

“一生一代一双人”这样的句子自觉一部中国文学史，唯有宝黛可当之。然而焉知曹雪芹关于宝黛的构思不是来自容若呢？将《红楼梦》之青梅竹马故事与纳兰隐约的词参照而看，实在也是令读者“销魂”的。容若的词向来被称赞是明白如话，其实有些词只是看似简易，实则仍是用典，只是化用自然不觉痕迹耳。譬如这句“一生一代一双人，争教两处销魂。相思相望不相亲，天为谁春”，实为化用骆宾王《代女道士王灵非赠道士李荣》诗中成句：“相怜相念倍相亲，一生一代一双人。”诗词史上颇多这样的例子：原作寂寂无闻，而一经他人化用，反成千古传诵的名句,如林和靖之“疏影横斜水清浅,暗香浮动月黄昏”、晏几道之“落花人独立,微雨燕双飞”等便是如此。之所以产生这样的效果,大约是比起原作者,这更像是容若自己肺腑中掏出来的罢。

然而,这样的挚情也抵不过皇权的冰冷。青梅竹马的恋人被选秀入宫,从此宫门一入深似海。初恋爱情虽然夭折,然而正如《红楼梦》里所说:“只要不把故人丢过不提,便是情深义重了。若一味因循孤守,妨了大节,也不是理。”故纳兰于康熙十三年(公元1674年),与两江总督之女卢氏结婚。以父母之命、媒妁之言、政治联姻,能有美满的婚姻,不能不说是一桩幸事。然而彩云易散琉璃脆,命运再一次展现狰狞面目:康熙十六年(公元1677年)纳兰之妻卢氏因难产去世。

悼亡之作自《诗经·绿衣》开始,经典迭出。其中潘岳、元稹、苏轼、贺铸、陆游等人各有名作,而纳兰之词堪称悼亡之作的最高峰。潘岳、贺铸等人的悼亡与其说是悼念亡妻,不如说是追忆那可哀的岁月,对亡妻的怀念中带有歉疚与感恩。苏轼的悼亡里有着深深的自怜,陆游的怀念里是痛心和忏悔……有人揶揄中国古代文人只有到了妓女那里才可以自由抒发感情,虽是戏言却也庶几近之。而纳兰的词却少有伦理道德的掺入,完全回归情感的本质,写少年夫妻至真至切的柔情:“戏将莲菂抛池里,种出莲花是并头。”“偏是玉人怜香藕,为他心里一丝丝。”“忆生来,小胆怯空房。”知道爱妻生性胆小怯弱,连一个人独自在空房里都感到害怕。这样的情感超越了色授魂与,颠倒衣裳,是一种精神的契合。这样美好的情感体验,一朝失去自是刻骨的伤恸。

纳兰悼念亡妻的词章,声声啼血,字字连心。所谓“减尽荀衣昨日香,倩声声邻笛,谱出回肠”、“又到断肠回首处,泪偷零”、“赢得更深哭一场”……纳兰的悼亡词里喜欢用荀彧的典故:“荀奉倩与妇至笃……妇亡,粲不哭而神伤……少时亦卒。”也许只有纳兰才能体会“不哭而神伤”的滋味,所以他才处处以荀彧之事自比:“辛苦最怜天上月,一昔如环,昔昔都成玦。若似月轮终皎洁,不辞冰雪为卿热。”荀彧对妻子温柔体贴,“冬月妇病热,乃出中庭自取冷,还以身慰之”的故事。只是荀彧的温柔体贴在现实中招致的并不是赞扬而是“溺惑”女色的批评。而纳兰却全不讳言自己“若似月轮终皎洁,不辞辛苦为卿热”的心意。

说来奇怪,此时文人们却又一改批评为赞叹:况周颐说是“真字是词骨,情真景真,所作必佳。”张任政也说:“先生之待人也以真,斯所为词,亦正得一真字,此其所以冠一代而排余子也。”不由得我们猜测:也许是漫长的时代,礼教的枷锁使得抗的人也累了……

纳兰也累了，妻子的去世带给他的不仅是悲伤，更多的是绝望。纳兰另外有两首词：

沁园春

瞬息浮生，薄命如斯，低徊怎忘？记绣榻闲时，并吹红雨；雕阑曲处，同倚斜阳。梦好难留，诗残莫续，赢得更深哭一场。遗容在，只灵飙一转，未许端详。

重寻碧落茫茫，料短发，朝来定有霜。便人间天上，尘缘未断，春花秋月，触绪还伤。欲结绸缪，翻惊摇落，两处鸳鸯各自凉！真无奈，把声声檐雨，谱出回肠。

金缕曲·亡妇忌日有感

此恨何时已。滴空阶，寒更雨歇，葬花天气。三载悠悠魂梦杳，是梦久应醒矣。料也觉人间无味。不及夜台尘土隔，冷清清，一片埋愁地。钗钿约，竟抛弃。

重泉若有双鱼寄，好知他年来苦乐，与谁相倚。我自中宵成转侧，忍听湘弦重理。待结个他生知己，还怕两人俱薄命，再缘悭，剩月零风里。清泪尽，纸灰起。重泉若有双鱼寄，好知他年来苦乐，与谁相倚？

这两首词尤其明白地道尽了纳兰的心思，所谓“心灰尽”，作者对尘缘已极近断绝，不独是“有发未全僧”，只是无意再生。唯一的希望竟是相随到九泉，以期“结个他生知己”，可是，又“还怕两人俱薄命，再缘悭、剩月零风里”——只怕像今生一样命薄缘浅，生离死别！

顾贞观曾言：“容若词一种凄婉处，令人不能卒读。”所谓不能卒读，大约是读者能够感受到字句背后那命不久长的讯息。作为纳兰密友的顾贞观也曾将纳兰容若比之宋朝晏小山，因二人都“重情”，然小山之凄楚中尚有脉脉温情，诸如“今宵剩把银釭照，犹恐相逢是梦中”，哀而不伤。容若之情却是哀而更伤，柔肠寸寸断。

纳兰一生虽寡欢，其词却并非一味郁郁。其《金缕曲》一词：

德也狂生耳！偶然间，缁尘京国，乌衣门第。有酒惟浇赵州土，谁会成生此意？不信道，竟逢知己。青眼高歌俱未老，向尊前，拭尽英雄泪。君不见，月如水。

共君此夜须沉醉，且由他，蛾眉谣诼，古今同忌。身世悠悠何足问？冷笑置之，而已！寻思起，从头翻悔。一日心期千劫在，后生缘，恐结在他生里。然诺重，君须记。

时当天下共歌的康熙盛世，此词却是睥睨凡俗。其狷狂，直可以与阮嵇、苏辛相比肩。而这狂放里又满溢深挚情谊，喟然浩叹。足见作者之至情至性。近代有人考证容若与汉族知识分子结交，原出政治目的，以笼络汉文士遵行清庭文化政策。据此词看,再加之徐乾学所撰的《纳兰君墓志铭》里说容若生前“所交游皆一时隽异世所称落落难合者”,其说不攻自破。

再看容若之咏物咏史作,如“汉陵风雨,寒烟衰草,江山满目兴亡”、“莫把韶华轻换了,封侯。多少英雄只废丘”等句,词也许是好的,但身为御前侍臣的纳兰明知帝王所重者是千秋万世不朽之基业,却还要作那“今古山河无定数”感慨,至少也是不识时务了。——这样的心性又如何能担任“文化特务”的职业。

纳兰之出塞词也很出色:王国维认为纳兰容若塞上之作,如《长相思》之“夜深千帐灯”,《如梦令》之“万帐穹庐人醉,星影摇摇欲坠”可与“明月照积雪”、“大江流日夜”、“中天悬明月”等境界相比,可谓千古壮观。

然而也有人认为成德“万帐穹庐人醉,星影摇摇欲坠”之词虽“奇瑰绝代,境致恢宏,惟觉有肃飒之气拂过纸上”,并将之归因于“容若词作于衰世之盛时”(赵秀亭《纳兰丛话》续)。事实上,我们也不必因为喜爱纳兰就讳言容若出塞诗与咏史诗虽偶有佳句但少有佳篇的事实,而这一点其实与容若个人在艺术上的造诣不无关系。

纳兰之佳句往往由点化前人之作而成:如那句深有好评的“瘦尽灯花又一宵”,就是糅合了吴绮《南乡子》“瘦尽灯花红不语”、曹溶《采桑子》“落尽灯花又一宵”。而纳兰之佳句日后又为曹雪芹所采撷化用:纳兰悼念亡妇的“此恨何时已。滴空阶、寒更雨歇,葬花天气”,日后演绎成世人惊艳的“黛玉葬花”的大篇文字。而由此启发而得的“冷月葬花魂”的句子,也和纳兰容若的诗句一样具有诗谶的惊人效果。

在31岁最好的年纪,纳兰的故事戛然而止。容若死后3年,明相失势,家道败落……

纳兰的词作,比之苏辛李煜的大境界,未免有所不逮,纳兰之作过多的是小我的伤怀。但成就纳兰成为文学上独特的“这一个”也正是这份纯粹的自我情怀。而这份小情怀只有在《红楼梦》中才能看出,这足以表明“纳兰心事雪芹知”!

李绿园:一代奇人

在清代文苑中,如果说还有一朵可与《红楼梦》相媲美之奇葩的话,那应该就是长篇小说《歧路灯》。它的作者李绿园以锐利的目光,透过"康乾盛世"的彩光霓雾,透视了太平繁华中的危机,以自己老到的笔触,描绘了一幅幅时代风俗画,并以惋惜的态度,力图拯救那个由盛而衰的现实社会,被誉为"一代奇人"。

用心读书,亲近正人

李绿园,名海观,字孔堂,号绿园,祖籍河南新安,康熙四十六年(公元 1707 年)出生于汝州宝丰,这一年,创作了《儒林外史》的吴敬梓 7 岁,十年后,《红楼梦》的作者曹雪芹出生。他们都是这一时期伟大的现实主义长篇小说创作巨匠。

康熙三十年(公元 1691 年),豫西大饥荒。绿园祖父李玉琳——著名的新安"寻母李孝子"携眷外走,逃荒流落至宝丰县曹镇乡宋寨村安家,以教书为生。李氏一家,以孝相踵,绿园就出生于这样一个"孝子门庭"。

绿园幼年就读于家乡附近鱼齿山上寺中的义学,其蒙师有可能就是他的祖父。鱼齿山风景优美,同时附近有许多战国至汉代的墓葬群和文化遗址,"抱书此地童龄惯,坐数青山藉草茵。""擎茶笑说垂髫月,抱得书囊日往还。"这一段快乐的童年读书生活在绿园的脑海中留下了深刻的记忆。淳朴的农村生活和家庭环境也对李绿园厚道务实的性格形成产生了很大影响。

康熙五十八年(公元 1719 年),绿园 12 岁,入城应童子试,开始了考取功名之路。乾隆元年(公元 1736 年),绿园 29 岁,考取恩科乡试举人。刚刚中举后的绿园正值壮年,同封建时代多数知识分子一样,"忧世之怀,壮行之志。"希望通过科举仕宦的道路做成一番事业。“君不见隆中名流似管乐,抱膝长吟志澹泊。又不见希文秀才襟浩落,早向民间寻忧乐。一日操权邀主知,功垂青史光烁烁。男儿有志在勋业,何代曾无麒麟阁?”诗中他以诸葛亮、范仲淹为榜样,勉励自己。

绿园未料科举之途上历经艰辛,中举后 12 年间经 4 次会试,均未有所得。乾隆十三年(公元 1748 年),绿园父亲逝世,守制家居。这一年绿园已过 40 岁,科举仕途的豪情已渐渐冷凝,人到中年,感慨于世间百态,寄情于笔墨,绿园开始撰写其流传千古的恢弘巨著——《歧路灯》。

李绿园中举前后,应在河南省会开封居住了很长时间。他的小说《歧路灯》就是以开封为主要背景的,书中所写的街巷、官署、寺庙等的坐落、方位、直走向等无不与实际一一相符,所写的风俗人情也是这一内地省城的真实写照。他还多次赴京会试,《歧路灯》中对开封到北京的沿途风光描写得很具体详细,对北京的民俗风情也多有展现。北京大约是李绿园除家乡和开封外,居住时间最长的地方。

绿园最后一次应试后,曾在京任教 3 年。后来,其福建学生李杰考中状元,向吏部举荐恩师,绿园被选任江浙漕运之职。乾隆二十二年(公元 1757 年),50 岁的李绿园终于得以“出仕”,此时,《歧路灯》前 80 回大约已完成。

绿园开始了“以舟车海内,辍笔二十年”的宦游生活。绿园所任官职,应该都很小,但却使其在黔、蜀、吴、楚、齐、鲁、幽、燕等地,长江上下、运河南北都留下了足迹。乾隆三十七年(公元 1772 年),绿园曾在贵州思南府印江县作了一任知县,留下了显赫的政绩,《印江县志》和《思南府志》都为他立传,称颂他“爱民如子,疾恶如仇”。绿园晚年在诗作中写道:“梦中偶到印江地,犹见吁呼待抚民。”

乾隆三十九年(公元 1774 年),绿园返抵家乡宝丰,这一年他 67 岁。约于乾隆四十二年(公元 1777 年)初,绿园回到祖籍新安,新安族人留他常住,把子侄辈托给他教育,他就在老家北冶镇马行沟作了塾师,住了将近 3 年的时间。在新安的第一年,绿园编定了自己的诗稿《绿园诗抄》,并最终完成了小说《歧路灯》。

乾隆四十四年(公元 1779 年),绿园由新安南返宝丰。不久,次子李蘧迎养他至北京,大约闲居 4 年,乾隆五十五年(公元 1790 年)六月二十八日,绿园卒于北京米市胡同私邸,享年 84 岁。绿园一生经历康熙、雍正、乾隆三朝,差不多与 18 世纪共始终。

当时的图书收藏家杨淮曾评价他:“生平学问博洽,凡经学子史,无不贯通,而尤练达人情。老年酒后耳热,每自称‘通儒’。”其子李蘧于乾隆四十年(公元 1775 年)中进士,除吏部主事,寻晋升为吏部正郎,出理七省漕务,任中“发奸擿伏”,积弊立除。后迁江南督粮道，清正廉洁、政绩颇佳，蓬还“博洽工诗，古文词”，著有《深竹轩集》诗文留世。绿园孙李玉潢，有诗集《方雅堂集》。绿园子、孙翰墨有名，与他重视教育和身体力行是分不开的。

绿园在《歧路灯》中为疗救青少年，耳提面命了八个字：“用心读书，亲近正人。”在第95回，他借谭绍衣之口，大声疾呼：“这是满天下子弟的‘八字小学’，是咱家子弟的‘八字孝经’。”要“镂之以肝，印之以心”，“用以为子孙命名世系。”而这训诫子弟的箴言，也正是绿园一生遵循的思想指引。

浪子回头歧路灯

李绿园最受世人关注的作品还是长篇小说《歧路灯》。

该书大约是在他41岁时为父亲守孝时在家开始动笔，用10年时间写了80回，后因“舟车海内”而辍笔20年，直到乾隆三十九年（公元1774年）辞官归来，才重续写，乾隆四十二年（公元1775年）八月，脱稿于新安，前后用了30余年时间。小说一共108回，60多万字，以河南开封的社会生活为基础，通过写实的手法，描写了18世纪中国封建社会普通人的生活，与《红楼梦》、《儒林外史》等同为清代文坛上重要的现实主义作品。

《歧路灯》的主线是通过描写祥符县（今河南开封）大族谭家青年公子谭绍闻丧父后，母亲溺爱，被同辈浮浪子弟引诱，吃酒赌博、斗鸡走狗、狎昵宿娼、宠娈童、炼黄白，终至倾家荡产的故事，小说中以欣欣向荣的明代嘉靖年间为历史背景，反映了清乾隆年间的社会现实。作品以文载道，处处流露出作者的济世心肠。

全书围绕主人公失足的主线，从家庭延伸至社会，从省城到京都，从亳州到济宁，从北方乡镇到浙江海防，交错而出的人物达到260多个，三教九流，各种人物形象，过目留影，生动逼真，堪称为18世纪中国封建社会中下层人民生活的百科全书，是我国古典文学中仅有的一部反映教育的巨著，也是我国小说史上仅有的一部以“浪子回头”为题材的长篇白话小说。

《歧路灯》创作于所谓“康乾盛世”时期。李绿园以其敏锐的目光，透过繁华盛世，看到封建社会背后潜伏的教育危机和社会危机，并以惋惜的态度，力图拯救那个由盛而衰的现实社会。他的本意是借此书，举起儒家之航标灯，引导世人，特别是误入歧途的青年走上正路。

绿园在《歧路灯》里提出发人深省的问题,即“溺爱出逆子,娇惯成坏人”。谭绍闻父早死,母亲王氏见识短浅,对他姑息纵容。谭绍闻背弃了父亲谭孝移临终时要他“用心读书,亲近正人”的嘱咐,在母亲的娇惯下,择师不当,又受同辈浮浪子弟的引诱,逐步走上歧途。中途几次在父执、良师、义仆的劝阻下想改恶从善,无奈屡次旧病复发,终至倾家荡产。穷苦的日子,才使他渐渐悔悟。最后他在族兄谭绍衣的帮助下,重整家业,功成名就。小说揭示了青少年堕落的四大原因:家庭教育不当,教师素质不高,社会交往不慎,个人意志不坚。这也是古今青少年失足犯罪的一般规律,对于当代人在家庭教育、学校教育、社会教育等方面仍然具有非常重要的启示作用。

李绿园的创作成就突出表现在《歧路灯》的人物形象塑造上,由于他对世情的深刻洞察,使得书中许多人物都展现出勾魂摄魄、兀现纸上的艺术魅力,成为古代小说艺术画廊中具有永久价值的形象。

这些人物全从李绿园所历所见的生活中来,故能突破其他小说类型化的描写,达到典型化的水准。李绿园不重人物面貌和服饰的静态描画,而善于以出神入化的白描手法,将人物置于特定的环境中加以对比和映衬,从而使人物形象相得益彰。

他打破了人物性格一出场就定型化的传统写法。他所塑造的40多名市井无赖匪类人物,也大多性格鲜明。夏逢若是奸猾狡黠、厚颜无耻的流氓恶棍,张绳祖是阴险世故、勾结官府的老赌棍,管贻安是粗狂鄙俗的恶少,茅拔茹是蛮横鄙猥、狠毒凶顽又低能的戏霸,虎镇邦是精于赌术、狐假虎威、色厉内荏的兵痞,可谓面目各具形色。市井无赖夏逢若的形象更是达到了中国文学史上前所未有的高度。书中许多女性形象的刻画也很成功。不但王氏、孔慧娘、巫翠姐、冰梅以及惠养民妻滑氏这些重要人物形神毕现,各具个性,就连那些出场不多的小人物,如寡妇姜氏、巫婆赵大娘等都写得有声有色,使人过目不忘。

语言上,李绿园崇尚“朴而弥文”,语言简练精当。在《歧路灯》创作中,他突破封建文人的传统偏见,用加工提炼过的河南方言进行写作,书卷气和俗语俚谚有机地融合在一起,雅俗得当,很富于表现力。间杂以经史典故,又往往以诙谐风趣出之,亦庄亦谐,雅俗共赏,人物语言读来如闻如见,凸现眼前。董作宾在《李绿园传略》中称李绿园是“吾豫唯一之方言文学家”,李敏修说《歧路灯》“开近世平民文学之先声”。

李绿园反对文学创作的浪漫主义和艺术幻想,推崇杜甫“麻鞋见天子”的载道又写实的创作。这种载道的文艺观和世情小说的现实主义传统的结合，正是《歧路灯》的特色。在题材的选取上，李绿园不捃拾稗官野史，也不用历史演义，神既无魔灵怪，也乏英雄传奇，而是以谭家的变迁为构思主体，既有日常琐事的平淡，也有婚丧嫁娶的豪奢，冷语热肠，有情有理，亦正亦反，劝诫讥讽均佳。他使《歧路灯》像中流砥柱一样，崛起于众小说之中。

《歧路灯》的结构，由于李绿园苦心孤诣地加以设计安排，首尾照应，经纬分明。随着故事的开展，小说描绘了一幅幅生动活泼的社会风俗画面。他善于用含蓄的对比手法和委婉的讽刺技巧，使《歧路灯》达到了旨微语婉的讽刺效果。他照生活的本来面目老老实实地叙写的这种写作手法，反倒是讽刺笔墨入木三分，更为发人深省。

当然，小说中的理学说教，相似情节的重复，"掉书袋"等毛病，严重影响了《歧路灯》的艺术成就，特别是80回以后，是他晚年续写的大团圆结局，这种强扭的结局不符合生活的真实性，致使不少人物性格前后脱节。他自己也感叹道："后半笔意不逮前茅，识者谅我桑榆可也。"

些许不足掩盖不了《歧路灯》所折射出的文学魅力与价值。清乾嘉学者吕中一评李绿园是"以左丘、司马之笔，写布帛菽粟之文章"；近代小说史家蒋瑞藻称《歧路灯》"描写人情，千态毕露，亦绝世奇文也"。朱自清先生在评价《歧路灯》时指出："单论结构，不独《儒林外史》不能和本书相比，就是《红楼梦》也还较逊一筹；我们可以说，在结构上它是中国旧来惟一的真正长篇小说。""本书的总价值，我以为只逊于《红楼梦》一筹，与《儒林外史》是可以并驾齐驱的。"

该书完稿后未付梓，只在亲友间传抄，1924年才出现石印本。1927年冯友兰、冯淑兰兄妹曾以抄本与石印本对勘。后来，河南大学栾星教授花了10多年心血整理校勘，于1980年刊印出版。该书出版后引起中外强烈反响，形成一股《歧路灯》研究热。国内外许多报刊刊登了介绍、评论《歧路灯》的文章，国外有的大学还特设了《歧路灯》博士研究生学位，可见其影响之大。

立足伦常，文以载道

绿园一生以"载道"的严肃态度来创作。他在《绿园诗抄》序中说："诗以道性情，裨名教，凡无当于三百之旨者，费辞也。……惟其于伦常上立得足，方能于文藻间张得口,所以感人易入,不知其然而然也。”这正是绿园的文艺观,也是其一生所著和其代表作《歧路灯》的核心思想。

“文以载道”,即强调文章的社会政治功用,视文学为伦理纲常的说教工具,是儒家文艺思想的核心观念之一。

基于这样的观点,李绿园对元明四大古典小说、唐传奇及元杂剧大加批判。在《歧路灯》第90回中他借程嵩淑之口说:“坊间小说,如《金瓶梅》,宣淫之书也,不过道其事之所曾经,写其意之所欲试,画上些秘戏图,杀却天下少年矣。《水浒传》,倡乱之书也,叛逆贼民……所以作者之裔,三世皆哑,君子犹以为孽报未及。”又指出《三国演义》歪曲史事,“失本来面目”、“儿成儿戏”;《西游记》“幻而张之”、“惑世诬民”,至于“唐人小说,元人院本,为后世风俗大蛊”。但却表扬孟郊的《游子吟》“朴而弥文,读之使人孝悌之心,油然于唇吻喉臆间……彝伦之化视此矣。”又赞美屈原、杜甫及陆游的“忠君爱国之心”,认为这些诗人“惟其于伦常上立得足,方能于文藻间张得口”。他在《歧路灯》中指出所谓的“道性情”是“道名教中的至性,写伦常上的至情,不能游离封建宗法制度道德观的基础”。李绿园认为文学创作的目的是宣扬封建伦理道德观念及纲常名教,其中尤以宣扬忠、孝为根本宗旨,达到一定的社会政治功用。

《歧路灯》是作者文学“载道”观的产物。李绿园看到小说戏曲对世道人心的影响,遂也用白话通俗文学,来宣扬他的纲常伦理思想。在《歧路灯自序》中,李绿园写道:

> 偶阅阙里孔云亭《桃花扇》、丰润董恒岩《芝龛记》以及近今周韵亭之《悯烈记》,喟然曰:吾故谓填词家当有是也!藉科诨排场间,写出忠孝节烈,而善者自卓千古,丑者难保一身,使人读之为轩然笑,为潸然泪,即樵夫牧子,厨妇爨婢,皆感动于不容已……因仿此意为撰《歧路灯》一册,田父所乐观,闺阁所愿闻。子朱子曰:善者可以感发人之善心,恶者可以惩创人之逸志。友人皆谓于纲常彝伦间,煞有发明。

这种过于强烈的儒家救世思想也给小说的思想内容带来了较大的影响。作为一部描写家庭生活的世情小说,应着重刻画社会生活中的世态人情,通过对人和事的描写来传达思想感情。然而,由于宣扬封建伦理的急切心情,使作者不时站出来用抽象枯燥的说教来代替生动的叙述。如第85回巫翠姐忤言冲姑后,作者用500多字发表自己的看法,进行繁琐的议论。并且,这种议论性的文字或诗句差不多在每回都能看到。与此同时,作者还借书中人物之口来进行冗长的说教,如第 12 回“孔耘轩正论匡婿”,第 95 回,借谭孝移之口来“述家法”等。再者,作者为了达到教化的目的,有时甚至不惜割裂故事内容来进行情节安排。这些议论和说教太多,令读者望而却步,读起来沉闷、乏味,使作品大为逊色。这也是《歧路灯》始终进入不了一流小说行列的一个重要原因。

李绿园走遍大江南北,阅尽人间百般风情,历经宦海沧桑变幻后所沉淀出的这些作品是对自己一生的回顾与总结,也是对后人的警醒与期望。潜心学习,读者自当领会于心。对《歧路灯》的评价,是肯定也好,否定也好,至少我们不乏关注与热情。作为封建子弟的指路灯“用心读书,亲近正人”八个字,今天我们也理应铭记于心。

乡试中式后,李绿园把他的试卷辑录成册,请刘青芝为序。刘序称李绿园的“忧世之怀,壮行之志,殷殷时露行间”,又赞他“仪观甚伟,风气非常”。由此也可约略窥见绿园先生的志行风采。

曹雪芹：都云作者痴，谁解其中味

一部《红楼梦》，经学家看见《易》，道学家看见淫，才子看见缠绵，革命家看见排满，流言家看见宫闱秘事……鲁迅眼里的宝玉，“却看见许多死亡”。《红楼梦》就如一面镜子，正面是风月繁华、儿女情长，背面则是白骨嶙嶙、血泪斑斑。转侧之间晃出的是深深浅浅的世情、人心。而《红楼梦》里展示的便是末世的狂欢，那些奢靡的享受，那些精致到麻烦的细节，在日后大厦倾倒之际，都被掩埋在狼藉的废墟下……

满纸荒唐言，一把辛酸泪

曹雪芹，中国古代最伟大作品的作者。尽管如此，关于他本人，我们其实所知甚少。除了知道他出身于一个“百年望族”的大官僚地主家庭，他的祖籍、生父生母、生卒年，甚至连他的字号、生平细节、家庭成员等等都不能确定。

从零星的资料里，我们可以得知曹雪芹“身胖，头广而色黑”，素性放达——这个自然，不如此也不足以负荷《红楼梦》那深重的思考。

据说曹氏爱好广泛：金石、诗书、绘画、园林、中医、织补、工艺、饮食等皆能熟知。这自然得益于世家教养。——也幸亏如此，《红楼梦》一书能够涵容百科。而日后家庭破败，作者本人也可以赖此糊口。

曹雪芹创作了《红楼梦》。尽管有人曾就曹雪芹的著作权提出过质疑，但仅就《红楼梦》前 80 回稿子，不是过来人不能有此真切的记忆，不是“披阅十载，增删五次”也不能达到“字字看来皆是血，十年辛苦不寻常”的效果。

幸因曹家祖孙三代四人担任江宁织造的肥缺，因与皇室关系亲密，还是有许多官方史料记载可资参考。则曹氏家族和曹雪芹一生的主要轨迹还是清晰可见的：自幼在“繁华锦绣”之乡生活，长大家道败落沦为底层，正因有了这番“天上人间”的经历，《红楼梦》才具备了洞烛古今的品格。

然而小说在那个时代是不登大雅之堂的，以曹雪芹的才华以文章做进身阶也并非不可为，所以舍“本”逐“末”者只能说是其“胸中别有丘壑”了。

《红楼梦》中宝玉命晴雯送给黛玉几块半新不旧的手帕子，张爱玲在《红楼梦魇》中说道：“这是传达‘我知道你的眼泪是为我流的’这个意思。”应该说这种理解比较可信。难为曹雪芹，这样的柔情蜜意从何得知？

然而曹雪芹的心意又是什么？他自言“满纸荒唐言，一把辛酸泪”，雪芹的眼泪为谁而流？

首先应该是为那失去的大观园。那些失去的、再也不存在的东西，纵然仅仅只是回忆，却没有随着时间的久远而模糊失真。林妹妹在曹雪芹的笔下就像《香港制造》里所说的那句话：“我们死得那么年轻，所以我们永远年轻。”

还有一己的忏悔：“所赖天恩祖德，锦衣纨绔之时，饫甘餍肥之日，背父兄教育之恩，负师友规谈之德，以至今日一技无成，半生潦倒之罪。”

为梦醒后无路可走而哭：从曹雪芹对儒道佛的描写来看，他也许根本不信人有什么前生后世之说，而贾宝玉“打出樊笼第一关”也并未走向佛庙僧道观，而只见一片白茫茫大地真干净。——像极了地老天荒。

也许有点新意的倒是对巧姐的安排，跟随刘姥姥而去，其后的人生也许就是“村庄上种地种菜，每年每日，春夏秋冬，风里雨里，那有个坐着的空儿，天天都是在那地头子上作歇马凉亭……”

也许正是因为没有彻底悟道、悟空，所以心中并不是冰冷的灰烬，而是仍然炽热的感情。

坚持，纵然可能只是徒劳。对于沦落底层的他，坚持是十分奢侈的事。然而“如同一切理想，它们存在的意义并不在于可实现性，而是它们激励着人类对美好未来的渴望，它们提供给我们继续前进继续探索的动力与希望。”

悲悯，尽管别无慰藉。“如花美眷”抵不过“似水流年”，何况前方还有一个土馒头。香菱对于自己的童年只有“不记得了”这四个字，然而我们理解，面对不幸，遗忘是最好的方式。而曹雪芹面对毫无希望却只有孤独地寻找、伤心地流泪。

曹雪芹的悲哀让这人世间感到惭愧！

千红一窟,万艳同杯

关于《红楼梦》的主题有各种说法。

有自传说。《红楼梦》具备一定自传性质,其中一些生活细节的记忆,让熟知曹家旧事的读者“读之令人酸鼻”！但此书却不仅仅是对自己的家世和历史一点一滴地如实还原,就是曹雪芹本人也并非贾宝玉。

索引说。从字缝里寻找文章真意并非全然的不可取,然则索隐派自己对于爬梳出来的结果尚自争执不下,先后有“明珠家事说”、“清世祖与董鄂妃故事说”、“康熙朝政治状态说”、“反清复明说”。且考证固然重逻辑方法,然论证到刘姥姥的外孙板儿是一个铜板、青儿是一把青菜的结论时,也实在索然无味了。

爱情主题说。宝黛钗的爱情和婚姻作为一条线索贯穿着整本书,然而就章节分布而言,宝黛钗在书中出现的频率甚至不及王熙凤。

阶级斗争说。此说为领袖所主张,并有所谓第四回总纲说。然则就整本书而言,一部书里斗争固然激烈,但阶级却难以清晰划分,即以前80回里最激烈的斗争“大观园抄检”一回为例,分明就是太太奶奶们同一阶级里内部的斗争,而非主奴之间的阶级斗争。

反封建说。本书如实地写出了封建社会及其主流思想逐渐失去振奋人心的力量,封建家庭逐渐没落渐至衰亡的历史道路。然而客观并不代表主观,就文字风格来看,作者的“反”意并没有太大彰显,而惋惜、伤感之情却十分浓烈。

也许还是鲁迅的说法最为深刻:谁是作者和续者姑且勿论,单是命意,就因读者的眼光而有种种:经学家看见《易》,道学家看见淫,才子看见缠绵,革命家看见排满,流言家看见宫闱秘事……鲁迅眼里的宝玉,“却看见许多死亡”。

死亡,这不足为怪;毕竟,人生即是向死而生。然而红楼里的死亡并非是“百年过后,横竖都是要死的”的自然过程。清人王雪香曾评曰:“一部书中,凡寿终夭死,暴亡病殁,丹戕药误,及自刎被杀,投河跳井,悬梁受逼,吞金服毒,撞阶脱精等事,件件具有。”而愈是有价值的东西毁灭给人看就愈增悲剧意味。那就是大观园的幻灭。

《红楼梦》一书前后有过不同的名字:《金陵十二钗》、《石头记》、《情僧录》、《风月宝鉴》、《金陵十二钗》等。作者既曾有意将《金陵十二钗》作为书名,可见

“十二钗”是作者的心头所爱与此书之精华所在。

的确，金陵十二钗，“所有之女子，一一细考较去，觉其行止见识”，皆出于堂堂须眉之上。宝钗之仙姿与黛玉之灵巧、探春之文采精华、湘云之英豪阔大……真正是裙钗一二可齐家。然而不过都是薄命司里的可怜人儿。

她们的悲剧不是“小人其间拨乱”、好人坏人做斗争的结果，正如王国维所看到的：“不过通常之道德，通常之人情，通常之境遇为之而已。”正因为是无法回避的，甚至是无从得知的，故而它是“悲剧中之悲剧”。

凤姐绝顶聪明，但终究是聪明反被聪明误，枉送了卿卿性命。宝钗可成为乐羊子妻式的贤妻典范，可是宝玉的“乖张”，不是生长于那个时代里且一向理性的她可以了解的事情。“都道是金玉良缘，俺只念木石前盟，空对着山中高士晶莹雪，终不忘世外仙姝寂寞林。叹人间，美中不足今方信，纵然是齐眉举案，到底意难平。”袭为钗副，袭人的处心积虑换来的只是为优伶之妻，在她的价值观里，当真情何以堪？明白人儿如黛玉、探春，凭着与生俱来的那份敏感，虽然看得清楚不过，却摆脱不了，“但凡是个男人，可以出得去，我早走了，立出一番事业来，那时自有一番道理，偏我是女孩儿家，一句多话也没我乱说的。”

她们的悲剧“是几千年积淀而凝固下来的正统文化的深层结构造成的性格悲剧”。

《红楼梦》就如一面镜子，正面是风月繁华、儿女情长，背面则是白骨嶙嶙、血泪斑斑。转侧之间晃出的是深深浅浅的世情、人心。

宝钗的中庸之道、明哲保身原是一种近乎完美的处世艺术，只是落实到具体事件里，有时有春风拂面的效果，偶尔也有冰一般的冷。讨老太太的欢心，原是双赢互惠的事情，值得鉴戒。而一句“命中如此”便将惊心动魄大悲剧轻轻抹去。更有“扑蝶”一节，或以为其用心险恶，刻意嫁祸；或以为情势使然，并非存心。这样的一场戏，如风乍起，吹皱一池春水，撩动无数人的思绪，却也实在很难将结论落到实处。

不论是软弱善良的二姐还是泼辣刚烈的三姐，一步踏错便万劫不复，曾有人评价尤三姐是活则带瑕，死则完璧，这样的话让人看着胆寒，但却是真理。也正是这样的人生逻辑才能让人备感无力。

吃斋念佛的王夫人每一出手便是血痕斑斑，金钏、晴雯，也许还有黛玉……《老残游记》里曾说过糊涂的清官对于老百姓，比贪官的危害更大，王夫人的行事与之有异曲同工之处。

倒是贾珍、贾琏兄弟两个,荒淫烂俗,于私德有亏。然而倒不见有欺压良善、逼死人命的事,贾琏对尤二姐的爱情自然不能与宝黛爱情相提并论,然就其“不提已往之淫,只取现今之善”这一想法而言,却又比正面人物柳湘莲还要宽大随和。而贾政虽为人端方,却眼睁睁看着家族糜烂下去无计可施。

小孩子看电影时喜欢问:谁是好人谁是坏人。而曹雪芹的眼里,从人物的性格去理解,他们做的事都是可以理解的。而无论可恨、可憎、可爱、可怜,都是活生生的、有血有肉的。

如果将生命比作一袭华美的袍子,则曹雪芹的风月宝鉴既照见了袍子上花纹繁复,也照见了无数只正在爬行的虱子。妍媸毕露,可爱又可哀。

世事洞明皆学问,人情练达即文章

自《红楼梦》一出来,所有的写法全打破了。

鲁迅概括《红楼梦》的写作特色,用了“正因写实,转成新鲜”这八个字。所谓“写实”不过就是“叙述皆存本真,闻见悉所亲历”且又“敢于如实描写,并无讳饰”,说起来也不过就是老老实实讲真实的故事,然而就有“摆脱旧套,与在先之人情小说甚不同”的赞赏,所谓“旧套”,大约是指“佳人才子等书”,千篇共出一套,为赋新词强说愁,有时难免自相矛盾,大不近情理。可见文学“写实”二字说来容易行之维艰。因为少见,便觉格外新鲜。例如写晴雯临终,“叫了一夜的‘娘’”,放在才子佳人小说里,一定是叫着宝玉的名字了。对于生活,曹雪芹没有裁判,只有还原。正因海涵,所以厚重,便耐咀嚼,“倒像有几千斤重的一个橄榄。”

将广阔复杂的社会生活浓缩到尺幅文本之中,就叙述层面来说,是需要技术上的考量的。况且《红楼梦》并非是一部完全以故事取胜的小说。严格地讲,它没有明显的情节主线,而是如原生态生活一般呈现网状铺开。不经过构思和剪裁,是很容易流于琐碎的。

《红楼梦》叙事之巧,脂砚斋的总结最为详细:“第观其蕴于心而抒于手也,注彼而写此,目送而手挥”,“石头记用截法、岔法、突然法、伏线法、由近渐远法、重作轻抹法、虚藏实应法,种种诸法,总在人意料之外,且不曾见一丝牵强。”(脂砚斋庚辰本27回眉批)

脂砚斋赞赏《红楼梦》第16回的情节组接:“自政老生日用降旨截住,贾母等进朝如此热闹,用秦业死岔开,只写几个‘如何’将泼天喜事交代完了,紧接黛玉回,琏凤闲话,以老妪勾出省亲事来,其千头万绪,合笋贯连,无一毫痕迹,如此等,是书多多,不能枚举。”

脂批中还用了“千里伏线”、“草蛇灰线”、“偷度金针”等名色,用来说明《红楼梦》在缜密结构上所做的努力。

曹雪芹写人最为生动。写宝玉之淫而痴也,而多情善悟,不減历下琅琊;写黛玉之妒而尖也,而笃爱深怜,不啻桑娥石女。

即如一些小角色,也是三言两语性情毕现。更兼下笔含蓄,“如春秋之有微词、史家之多曲笔。”又能用意温厚,“欲求其一字一句之粗鄙猥亵,不可得也。”

曹雪芹也堪称语言大师。它的叙事文字,既是成熟的白话,能典丽文雅,自然雅俗共赏。当然这跟汉字那独具的文化功能是密切相关的。作者巧妙地利用了汉字的形声、会意、假借、谐音,乃至一字多音、一字多义的功能,效果“实非别书之可比”。如卜固修谐音不顾羞、冯渊谐逢冤、甄士隐谐真事隐等等。又如“一从二合三人木”“自从两地生孤木”等又是典型的拆字法例子。

一部《红楼梦》,中国几千年的岁月全在里面。

吃饭、睡觉、过生日以及婚丧嫁娶等等,看来只是一件件小事,写得极为精细。曹公明白,那些细节里才是生活的本质所在。冷热世情、幽微人情都在其间;小事不小,命运都在其间。——其实农耕文明大多也就是这样的格局。

即使是今天,人生的艰难与辛酸,个体的脆弱与无奈其实也并无太大不同,而选择也并不新鲜,结局又都是同样的尘归尘、土归土。

所谓“世事洞明皆学问,人情练达即文章”,礼仪,也是一种学问。《红楼梦》一书写“祭祀”写得一丝不苟,使人宛若亲临。都知道这只是一种形式,然而凝聚家族内部的人心的目的在一遍遍的形式演练间得到强调,便是值得肯定的传统了。

“封建礼教”,其中诸如长幼尊卑之间的礼仪等等,历来是当作糟粕被批判诟病,即如探春不认亲生母舅的事情便常被拿来举例说事。然而当我们扔掉后却为何时又恍然若失?礼节,用在此处可能是束缚,用在彼处却又仿佛多出许多尊重。因此宝玉对着身边的大丫鬟都得唤一声姐姐,因为是长辈屋里派过来的人,这是礼节,也是尊重。这样想来,《红楼梦》里所说“读书知礼的。越自己谦越尊重……才是受过调教的公子行事”的话便仿佛有着超越时代的教育意义了。

“护官符”里简单地勾勒了下盘根错节的官场网络,并借了第4回“薄命女偏逢薄命郎,葫芦僧乱判葫芦案”显露出这一体系的冰山一角。56 回里又借乌进孝交租一节形象而浅显地表达出复杂庞大的社会经济体制系统。更不必说刘姥姥“三进荣国府”所勾连起的两个世界两重天了。

“护官符”上四大家族,作者特意选取贾府作为代表出现,盖因贾府乃“钟鸣鼎食之家,翰墨诗书之族”,只看贾府四春的饮食起居、日常用度,那些琴棋书画的教习素养;以及贾母玩乐时“铺排在藕香榭的水亭子上借着水音更好听”的趣味和“如此好月不可不闻笛”的雅兴以及“音乐多了反失雅致只用吹笛的远远的吹起来就够了”的见解……然而这种渲染不是为昭示“三代为官作宦,方知穿衣吃饭”的道理的,这些铺排里有对那个时代里的迷人之处的倾心,对各种优雅的礼赞。

据说所谓的满汉全席便需早中晚、两三日的持久活动才能用完,因此据说有王爷自己都叹息,不革命才怪!刘大杰先生亦曾言:“中国的封建文化,经过了二千多年的长流,到这时候,一面放射出烂熟的幽光,同时正面临着衰颓、崩溃的前夜。”而《红楼梦》里展示的便是末世的狂欢,那些奢靡的享受,那些精致到麻烦的细节,在日后大厦倾倒之际,都被掩埋在狼藉的废墟下……

《红楼梦》是社会生活的百科全书。不仅服饰、饮食、礼仪陈设器用、生物医药等日常生活,还包括绘画、戏剧、诗歌、游戏等艺术活动,兼及园林建筑、庄稼种植、工艺制作的过程。全景式地描摹,细致生动。

《红楼梦》里的世界,就是完整的古典中国。

龚自珍:蛋与高墙的对抗①

封建王朝已经走到了末路,在传统积习深厚的帝国,任何向传统挑战的人都会付出沉重的代价,即便这传统被几千年的历史证明是丑陋肮脏、可耻可悲的,传统还会继续下去。权力的高墙利用最高度的集权欺骗着它弱势的子民,要生存下去就必须向权力臣服;明明处处都是腐烂的恶之花,却利用毫无制约的权力要民众相信王朝是多么的明艳富足。然而有人是清醒的,他的清醒远远超出了他的时代,正因为清醒,所以他更沉痛。以卵击石的结果是不言而喻的,他比谁都清楚这一点,但他是不会屈服的,永远也不会屈服,至死也不会屈服。

怨去吹箫,狂来说剑②

贫穷不是必然就会滋生善良,官宦子弟不一定就非得是不学无术之徒。家住钱塘四百春,龚氏家族在杭州已定居了400年之久,龚自珍就出自这样一个世代为官的名门望族,他的外祖父是大名鼎鼎的学者段玉裁。在仕宦兼修文的家世背景下,他受到良好的文学方面的熏陶是再自然不过的事了。他聪颖早慧又为学勤奋,优越的家教环境使他拥有了深厚而广博的知识储备。他的父亲是一位性情豪爽、广交天下友朋、好客至极的官员,这就为他了解真实的社会情况、了解不同阶层人士的思想情感提供了一个平台,使他不会像一般只知埋在故纸堆里的读书人

---

① 2009年,树上春树获得"耶路撒冷文学奖",他发表了以人类灵魂自由为主题的获奖感言,其中有一句话:"在一堵坚硬的高墙和一只撞向它的蛋之间,我会永远站在蛋这一边。"

② 龚自珍《湘月》。

那样酸腐。

他说“我生受之天,哀乐恒过人”(《寒月吟》之四),虽然受着严格的封建正统教育,但他还是显示出了鲜明的个性。幼年的他天真烂漫,热爱如花美景,喜欢春水园林。他13岁时作《水仙花赋》,借水仙花不事铅华的高洁形象,抒发了他不同流俗的审美追求。他对自己的少作非常自信,令人遗憾的是那些“行间酸辣”的少作大多散佚,流传下来的篇章很少。

20岁那年,他随出任知府的父亲来到了徽州。那里山清水秀,那里风景优美,那里民风淳朴,那里令人神往。在徽州的4年光景里,他经历了人生中的悲欢,他的视野拓展了,而他的忧虑却更深刻了。他娶的第一位妻子,是他的表妹段美贞,然而新婚不到一年,美贞因庸医所误而病逝,那时他正在京城准备科考,没有来得及见最后一面。待到深秋时节,自京归来的他面临的已经是物是人非了。科场失意之后,他与当地的一些硕儒一起参与《徽州府志》的纂修工作,他的认真与严谨让大家深感折服。在撰写的过程中,他对徽州本地的许多历史人物有了更进一步的了解。在一个灰色沉闷的冬天,他亲手种下了30株梅花,以抚慰自己的落寞。也是在徽州,他续娶了安庆知府何裕钧的从孙女何吉云。他接受了作为议论政治之工具的《公羊》学说,他对现实进行了认真的思索,对朝政贪腐、君臣庸昏、人才被埋没、天性被压抑等现象进行了大胆无情的揭露与批判,并提出了革除时弊的建议。当他即将离开时,“空桑三宿犹生恋,何况三年吟绪。”(《摸鱼儿·乙亥六月留别新安作》)他无限眷恋这片文化底蕴深厚的徽州大地。看着宅院里的那株他尊称为“辛丈人”的质朴古拙的桂树,他满怀不舍,他感慨万千。遂写下了文辞华美的《别辛丈人文》:“匪其和余,丈人之灵。山雨春沸,城云暮扃。简而不僵,丈人之形。辛而不煎,丈人之情。逝今去兹,何年再经?”

随着父亲龚丽正升任江南苏松太兵备道,他携家眷从徽州启程去上海,途经长江,“扬帆十日,正天风吹绿江南万树。”(《百字令》)到达上海之后,他勤奋治学,并经常与父亲门下的高材硕彦一起探讨典籍。然而迫在眉睫的社会危机使他潜心贯串百家,探求经世致用之道。他曾经把这种心情编织在文集《伫泣亭文》,然而在他生前身后都未曾公开于世,我们已经不能考究其全貌了,只能从现存的《明良论》4篇和《乙丙之际著议》11篇中管窥其一斑了。年轻的他已经提出了“一祖之法无不敝,千夫之议无不靡”的犀利观点,这是对王安石“祖宗不足法,人言不足恤”的革新精神的更进一步的发挥。他说“我有箫心吹不得”《吴山人文征、沈书记赐东饯之虎丘》,他道“怨去吹箫,狂来说剑”,他叹“一箫一剑平生意”

(《漫感》),他问“气寒西北何人剑,声满东南几处箫”(《秋心三首》)。箫与箫心,是在他的诗词中常见的意象,那是他无法挥洒的隐痛与哀怨。剑与剑气,是豪情,是壮志,是欲斩断流俗与弊病的气贯长虹。

4年之后,满腔忧愤的龚自珍带着家族对于功名的企盼,在落花风里匆匆告别了江南,赴京北上了,这是一条漫长的科举之路。他遇到了他所崇敬的《公羊》学派大师刘逢禄,这是他思想发展上的一个重要契机,讥切时政,诋排专制,从而开创了新的风气。历史在发生着巨大的转折,然而大多数处在浑浑噩噩中的人对此毫无知觉。龚自珍是超前的,但在黑暗的现实面前却又显得不合时宜,面对巨大的打击与压迫,他进退两无依。与此同时,面对人生一系列的不如意,他不免有些颓唐,他将一江春愁寄予青山古佛处,他甚至向著名居士江沅执佛门弟子礼。但他的收狂向禅是无奈而悲哀的,他终究是不能忘却现世的:“狂便谈禅,悲还说梦,不是等闲凄恨。钟声梵韵,便修到生天,也须重听。底怨西窗,佛灯深夜冷。”(《齐天乐》)他依然在现实的坐标系中艰难地跋涉着,他依然还幻想着有一天可以施展自己的才华与抱负,以便“澄清天下”。

道光九年(公元1829年)春,37岁的龚自珍在参加了6次会试之后,终于算是考中了一名进士。在接下来的殿试中,他以医国之圣手的身份自居,提出以边安边、足食足兵等主张,洒洒落落千余言。然而他的“直陈无隐”使世故的阅卷大人们大吃一惊,那些御用之徒怎么可能容得下这样一位横空出世的异端人物,自然压低了他的录取名次和等级,还用了一个堂而皇之的借口:楷法不中程式。至此他彻底失去了入翰林院参与朝政的机会,他用一种特异的方式表达了他的不满与气愤。他令他的女眷们练习馆阁体的小楷,结果连他家侍女的小楷都写得十分出色。龚自珍说,当今翰林不足道,我家妇人,没有一人不可以入翰林的,她们都工于楷法。就这样,才命两相妨,科场不顺意,仕途不得志,龚自珍一生都在下僚沉浮。

道光十九年(公元1839年),才高触时忌的龚自珍弃官南归,匆忙离都。

道光二十一年(公元1841年),未及知天命的年龄,他暴卒于丹阳,不是自杀。

美人如玉剑如虹①

他是一个性情中人,他尊情,他不羁,他的一生有过不少女人。

他的表妹段美贞是礼仪诗书培育出来的,她弱不禁风,她恪守着封建士家小姐的一切伦理道德。她并不是龚自珍所由衷欣赏的那类女子,但他们还是成亲了,这里很大程度上应该是遵循了父母之命的。如若不是段美贞早逝,恐怕两个人相互纠缠在一起,以后的生活也不会幸福,甚至有可能是佳偶变怨偶的一段孽缘。

他的续弦何吉云是应了媒妁之言,门当户对,知书达理,却少不得女人通用的醋意浓重。何吉云模样不错,身材高挑,体格不错,没有美贞那样恹恹的病态,能写一手端秀的小楷。美中不足的是何吉云的脚也是被摧残过的,带着丑陋历史的烙印,错过了自然天成。在如流水般平常的岁月中,他们一起养育了三个儿女。

他的侍妾阿秋出身贫苦,虽貌不出众,写出的工笔小楷丝毫不比那些饱读诗书的学究们逊色,她为龚自珍生有一小女,名唤阿莼。

在与表妹成亲之前,在苏州他曾偶遇少女时代的顾春,那亭亭玉立的身姿,那天真烂漫的笑容,那美妙明媚的眼睛,都让他沉醉。后来这位女子成为荣王府的奕绘贝勒的侧室,她就是著名的满族女词人顾太清。奕绘的正室妙华夫人去世后,他就单单恋着顾太清一个人了,他们共有三男四女,其中幼子未满周岁而夭折。有好事者造谣说龚自珍与顾太清有私情,所幸的是奕绘一直非常信任自己的妻子,并没有起任何疑心。而龚自珍为了避免捕风捉影的无聊之徒滋生事端,就不再与荣府一家有什么来往了,连正常的女眷之间的诗词酬唱也回避了。从他们留下的词作中,可以看出两人是彼此欣赏的,而且顾太清也是龚自珍所怀恋的那种类型的女子。尽管他们之间清白无辜,但在奕绘去世之后,顾太清孤苦无依,她和几个孩子还是被赶出了荣邸。顾太清头也不回地离开了,她并不因此而凄凄切切,她毕竟是一位坚强的有个性的女人,她经受得住霜刀雪剑的磨炼。

龚自珍二祖母潘氏的娘家侄子有一个女儿,名叫潘蕙,也算是远亲的小表妹。当年和段美贞新婚之后,他们回了一趟杭州故里。在杭州的南屏山,他第一次遇

① 龚自珍:《夜坐》。

到了蕙儿。那时的蕙儿不过是一个四五岁的小女孩，生得是眉清目秀，仿佛汲取了造化所有的菁华与灵性。弹指间一轮岁华匆匆而过，母亲段驯逝世，在居丧期间，他再次遇到了蕙儿。已过而立之年的他也算是阅人无数了，无论是大家闺秀还是小家碧玉，在他心中也全都过眼云烟。蕙儿已经出落成一标致的美人，她光彩夺目，摄人心魂，她的一双正常的脚让她无比坚实地行走着，她断然不是一株盆景之梅。龚自珍望着这位他曾经抱过的小姑娘，心里不由得一阵悸动，他的灵魂都在颤栗。蕙儿亦是情窦初开，她不可遏抑地爱上了这个30多岁的男人。在不尽的缠绵缱绻之后，龚自珍在蕙儿父母面前跪下，等母丧期满他要誓娶蕙儿。在艰难的离别之后，蕙儿没有来得及等到表哥的迎娶，她带着刻骨的相思永远地离开了人世，离开了她无限眷恋的男人。龚自珍得知消息，顿时悲恸欲绝，这成了他一生的遗憾。他一直都在回味着与蕙儿共度的短暂的时光，斗转星移也不能淡化他心中的怀念与伤痛。直到晚年，在《已亥杂诗》中，他还写下了16首悼亡之作，“他生重见难复难”，是那样的椎心泣血。

在生命最后的那两年，还有两位红尘女子给他的传奇人生新增了些许亮色。

在著名的东南金粉之地扬州，在扬州有名的仙花楼有位身姿婀娜的小云姑娘，她婉转的歌喉唱出的曲子堪比梨园子弟。小云虽沦落风尘，却也很有气骨，从不屑于取媚公卿。他和小云度过了一些卿卿我我的良宵，小云希望他能为自己赎身。他以自己年暮且常年奔波劳苦而委婉拒绝了，却又恨自己的薄幸。

另一位是清江浦的灵箫，出身书香门第，母亲早亡，父亲吸食鸦片，将她卖掉。当龚自珍想用酒色来麻醉自己的时候，他遇到了灵箫姑娘，美艳聪慧的灵箫成了他的红颜知己，也成了他晚年不如意的一种宽慰。他们互诉衷肠，如胶似漆，难解难分。灵箫为他闭门谢客，他也在诗中表达了要让她脱离苦海、迎娶她为侧室的意愿。

生命逝去了，理想停止了，美人的倩影还在，在他的诗词中徘徊。

不容明月沉天去，却有江涛动地来①

他曾经写过一首著名的《咏史》诗，实为借题发挥的讽今之作，无情地揭开了

① 龚自珍：《三别好诗》。

所谓“盛世”的面纱。操纵权柄的上流人士是那些庸碌无能、趋炎附势之徒,“避席畏闻文字狱,著书都为稻粱谋”,面对严密的文网和政治高压,知识分子畏避文网,明哲保身,苟且偷安。他对腐朽无能者的专制统治是有深刻的揭露的,他对此的清醒认识是远远超出同时代其他人的。“国赋三升民一斗”,对于民众的悲惨遭遇他无比痛心,对于统治者漠视民生疾苦更是提出了尖锐的批判,并对于自己不能有所作为而深深叹疚。

他在抨击社会弊端、在感时伤世的同时,不遗余力地倡导个性,讴歌真诚,呼唤变革。他带着箫心与剑气,他带着傲岸不羁的个性,他带着对美好的理想不息地追求,但不能对抗的现实是“万马齐喑究可哀”。他反感情感的伪饰,自述“少年哀乐过于人,歌泣无端字字真”,对于年少时的纯真非常自豪。除旧布新是他毕生的信念,“朝衣东市甘如饴”,他情愿为理想的实现付出生命的代价。他如此决绝如此在所不惜,因为他一直都在憧憬着更加美好的明天:“落红不是无情物,化作春泥更护花。”

在桐城派古文风靡一时的年代,龚自珍的出现无疑是别开生面的,他大胆地冲破了程式主义的羁绊,给沉闷的文坛带来了清新和活力。他的政论文不仅内容充实,思想深刻,而且还很讲求文采,富有艺术感染力。他的寓言式的杂文和讽刺性的小品文,内容丰富复杂,形象鲜明,道理深刻,艺术气息浓厚。这类文章的代表作有《尊隐》、《捕蜮第一》、《病梅馆记》等等。他的记叙散文十分生动优美,取材广博,形式不拘一格,记人、叙事、状物、游记山川名胜,无一不精。他的书信体散文因人遣笔、就事陈辞,在摒弃一切藻饰之后,更能体现他坦荡的胸襟和率真的性格。

他的词也颇负盛名,同他的诗文一样,他在一些词中也抒发着对现实社会的不满情绪,个人生不逢时与怀才不遇的悲愤,以及壮志难酬的伤感,当然也有不少词章是为爱情而作、为美人而作。他自己的诗文不仅是精美的艺术品,还是思想史上的重要文献。他从他所处的时代出发,提出诗与史要紧密结合在一起。他主张诗文必须反映现实人生,极力反对将诗文当作歌功颂德、粉饰太平的工具。他认为诗人不仅需要广泛学习文化遗产,还必须将知识积淀与丰富的社会阅历联系起来。他提倡诗歌要承载作者真挚的情感,“诗与人为一”,而不可以无病呻吟。他强调艺术要平易近人、自然流畅,要保持浑然天成的本色,“万事之波澜,文章天然好”(《自春徂秋,偶有所触,拉杂书之,漫不诠次,得十五首》之十二),极力反对过分雕琢。

他曾预言那隐藏在山林中的民众的力量正不断地凝聚，轰轰烈烈的反抗专制集权的暴风雨即将来临，民众将在愚民策略中逐渐认清统治者虚伪残暴的面孔，从而抛弃“与狼狐谋食”的幻想。他去后十年，太平天国运动爆发；半个多世纪后，辛亥革命推翻了那个登峰造极的专制王朝。无疑，龚自珍是清醒的，清醒而又敏锐。

后　记

《中华经典作家新论》分别论述了中国古代32位作家，另外加《前言》和《后记》，总计约22万字。

本书的付梓得到了中国书籍出版社的大力支持。解放军外国语学院科研部阎绥龙副部长、基础部诸位领导也对本书的编写工作给予了极大的帮助。对此我们表示衷心的感谢。

本书由张高杰、薛亚康总体策划并组织撰写。李广玉负责全书的初审工作。黄韬负责全书的二审工作。张高杰、薛亚康负责全书的终审和校对工作。参加全书撰稿的共有8位同志，具体承担撰写工作如下：

屈原、司马迁、嵇康、李白、李煜、晏殊、苏轼、辛弃疾、吴梅村、纳兰性德、曹雪芹由张艳、李广玉撰写。王维、李商隐、姜夔、张岱、龚自珍由王雷撰写。曹操、曹植、陶渊明、高适、陆游由马瑞撰写。阮籍、秦观、晏几道由冀卫霞撰写。马致远、蒲松龄由冯静撰写。刘禹锡、李清照、李绿园由韩妍撰写。杜甫、白居易、杨万里由李南撰写。

本书的编撰参考了国内外学者的有关论著，凡引用其研究成果，一般都注明出处。但疏漏之处在所难免。在此仅向他们致以诚挚的谢意和歉意。

编者

2014年12月